Utilize este código QR para se cadastrar de forma mais rápida:

Ou, se preferir, entre em:
www.moderna.com.br/ac/livroportal
e siga as instruções para ter acesso aos conteúdos exclusivos do
Portal e Livro Digital

CÓDIGO DE ACESSO:
A 00228 ARPPORT5E 8 46353

Faça apenas um cadastro. Ele será válido para:

Da semente ao livro, sustentabilidade por todo o caminho

Plantar florestas
A madeira que serve de matéria-prima para nosso papel vem de plantio renovável, ou seja, não é fruto de desmatamento. Essa prática gera milhares de empregos para agricultores e ajuda a recuperar áreas ambientais degradadas.

Fabricar papel e imprimir livros
Toda a cadeia produtiva do papel, desde a produção de celulose até a encadernação do livro, é certificada, cumprindo padrões internacionais de processamento sustentável e boas práticas ambientais.

Criar conteúdos
Os profissionais envolvidos na elaboração de nossas soluções educacionais buscam uma educação para a vida pautada por curadoria editorial, diversidade de olhares e responsabilidade socioambiental.

Construir projetos de vida
Oferecer uma solução educacional Moderna é um ato de comprometimento com o futuro das novas gerações, possibilitando uma relação de parceria entre escolas e famílias na missão de educar!

Taciro Comunicação, Alexandre Santana e Estúdio Pingado

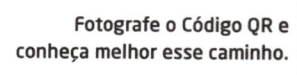

Apoio: TWO SIDES — www.twosides.org.br

Fotografe o Código QR e conheça melhor esse caminho.
Saiba mais em *moderna.com.br/sustentavel*

ARARIBÁ PLUS
Português
8

Organizadora: Editora Moderna
Obra coletiva concebida, desenvolvida
e produzida pela Editora Moderna.

Editora Executiva:
Mônica Franco Jacintho

5ª edição

MODERNA

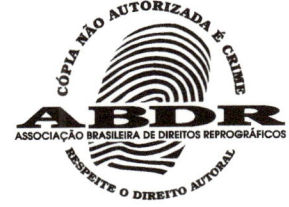

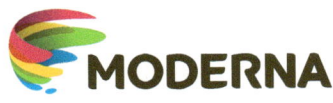

© Editora Moderna, 2018

Elaboração de originais

Mônica Franco Jacintho
Bacharel em Comunicação Social pela Escola de Comunicações e Artes da Universidade de São Paulo. Especialização em Língua Portuguesa pela Pontifícia Universidade Católica de São Paulo. Editora.

Debora Silvestre Missias Alves
Bacharel e licenciada em Letras pela Universidade de São Paulo. Editora.

Pedro Paulo da Silva
Bacharel e licenciado em Letras pela Universidade de São Paulo. Mestre em Filosofia (Estudos Culturais) pela Universidade de São Paulo. Editor.

Thelma de Carvalho Guimarães
Bacharel em Letras pela Universidade de São Paulo. Mestre em Linguística Aplicada pela Universidade Federal do Rio de Janeiro. Editora.

Jordana Lima de Moura Thadei
Mestre em Linguística Aplicada e Estudos da Linguagem pela Pontifícia Universidade Católica de São Paulo. Professora.

Glaucia Amaral de Lana
Bacharel em Letras pela Universidade Estadual Paulista Júlio de Mesquita Filho. Editora.

Ariete Alves de Andrade
Licenciada em Letras pela Pontifícia Universidade Católica de Campinas. Professora.

Alexandre Marques Silva
Bacharel e licenciado em Letras pela Universidade de São Paulo. Mestre em Letras pela Universidade de São Paulo. Professor.

Edsel Rodrigues Teles
Licenciado em Letras pela Universidade Estadual de Campinas. Revisor técnico.

Daniela Cristina Calviño Pinheiro
Bacharel em Letras pela Universidade de São Paulo. Editora.

José Gabriel Arroio
Bacharel e licenciado em Letras pela Faculdade de Filosofia, Ciências e Letras Nossa Senhora Medianeira. Editor.

Átila Augusto Morand
Bacharel e licenciado em Letras pela Pontifícia Universidade Católica de São Paulo. Editor.

Luiz Carlos Gonçalves de Oliveira
Bacharel e licenciado em Letras e Pedagogia pela Universidade de São Paulo. Mestre em Educação pela Universidade de São Paulo. Professor e editor.

Yuri Bileski
Bacharel em Letras pela Universidade de São Paulo. Editor.

Adriana Saporito
Licenciada em Letras pela Faculdade Ibero-Americana de Letras e Ciências Humanas. Professora e editora.

Maria Helena Ramos Lopes
Bacharel e licenciada em Letras pela Universidade de São Paulo. Editora.

Andréia Tenorio dos Santos
Bacharel e licenciada em Letras pela Universidade de São Paulo. Mestre em Educação pela Universidade de São Paulo. Editora.

Imagem de capa
As imagens da capa formam uma composição que ressalta o papel dos recursos analógicos e digitais, verbais e não verbais, que podem contribuir para a expressão de ideias e sentimentos.

Coordenação editorial: Debora Silvestre Missias Alves
Edição de texto: Debora Silvestre Missias Alves, Maria Cecília Kinker Caliendo, Ademir Garcia Telles, Pedro Paulo da Silva, Solange Scattolini, Nanci Ricci, Luiz Oliveira, José Gabriel Arroio
Leitura técnica: Jordana Lima de Moura Thadei, Luiz Carlos Gonçalves de Oliveira
Assistência editorial: Áurea Faria, Carol Felix
Preparação de texto: Anabel Ly Maduar
Gerência de *design* e produção gráfica: Sandra Botelho de Carvalho Homma
Coordenação de *design* e produção gráfica: Everson de Paula, Patrícia Costa
Suporte administrativo editorial: Maria de Lourdes Rodrigues
Coordenação de *design* e projeto gráfico: Marta Cerqueira Leite
Projeto gráfico e capa: Daniel Messias, Otávio dos Santos
Pesquisa iconográfica para capa: Daniel Messias, Otávio dos Santos, Bruno Tonel
  Fotos: Aldarinho/Shutterstock
  Antonio Guillem/Shutterstock
  Africa Studio/Shutterstock
Coordenação de arte: Carolina de Oliveira
Edição de arte: Rodolpho de Souza
Editoração eletrônica: Teclas Editorial
Edição de infografia: William Taciro, Alexandre Santana de Paula
Coordenação de revisão: Elaine C. del Nero, Maristela S. Carrasco
Revisão: Beatriz Rocha, Cárita Negromonte, Dirce Y. Yamamoto, Fernanda Marcelino, Know-How Editorial, Leandra Trindade, Nancy H. Dias, Simone Garcia, Viviane Oshima
Coordenação de pesquisa iconográfica: Luciano Baneza Gabarron
Pesquisa iconográfica: Cristina Mota, Márcia Sato, Maria Marques
Coordenação de *bureau*: Rubens M. Rodrigues
Tratamento de imagens: Fernando Bertolo, Joel Aparecido, Luiz Carlos Costa, Marina M. Buzzinaro
Pré-impressão: Alexandre Petreca, Everton L. de Oliveira, Marcio H. Kamoto, Vitória Souza
Coordenação de produção industrial: Wendel Monteiro
Impressão e acabamento: Forma Certa Grafica Digital
Lote: 797065
Codigo: 12111786

Dados Internacionais de Catalogação na Publicação (CIP)
(Câmara Brasileira do Livro, SP, Brasil)

Araribá plus : português / organizadora Editora Moderna ; obra coletiva concebida, desenvolvida e produzida pela Editora Moderna ; editora executiva Mônica Franco Jacintho — 5. ed. — São Paulo : Editora Moderna, 2018. — (Araribá Plus)

Obra em 4 v. para alunos do 6º ao 9º ano. Bibliografia.

1. Português (Ensino fundamental) I. Jacintho, Mônica Franco. II. Série.

18-13915   CDD-372.6

Índices para catálogo sistemático:
1. Português : Ensino fundamental   372.6
ISBN 978-85-16-11178-6 (LA)
ISBN 978-85-16-11179-3 (LP)

Reprodução proibida. Art. 184 do Código Penal e Lei 9.610 de 19 de fevereiro de 1998.
Todos os direitos reservados
EDITORA MODERNA LTDA.
Rua Padre Adelino, 758 – Belenzinho
São Paulo – SP – Brasil – CEP 03303-904
Vendas e Atendimento: Tel. (0_ _11) 2602-5510
Fax (0_ _11) 2790-1501
www.moderna.com.br
2024
Impresso no Brasil

1 3 5 7 9 10 8 6 4 2

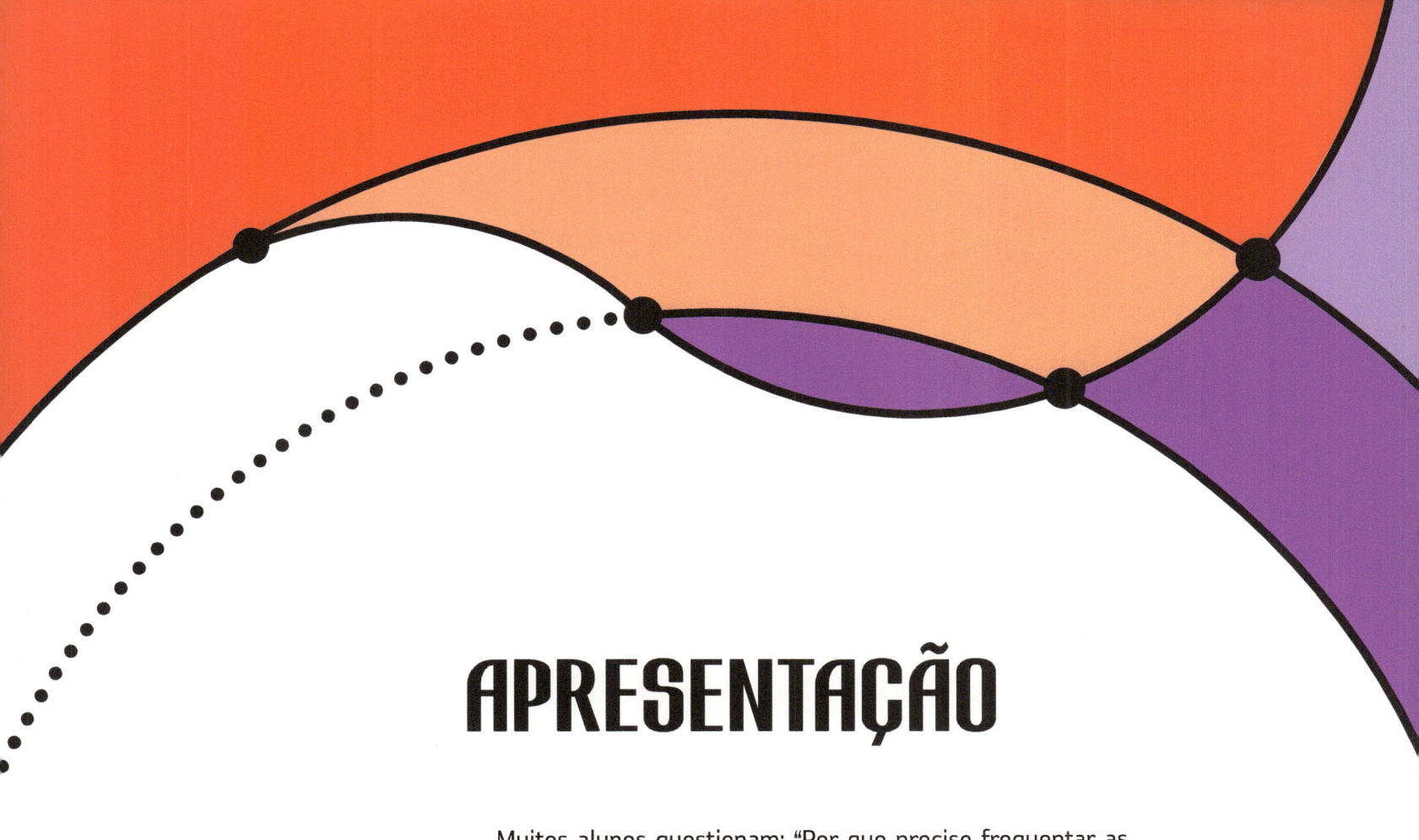

APRESENTAÇÃO

Muitos alunos questionam: "Por que preciso frequentar as aulas de Língua Portuguesa se já sei falar português?".

Esta quinta edição foi elaborada para ajudá-lo a compreender em quais situações o português que você já sabe e usa é adequado e em que contextos precisa utilizar outros recursos da língua para que o seu texto, falado ou escrito, seja compreendido e respeitado. A coleção apresenta esses recursos para que as aulas de Língua Portuguesa sejam significativas para você.

Antes de mais nada, porém, desejamos que você, assim como todos os que participaram da elaboração desta edição, goste de ler este livro. Esperamos que encontre, nos textos que selecionamos, aventuras e reflexões que o levem a sonhar e a transformar o mundo.

ATITUDES PARA A VIDA

11 ATITUDES MUITO ÚTEIS PARA O SEU DIA A DIA!

As Atitudes para a vida *trabalham competências socioemocionais e nos ajudam a resolver situações e desafios em todas as áreas, inclusive no estudo de Português.*

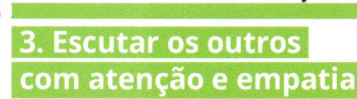

1. Persistir
Se a primeira tentativa para encontrar a resposta não der certo, **não desista**, busque outra estratégia para resolver a questão.

2. Controlar a impulsividade
Pense antes de agir. Reflita sobre os caminhos que pode escolher para resolver uma situação.

3. Escutar os outros com atenção e empatia
Dar atenção e escutar os outros são ações importantes para se relacionar bem com as pessoas.

4. Pensar com flexibilidade
Considere diferentes possibilidades para chegar à solução. Use os recursos disponíveis e dê asas à imaginação!

5. Esforçar-se por exatidão e precisão
Confira os dados do seu trabalho. Informação incorreta ou apresentação desleixada podem prejudicar a sua credibilidade e comprometer todo o seu esforço.

6. Questionar e levantar problemas

Fazer as perguntas certas pode ser determinante para esclarecer suas dúvidas. Esteja alerta: indague, questione e levante problemas que possam ajudá-lo a compreender melhor o que está ao seu redor.

7. Aplicar conhecimentos prévios a novas situações

Use o que você já sabe! O que você já aprendeu pode ajudá-lo a entender o novo e a resolver até os maiores desafios.

8. Pensar e comunicar-se com clareza

Organize suas ideias e comunique-se com clareza. Quanto mais claro você for, mais fácil será estruturar um plano de ação para realizar seus trabalhos.

10. Assumir riscos com responsabilidade

Explore suas capacidades! Estudar é uma aventura, não tenha medo de ousar. Busque informação sobre os resultados possíveis, e você se sentirá mais seguro para arriscar um palpite.

9. Imaginar, criar e inovar

Desenvolva a criatividade conhecendo outros pontos de vista, imaginando-se em outros papéis, melhorando continuamente suas criações.

11. Pensar de maneira interdependente

Trabalhe em grupo, colabore. Juntando ideias e força com seus colegas, vocês podem criar e executar projetos que ninguém poderia fazer sozinho.

No Portal *Araribá Plus* e ao final do seu livro, você poderá saber mais sobre as *Atitudes para a vida*. Veja <www.moderna.com.br/araribaplus> em **Competências socioemocionais**.

CONHEÇA O SEU LIVRO

ABERTURA DA UNIDADE

No início de cada unidade, você vai conversar com seus colegas a respeito de imagens que apresentam o tema explorado nos textos que vai ler.

LEITURA

Você vai ler textos de diversos gêneros e, ao analisá-los por meio de questões, vai compreender a importância dos elementos que contribuem para a construção dos sentidos do texto. Uma breve exposição teórica e esquemas-resumo vão ajudá-lo na hora de estudar e de se preparar para as provas.

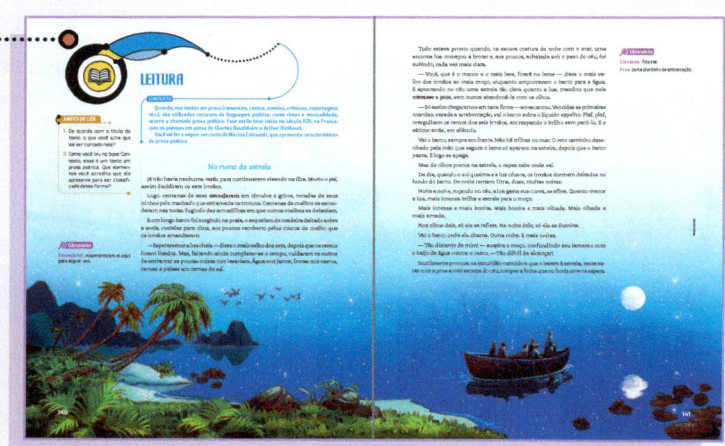

LEITURA E PRODUÇÃO DE TEXTO

As propostas de produção são precedidas por análise de textos e acompanhadas por orientações passo a passo, para que você tenha os recursos necessários na hora de produzir.

ESTUDO DA LÍNGUA

Nesta seção, a partir de trechos dos textos da seção "Leitura", você vai aprender conceitos importantes para que possa usar os recursos da língua portuguesa com mais segurança.

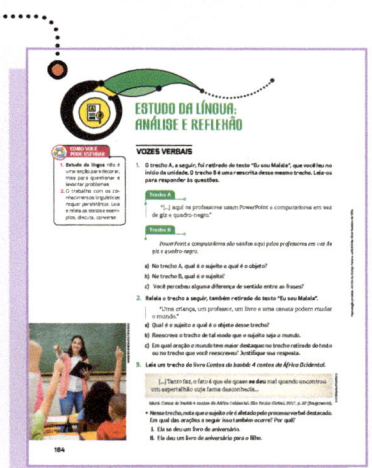

E POR FALAR NISSO...

Ao conversar com seus colegas a respeito das imagens e questões propostas nesta seção, as discussões feitas na seção "Leitura" serão ampliadas e você conquistará mais recursos para a hora de produzir.

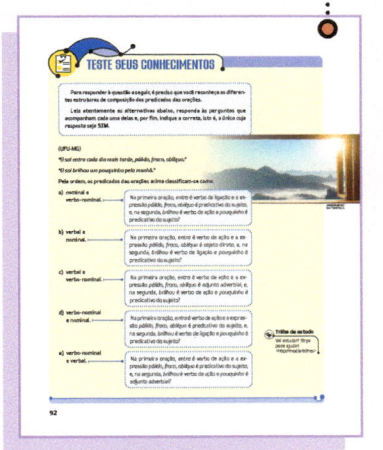

ORGANIZAR O CONHECIMENTO

Os esquemas e tabelas apresentados serão um material útil para o estudo.

TESTE SEUS CONHECIMENTOS

Nesta seção, você vai encontrar questões de Enem ou vestibular com comentários que orientam a resolução.

PROJETO EM EQUIPE

Nesta seção, você vai encontrar propostas de produção de exposições orais, seminários, programas de rádio e vídeos, além de exercitar a apresentação dessas produções.

7

CONHEÇA SEU LIVRO

LEITURA DA HORA
Esta seção é para você curtir! Conheça personagens incríveis e descubra quantas aventuras e histórias maravilhosas acontecem no mundo da literatura!

LUDOFICINA
Este é o momento de utilizar todo seu conhecimento e sua criatividade para confeccionar um jogo e se divertir com seus amigos!

ATITUDES PARA A VIDA
Nesta seção, você terá a oportunidade de conversar mais sobre atitudes importantes que podem ajudá-lo a enfrentar situações desafiadoras no dia a dia.

PARA SE PREPARAR PARA A PRÓXIMA UNIDADE
Aqui você encontrará *links* selecionados especialmente para você! Navegue pela internet, acesse o objeto digital e prepare-se para o estudo da próxima unidade.

ÍCONES DA COLEÇÃO

 Glossário

 Atitudes para a vida

 Indica conteúdos que podem ser trabalhados de forma interdisciplinar.

 Indica que existem jogos, vídeos, atividades ou outros recursos no **livro digital** ou no **Portal** da coleção.

Reprodução proibida. Art.184 do Código Penal e Lei 9.610 de 19 de fevereiro de 1998.

CONTEÚDO DOS MATERIAIS DIGITAIS

O *Projeto Araribá Plus* apresenta um Portal exclusivo, com ferramentas diferenciadas e motivadoras para o seu estudo. Tudo integrado com o livro para tornar a experiência de aprendizagem mais intensa e significativa.

Portal Araribá Plus – Português
- Conteúdos
  - OEDs
- Competências socioemocionais – 11 Atitudes para a vida
  - Atividades
  - Caderno 11 Atitudes para a vida
- Guia virtual de estudos
- Livro digital
- Obras complementares
- Programas de leitura

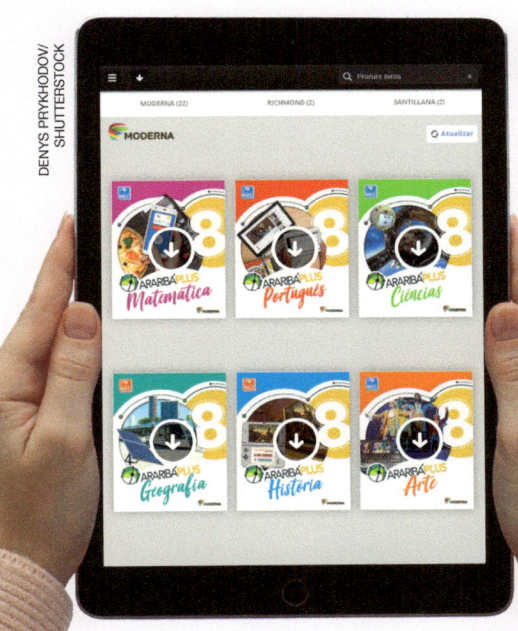

Livro digital com tecnologia *HTML5* para garantir melhor usabilidade e ferramentas que possibilitam buscar termos, destacar trechos e fazer anotações para posterior consulta. O livro digital é enriquecido com objetos educacionais digitais (OEDs) integrados aos conteúdos. Você pode acessá-lo de diversas maneiras: no *smartphone*, no *tablet* (Android e iOS), no *desktop* e *on-line* no *site*:

http://mod.lk/livdig

CONTEÚDO DOS MATERIAIS DIGITAIS

ARARIBÁ PLUS APP

Aplicativo exclusivo para você, com recursos educacionais na palma da mão!

Acesso rápido por meio do leitor de código *QR*.
http://mod.lk/app

Objetos educacionais digitais diretamente no seu *smartphone* para uso *on-line* e *off-line*.

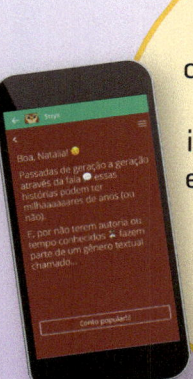

Stryx, um guia virtual criado especialmente para você! Ele ajudará a entender temas importantes e achar videoaulas e outros conteúdos confiáveis e alinhados com o seu livro.

Eu sou o **Stryx** e serei seu guia virtual por trilhas de conhecimento de um jeito muito legal de estudar!

LISTA DOS OEDS DO 8º ANO

PÁGINA	TÍTULO DO OBJETO DIGITAL
20	*Meu tio*
28	Emprego do hífen
41	*Eu, robô*
41	Sujeito, verbo e complementos
75	Predicado verbo-nominal e predicativo do objeto
83	Estágios do lançamento de um foguete
105	Adjunto adnominal e adjunto adverbial
137	Regência verbal e regência nominal
147	Figuras de linguagem II
173	Vozes verbais
173	*A história de Stephen Hawking*
197	*Hawking*
205	Período composto por coordenação
249	Orações subordinadas substantivas I
267	Orações subordinadas substantivas II

http://mod.lk/app

SUMÁRIO

UNIDADE 1 — PARA SEMPRE NA MEMÓRIA

- **Imagem de abertura** 16
  Cena do filme *Meu tio*, de Jacques Tati
- **Leitura** 18
  Texto: "Meu tio", de Jean-Claude Carrière
  O gênero em foco: narrativa de memória
- **E por falar nisso...** 25
  Fotos das personagens Carlitos, Hulot e Mr. Bean
- **Estudo da língua:** Emprego do hífen 26
- **Teste seus conhecimentos** 33
- **Leitura e produção de texto** 34
  Texto: "Viagem a Lilliput", de Jonathan Swift
- **Produção de texto:** narrativa de memória ficcional 36
- **Atitudes para a vida** 38
- **Leitura da hora** 40
  Texto: "O voo dos pássaros", de Daniel Munduruku
- **Para se preparar para a próxima unidade** 41

UNIDADE 2 — NUM FUTURO NÃO TÃO DISTANTE...

- **Imagem de abertura** 42
  Cenas dos filmes *1984*; *Eu, robô* e *Jogos vorazes*
- **Leitura** 44
  Texto: "O pedestre", de Ray Bradbury
  O gênero em foco: conto de ficção científica
- **Estudo da língua:** Revisão: sujeito, predicado (nominal e verbal), predicativo do sujeito, objetos direto e indireto 55
- **Teste seus conhecimentos** 63
- **Leitura e produção de texto** 64
  Texto: "O guia do mochileiro das galáxias", de Douglas Adams
- **E por falar nisso...** 67
  Fotos de Nichelle Nichols e Sigourney Weaver
- **Produção de texto:** *fanfic* 68
- **Atitudes para a vida** 70
- **Leitura da hora** 73
  Texto: "Planetas habitados", de André Carneiro
- **Para se preparar para a próxima unidade** 75

UNIDADE 3 — QUANDO UM INFOGRÁFICO É A MELHOR SOLUÇÃO

- **Leitura** 76
  Textos: infográficos *De olho no ciclone* e *Como são produzidos os infográficos*
  O gênero em foco: infográfico
- **E por falar nisso...** 84
  Foto: Vejo Infográficos em Tudo
- **Estudo da língua:** Predicado verbo-nominal e predicativo do objeto 85
- **Teste seus conhecimentos** 92
- **Produção de texto:** infográfico 93
- **Atitudes para a vida** 96
- **Projeto em equipe:** Por um mundo melhor 100
- **Para se preparar para a próxima unidade** 105

UNIDADE 4 — IGUAIS PERANTE A LEI

- **Imagem de abertura** 106
  Foto de Sérgio Vaz
- **Leitura** 108
  Textos: "Adolescente trans tem matrícula garantida após escola recusar inscrição na PB", de *G1 PB*, e "Racismo: Izabel escutou que cabelo do filho não era 'adequado' para escola", de Karina Menezes
  O gênero em foco: notícia
- **E por falar nisso...** 116
  O problema com que todos convivemos, de Norman Rockwell
- **Estudo da língua:** Adjunto adnominal e adjunto adverbial 118
- **Teste seus conhecimentos** 125
- **Leitura e produção de texto** 126
  Textos: "Jovem de São José dos Campos propõe lei que leva políticos a júri popular", de *G1 Vale do Paraíba e região*, e "Julgamento dos políticos por júri popular", de *e-Cidadania*
  O gênero em foco: ideia legislativa
- **Produção de texto:** ideia legislativa 131
- **Atitudes para a vida** 133
- **Para se preparar para a próxima unidade** 137

SUMÁRIO

UNIDADE 5 — NO RUMO DA POESIA

- **Imagem de abertura** 138
  Obra *Mar do Japão*, de Luiz Zerbini

- **Leitura** 140
  Texto: "No rumo da estrela", de Marina Colasanti
  Figuras de linguagem II: aliteração, anáfora, antítese, assonância, comparação, eufemismo, ironia, metáfora, onomatopeia, paradoxo e personificação
  O gênero em foco: prosa poética

- **E por falar nisso...** 149
  Obra *Noite estrelada sobre o Ródano*, de Vincent van Gogh

- **Estudo da língua:** Regência verbal e regência nominal 150

- **Teste seus conhecimentos** 161

- **Leitura e produção de texto** 162
  Textos: "As letras", de Fagundes Varella, e "Sentimental", de Carlos Drummond de Andrade
  O gênero em foco: paródia

- **Produção de texto:** paródia de poema 167

- **Atitudes para a vida** 168

- **Leitura da hora** 171
  Texto: "O olho de vidro do meu avô", de Bartolomeu Campos de Queirós

- **Para se preparar para a próxima unidade** 173

UNIDADE 6 — HISTÓRIAS DE CORAGEM

- **Imagens de abertura** 174
  Fotos do físico inglês Stephen Hawking e da paquistanesa Malala Yousafzai

- **Leitura** 176
  Texto: "Eu sou Malala", de Malala Yousafzai e Christina Lamb
  O gênero em foco: autobiografia

- **E por falar nisso...** 183
  Quadro *As duas Fridas*, de Frida Kahlo

- **Estudo da língua:** Vozes verbais 184

- **Teste seus conhecimentos** 194

- **Leitura e produção de texto** 196
  Texto: "Sem fronteiras", de Stephen Hawking

- **Produção de texto:** autobiografia 198

- **Atitudes para a vida** 200

- **Leitura da hora** 203
  Texto: "Liberdade", de Nelson Mandela

- **Para se preparar para a próxima unidade** 205

○----- **UNIDADE 7**   **ELAS TÊM PODER**

- **Imagem de abertura** 206
  Foto da seleção brasileira de futebol feminino

- **Leitura e produção de texto** 208
  Texto: "O que as mulheres fazem para driblar o machismo em *games online*?", de Bruno Araújo
  O gênero em foco: reportagem

- **Produção de texto:** reportagem baseada em entrevistas 217

- **E por falar nisso...** 221
  Imagens do movimento *One Billion Rising for Justice*

- **Estudo da língua:** Orações coordenadas 222

- **Teste seus conhecimentos** 228

- **Leitura e produção de texto** 230
  Texto: "A violência começa em casa", de Maria Laura Canineu
  O gênero em foco: artigo de opinião

- **Produção de texto:** artigo de opinião 237

- **Atitudes para a vida** 240

- **Ludoficina:** *Foto-puzzle-reportagem* 243

- **Para se preparar para a próxima unidade** 249

○----- **UNIDADE 8**   **PONTOS DE VISTA**

- **Imagem de abertura** 250
  Imagens do livro *Zoom*, de Istvan Banyai

- **Leitura** 252
  Texto: Debate sobre cotas raciais
  O gênero em foco: debate

- **E por falar nisso...** 258
  Humanae, de Angélica Dass

- **Estudo da língua:** Período composto por subordinação e Orações subordinadas substantivas 260

- **Teste seus conhecimentos** 273

- **Produção de texto:** debate 275

- **Atitudes para a vida** 278

ATITUDES PARA A VIDA 281

UNIDADE 1

PARA SEMPRE NA MEMÓRIA

EM FOCO NESTA UNIDADE

- A narrativa de memória
- Emprego do hífen
- Produção: narrativa de memória

ESTUDO DA IMAGEM

- Nesta cena, você vê Hulot e seu sobrinho Gérard. Observe o menino e levante hipóteses:

  a) Que idade você acha que ele tem?

  b) Como ele parece se sentir na companhia do tio?

  c) Discuta com seus colegas: o que ele pode estar dizendo ao tio? Lembre-se: é importante escutar com atenção e expressar-se com clareza.

SAIBA +

No filme *Meu tio* (França/Itália, 1958, 110 min), dirigido por Jacques Tati (1907-1982), o menino Gérard vive entediado numa casa impecavelmente limpa, repleta de artigos modernos e luxuosos. O tédio é quebrado, porém, quando vive aventuras com seu tio Hulot, que, apesar de sua situação modesta, leva a vida de maneira leve e divertida. Bastante elogiado, *Meu tio* faz uma crítica à modernidade e ao consumismo, valorizando a afetividade e um estilo de vida simples.

Cena do filme *Meu tio* (França/Itália, 1958). Direção: Jacques Tati.

LEITURA

ANTES DE LER

1. O assunto principal do romance é o relacionamento entre o menino e seu tio Hulot. Como você imagina que seja esse tio?

2. Em sua opinião, por que o narrador resolveu contar as aventuras vividas nessa época da infância?

3. E quanto a você? Algum acontecimento, lugar ou pessoa foram marcantes em sua vida? Relate essa experiência aos colegas.

Glossário

Sobretudo: casaco masculino, comprido, usado sobre outro casaco.

CONTEXTO

O trecho a seguir foi extraído do romance *Meu tio*, de Jean-Claude Carrière, inspirado no filme de Jacques Tati. Nele, o Gérard adulto narra suas lembranças de menino.

Em entrevista ao jornal *O Estado de S. Paulo* (26 de janeiro de 2010), Carrière conta que escreveu *Meu tio* na mesma época em que o filme foi rodado. Assim, ele teve a oportunidade de ler o roteiro e de acompanhar as filmagens. Tudo isso para que a versão escrita não perdesse o humor, os detalhes e o encantamento da versão original.

Meu tio

Eu tinha um tio.

Aquele era o bairro dele. Ele morava bem na praça. Graças a ele, eu me perdia de vez em quando na praça e nas ruas vizinhas.

Meu tio...

É difícil enxergá-lo com olhos de adulto. Ele ficou como a única alegria da minha infância, e tenho medo de desfigurar a imagem que guardei dele. Por isso, eu achava que ele era alto. Mas será que não era uma ilusão?

O que posso dizer com certeza é que o meu tio usava um chapeuzinho que pouco a pouco tinha adquirido uma forma estranha e que não parecia com nenhum outro chapéu. Ele também usava um **sobretudo**, uma gravata-borboleta com as pontas meio caídas, um guarda-chuva preto. As meias eram listradas.

[...]

Meu tio Hulot me parecia, quando eu era criança, um personagem ao mesmo tempo próximo e distante, indiferente e caloroso. É difícil explicar, eu sei. Aos poucos, vou tentar me fazer entender. Talvez eu tenha guardado uma imagem inexata do meu tio; talvez ele não fosse tudo o que eu pensava. É possível. Jamais vou saber. Mas quero falar dele como se ainda tivesse oito anos.

Pois então, ele era bem alto e bem magro. Andava aos tropeços, meio curvado para a frente, e saía distribuindo cumprimentos sem motivo. [...] Na mão, uma sacola preta de onde sai a **carranca** dentuça de um peixe. Essa carranca terrível provoca os cachorros debaixo das barracas, e nesse meio-tempo se acumulam os incidentes que são a graça de andar com ele.

Ele era perseguido por uma fatalidade que o mergulhava em todo tipo de problema. Não perdia a oportunidade de **dar uma gafe**, de fazer uma trapalhada, mas, pelo jeito como aceitava os golpes do acaso, **impassível**, impenetrável, sem nem franzir as sobrancelhas, sem reclamar, eu me perguntava de vez em quando se ele não provocava o incidente de propósito.

Isso só aumentava a admiração que eu sentia por ele. Hoje, percebo que ele não passava de um homem corajoso e meio distraído, meio... Estou me perdendo. Prometi falar dele como a figura encantadora dos meus jovens anos. Vou manter minha palavra.

Olha ele ali, subindo para casa. Acabou de fazer compras e está de volta. Não estou seguindo ele. Estou na praça, esperando ele descer de novo.

Ele passa por um portãozinho, dá um tapinha na bochecha da filha da zeladora, belisca de leve o nariz dela.

— Oi, senhor Hulot!

Sacola na mão, [...] meu tio dá início a uma lenta subida.

Primeiro, uma escadinha pela esquerda.

Meia-volta à direita. Num corredor, duas pernas, um guarda-chuva.

Ao ar livre. Uma passarela.

Depois, a escada em caracol. Vamos subir.

Lá no alto. Um pequeno giro sobre si mesmo. Ponto final?

ALEXANDRE DUBIELA

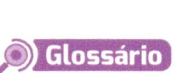

Glossário

Carranca: cara muito feia.

Dar uma gafe: descuidar-se ao agir ou falar; ser indiscreto.

Impassível: calmo, tranquilo.

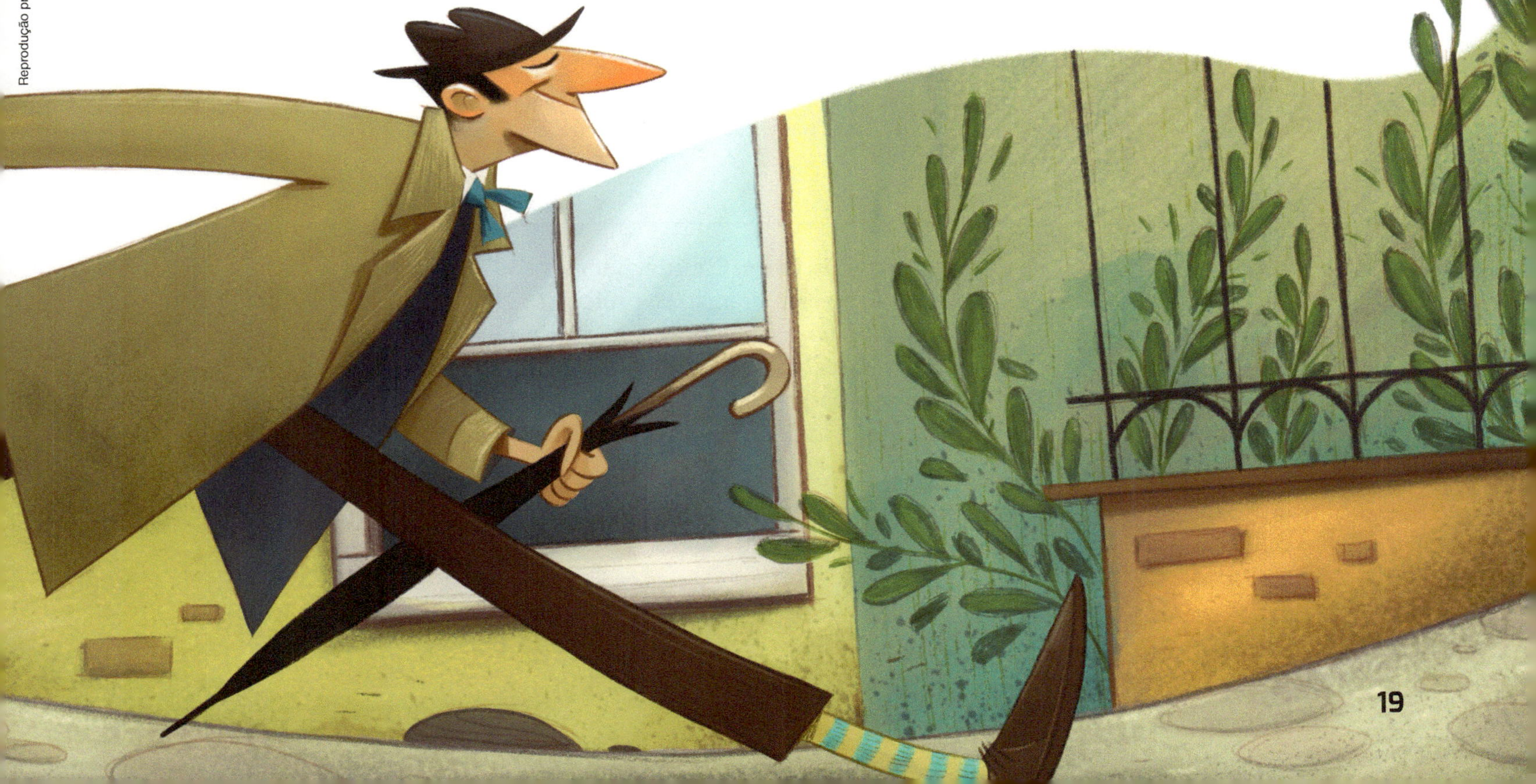

Não exatamente. Vamos descer um pouquinho. Pausa para descanso. Respiramos.

Terceiro, uma outra passarela.

Uma porta escura...

Meu tio morava no último andar, perto do paraíso, num quarto muito esquisito. Era cheio de janelas que se abriam em grande confusão. Vasos de flores enfeitavam a sacada e trepadeiras escondiam aqui e ali as rachaduras e faziam sumir o **chapisco** do muro.

Da rua, de nariz em pé, como se estivesse assistindo a um espetáculo, eu acompanhava a subida do meu tio. Era um jogo de esconde-esconde com as pedras e flores. Segundo os caprichos do percurso, eu percebia ora os pés, ora a cabeça, às vezes o corpo inteiro.

Por fim, meu tio ressurgia lá no alto, numa varanda aberta aos quatro ventos. Pegava a chave numa calha, abria a porta da casa — um quartinho, uma **água-furtada** verde-clara, com folhas por todos os lados — e entrava.

Eu esperava mais um tempinho. Sabia que meu tio ia abrir a janela e, na parede em frente, pego de surpresa por um raio de sol, um canário ia começar a cantar. Meu tio deixava a janela aberta do jeito certo. O vidro jogava a luz no passarinho e ele cantava que era uma beleza.

Em seguida, meu tio vinha me encontrar. Eu seguia as peripécias da descida — era o mesmo caminho, no sentido inverso. Lá embaixo, ele brincava mais uma vez com o nariz da garotinha que estava na passagem.

— Oi, senhor Hulot!

Então nós dois saíamos juntos, para qualquer lugar, em estranhos passeios em que eu ia de surpresa em surpresa, e o tempo passava rápido, e eu esquecia meu belo bairro, a fábrica do meu pai e o jardim superpodado. Andava atrás do meu tio, às vezes perdia ele de vista, em outras encontrava ele de novo. Ele sempre vinha me esperar na saída da escola e a gente voltava a pé, não sem antes fazer um desvio pela vizinhança. [...]

JEAN-CLAUDE CARRIÈRE. *Meu tio*. Trad.: Paulo Werneck. São Paulo: Cosac Naify, 2009. p. 18-28. (Fragmento).

Biografia

O escritor francês **Jean-Claude Carrière** (1931-) é também cineasta, dramaturgo, roteirista e ator. Além de *Meu tio*, escreveu outro romance baseado em filme de Jacques Tati, *As férias do Sr. Hulot*. As duas obras foram ilustradas pelo artista Pierre Étaix, assistente de Tati durante as filmagens.

Jean-Claude Carrière em 2010.

Glossário

Chapisco: revestimento rústico de paredes e muros, feito com cimento e areia.

Água-furtada: construção que ocupa parte do telhado de uma casa, semelhante a um sótão.

 Meu tio

Assista a um trecho do filme no livro digital ou no Portal Araribá.

ESTUDO DO TEXTO

 ANTES DO ESTUDO DO TEXTO

1. Se não tem certeza de ter compreendido bem o texto, leia-o novamente.
2. Ao responder às questões a seguir, procure empregar o que já aprendeu ao ler outros textos e seja preciso em suas respostas.

COMPREENSÃO DO TEXTO

1. Com base nas informações apresentadas no "Estudo da imagem" e no boxe "Antes de ler", quem é o narrador no texto?

2. Em certos momentos, porém, o narrador emprega a primeira pessoa do plural, *nós*. Veja.

   "Depois, a escada em caracol. **Vamos** subir.

   Lá no alto. Um pequeno giro sobre si mesmo. Ponto final?

   Não exatamente. **Vamos** descer um pouquinho. Pausa para descanso. **Respiramos**."

   - Nesse trecho, o narrador convida alguém para observar com ele os passos do tio. Quem ele convida?

3. Você e seus colegas vão identificar, e o professor vai registrar na lousa:
   a) as características do tio Hulot na visão do narrador quando criança.
   b) as características do tio Hulot na visão do narrador depois de adulto.

4. Agora, compare o olhar de Gérard criança com o olhar de Gérard adulto.
   a) Qual olhar é mais afetuoso em relação ao tio e qual é mais racional?
   b) Na sua opinião, qual seria a causa dessa diferença?

5. Releia.

   "É difícil enxergá-lo com olhos de adulto. Ele ficou como a única alegria da minha infância, e tenho medo de desfigurar a imagem que guardei dele. Por isso, eu achava que ele era alto. Mas será que não era uma ilusão?"

   a) Para o narrador, as lembranças podem ser apenas uma ilusão. Por quê?
   b) Na sua opinião, por que o narrador teme desfigurar a imagem que tinha do tio na infância?

6. O tio vivia fazendo trapalhadas.
   a) Como o tio reagia às consequências das trapalhadas que fazia?
   b) O que Gérard concluía a partir das reações do tio?
   c) O fato de tio Hulot agir dessa maneira fazia que o menino tivesse que tipo de sentimento por ele?
   d) Por que, quando adulto, o narrador considera o tio corajoso?

DE OLHO NA CONSTRUÇÃO DOS SENTIDOS

1. Releia este trecho.

   "Então nós dois saíamos juntos, para qualquer lugar, em estranhos passeios em que eu ia de surpresa em surpresa, e o tempo passava rápido, e eu esquecia meu belo bairro, a fábrica do meu pai [...]."

   a) No caderno, copie desse trecho uma pista de que o menino gostava dos passeios que fazia com o tio.
   b) Por que Gérard classifica os passeios com o tio como "estranhos"?

2. Observe os termos destacados no trecho a seguir: qual é o efeito produzido pela escolha de palavras de sentido oposto para descrever o tio?

   "Meu tio Hulot me parecia, quando eu era criança, um personagem ao mesmo tempo **próximo** e **distante**, **indiferente** e **caloroso**."

21

3. As ações de uma personagem também revelam muitas de suas características. Veja alguns exemplos nos fragmentos abaixo.

> "Graças a ele, eu me perdia de vez em quando na praça e nas ruas vizinhas."

> "Na mão, uma sacola preta de onde sai a carranca dentuça de um peixe. Essa carranca terrível provoca os cachorros debaixo das barracas, e nesse meio-tempo se acumulam os incidentes que são a graça de andar com ele."

a) De acordo com os trechos acima, quais palavras do quadro podem ser relacionadas ao tio Hulot?

atencioso	distraído	educado
organizado	magro	desastrado
alto	divertido	tímido
atrapalhado		

b) Procure no texto *Meu tio* outra sequência que apresente um aspecto da personalidade de Hulot.

c) Antes da leitura do texto, você levantou hipóteses sobre o tio Hulot. Agora que já analisou algumas ações e características da personagem, você diria que suas hipóteses se confirmaram? Justifique sua resposta.

4. Releia o trecho a seguir.

> "Primeiro, uma **escadinha** pela esquerda.
>
> Meia-volta à direita. Num **corredor**, duas **pernas**, um **guarda-chuva**.
>
> Ao ar livre. Uma **passarela**.
>
> Depois, a **escada** em caracol. Vamos subir.
>
> Lá no alto. Um pequeno giro sobre si mesmo. Ponto final?
>
> Não exatamente. Vamos descer um pouquinho. Pausa para descanso. Respiramos.
>
> Terceiro, uma outra passarela.
>
> Uma **porta** escura…"

a) Nessa passagem, o narrador está na praça, observando o tio subir até o quarto, no último andar. No segundo parágrafo do trecho, a quem se referem as palavras *pernas* e *guarda-chuva*? Considerando esse contexto, o que representam as palavras destacadas?

b) Observe agora o trecho em que estão destacados *pernas* e *guarda-chuva*. Essas palavras estão representando qual personagem do texto?

5. Todas as palavras destacadas no trecho pertencem à mesma classe gramatical.

a) Qual é essa classe?

b) Copie no caderno a alternativa que melhor explica por que predomina essa classe gramatical no trecho lido.

- A predominância de palavras dessa classe, que focaliza os objetos, deixa a narração mais dinâmica, como se fosse um filme.
- A predominância de palavras dessa classe, que focaliza os objetos, deixa a narração mais lenta, ajudando a criar suspense.
- A predominância de palavras dessa classe, que focaliza as características dos objetos, deixa a descrição do ambiente mais viva e rica.

A NARRATIVA DE MEMÓRIA

1. O texto *Meu tio* faz parte de um romance. Para você, o que é um romance?

2. Considere as informações apresentadas nesta unidade a respeito da obra *Meu tio* e responda ao que se pede.

    a) Gérard e seu tio realmente existiram ou são personagens de ficção?

    b) Agora reflita: se autor é aquele que elabora uma obra literária e narrador é uma entidade fictícia que narra uma história, Gérard é autor ou narrador?

    c) Quando uma história guardada na memória e vivida pelo narrador é contada, os tempos verbais ficam no passado, no presente ou no futuro?
    - O narrador fica em 1ª ou em 3ª pessoa?

    d) Em *Meu tio*, esse foi o tratamento dado aos verbos e ao narrador? Justifique com passagens do texto.

    e) O texto de ficção muitas vezes recria a realidade de tal maneira que leva o leitor a acreditar que a história é verdadeira.
    - O tratamento dado aos verbos e ao narrador contribui para produzir esse efeito? Explique.

3. As características físicas, de comportamento e da personalidade do tio Hulot compõem a descrição dessa personagem no texto.
    - Considerando o que viu até agora, você acha que a descrição é importante no texto que acabou de ler e nos relatos de memória em geral? Por quê?

> **ATENÇÃO!**
>
> **Autor ou narrador?**
>
> Autor é aquele que elabora uma obra literária, enquanto o narrador é uma entidade fictícia que narra uma história.

> **Lembre-se**
>
> Descrever é apresentar as características de um ser, de um lugar, de uma paisagem, de um objeto. Em uma descrição, pode-se destacar apenas uma característica ou várias delas, de acordo com a intenção de quem escreve.

O GÊNERO EM FOCO: NARRATIVA DE MEMÓRIA

O texto *Meu tio* é um trecho de um romance de ficção em que é feita uma **narrativa de memória**, pois a personagem Gérard narra as memórias da infância vivida na companhia do tio.

É provável que, ao ouvir a palavra *romance*, você pense em uma história de amor. Mas será mesmo que todo romance é uma narrativa com teor romântico? Leia uma definição desse gênero.

> O **romance** é a narrativa geralmente longa e complexa na qual costumam estar presentes mais de um conflito, várias personagens, mais de um cenário. O romance pode ser histórico, de aventura etc., dependendo da intenção de quem o escreve e da natureza dos acontecimentos narrados.

Quando uma história vivida pelo narrador e guardada em sua memória é contada, temos uma **narrativa de memória**.

A criação de uma personagem que narra as histórias como memórias da infância é um recurso para fazer com que a história narrada em *Meu tio* pareça real ou possível de ter acontecido.

A narrativa de memória é caracterizada pelo emprego de verbos no passado e por ter um narrador que é personagem, ou seja, que faz a narrativa em 1ª pessoa.

Na narrativa de memória há muitas sequências com a descrição física, de comportamento e de personalidade das personagens. O cenário e a ação das personagens descritos detalhadamente também são fundamentais para entender as características das personagens e do ambiente em que ocorre a ação.

Nas sequências descritivas os verbos podem estar no imperfeito do indicativo, como em "**Andava** aos tropeços", ou no presente do indicativo, como em "Ele **passa** por um portãozinho". Note que, com o uso do presente do indicativo, o autor aproxima o leitor da cena, como em um filme.

ORGANIZAR O CONHECIMENTO

O QUE VOCÊ JÁ SABE?

Agora, você já é capaz de...	Sim	Não	Mais ou menos
... identificar uma narrativa de memória em romances ou em outros gêneros narrativos?	☐	☐	☐
... caracterizar a narrativa de memória como uma sequência que narra uma história vivida por um narrador?	☐	☐	☐
... reconhecer o emprego de verbos no passado e a narrativa em 1ª pessoa por um narrador que é personagem?	☐	☐	☐
... perceber a descrição como um elemento importante na construção da narrativa de memória?	☐	☐	☐

Se você marcou não ou mais ou menos, retome a leitura de O gênero em foco: narrativa de memória.

VIKTORIA KURPAS/SHUTTERSTOCK

- Junte-se a um colega e, numa folha avulsa ou no caderno, copiem o esquema a seguir, substituindo as questões pelas respectivas respostas. Ao final, vocês terão um resumo com as principais características da narrativa de memória. As questões apresentadas servem para orientar a elaboração do esquema, mas, se preferirem, vocês poderão incluir outras características.

Narrativa de memória
- Defina narrativa de memória.
- A descrição é um recurso muito ou pouco utilizado nesses textos?
- Como os verbos são empregados? No passado ou no presente?

Reprodução proibida. Art. 184 do Código Penal e Lei 9.610 de 19 de fevereiro de 1998.

E POR FALAR NISSO...

1. **A personagem Hulot aparece também em outros filmes dirigidos por Jacques Tati. Leia o trecho de uma crítica de cinema que aponta esse fato.**

> O ator e diretor francês Jacques Tati (1907-1982) é outro daqueles nomes célebres do cinema europeu pouco lembrados [...] Realizador de poucos filmes – seis longas apenas, entre 1949 e 1974 –, Tati criou um personagem famoso, o atrapalhado e crítico senhor Hulot. A magia de Hulot retorna com a reestreia de *Meu Tio* (*Mon Oncle*) em cópia restaurada.
>
> [...] Hulot é um personagem baseado na mímica de Charles Chaplin e foi visto em *Tempo de Diversão* (1967) e *As Aventuras de Mr. Hulot no Trânsito Louco* (1971), filmes menos bem-sucedidos em termos comerciais, o que levou o último longa de Tati, *Parade* (1974), a não chegar aos circuitos brasileiros, em que filmes como *As Férias do Sr. Hulot* (1953) e *Meu Tio* fizeram grande sucesso de público e crítica.

Tuio Becker. "Senhor Hulot ironiza febre modernista em *Meu Tio*, de Jacques Tati". Disponível em: <http://mod.lk/1z0nz>. Acesso em: 29 mar. 2018.

- Qual teria sido a razão para Hulot aparecer em outras obras do diretor? (Uma dica: para formular a sua hipótese, relembre as características dessa personagem que você conheceu até aqui.)

2. **O texto menciona que Hulot foi baseado em Charles Chaplin (1889-1977), criador de Carlitos, personagem do cinema mudo (formato que existiu até o fim da década de 1920). Tanto Carlitos quanto Hulot podem ser relacionados a Mr. Bean, personagem que quase não tem falas e está sempre metido em confusões e situações surpreendentes.**

- Compare as imagens a seguir e discuta com seus colegas: que aspectos nos permitem reconhecer que há uma relação entre as três personagens?

EVERETT COLLECTION/FOTOARENA

ALBUM/ALBUM CINEMA/LATINSTOCK

INTERFOTO/LATINSTOCK

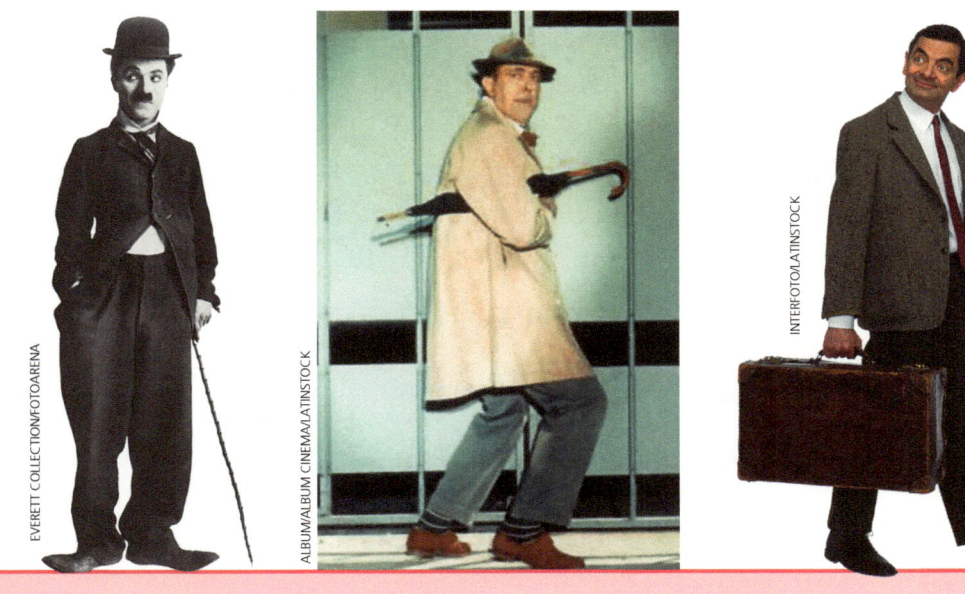

Da esquerda para a direita: o ator e diretor inglês Charles Chaplin caracterizado como Carlitos; o francês Jean-Pierre Zola, como Hulot, em uma cena de *Meu tio*; o inglês Rowan Atkinson interpretando Mr. Bean.

ESTUDO DA LÍNGUA: ANÁLISE E REFLEXÃO

COMO VOCÊ PODE ESTUDAR

1. **Estudo da língua** não é uma seção para decorar, mas para questionar e levantar problemas.
2. O trabalho com os conhecimentos linguísticos requer persistência. Leia e releia os textos e exemplos, discuta, converse.

EMPREGO DO HÍFEN

1. Releia este parágrafo do texto *Meu tio*.

   > "Por fim, meu tio ressurgia lá no alto, numa varanda aberta aos quatro ventos. Pegava a chave numa calha, abria a porta da casa — um quartinho, uma *água-furtada verde-clara*, com folhas por todos os lados — e entrava."

   a) Que sinal os termos *água-furtada* e *verde-clara* apresentam em comum?

   b) Esses termos são formados a partir de qual processo de formação de palavras? Explique.

2. Observe o uso do hífen nos verbetes a seguir. Depois, responda às questões.

   micro-hábitat
   ■ substantivo masculino
   Rubrica: ecologia.
   1 parte do *habitat* na qual a espécie pode ser mais freq. encontrada
   2 *habitat* especializado e peculiar de pequenas dimensões; microambiente

   ---

   anti-histamínico   *Datação:* d1949
   ■ adjetivo e substantivo masculino
   Rubrica: bioquímica, farmácia.
   diz-se de ou agente us. no controle de alergias, em enjoos de viagem e tratamento de úlcera; funciona tb. contra o mal de Parkinson, como anti-tussígeno, ansiolítico, antisséptico, antiemético

   Grande Dicionário Houaiss da língua portuguesa.
   2ª ed. Rio de Janeiro: Paracatu Editora, 2017.

   a) Os dois verbetes, no cabeçalho e na acepção, apresentam palavras com um prefixo em sua formação. Que palavras são essas?

   b) Levante hipóteses para explicar por que em alguns casos o prefixo não está ligado ao radical por intermédio do hífen.

Lembre-se

Os principais processos de formação de palavras são: derivação, composição e hibridismo.

1. **Derivação**: formação de palavras pelo acréscimo de afixos (prefixos e/ou sufixos acrescentados a um radical).
2. **Composição**: formação de palavras pela união de dois ou mais radicais. Há dois modos de composição:
   a) **justaposição**: quando os radicais se unem sem sofrer alteração;
   b) **aglutinação**: quando ao menos uma das palavras sofre alteração em sua forma, perdendo algum elemento na união.
3. **Hibridismo**: formação de palavras com elementos de línguas diferentes.

EMPREGO DO HÍFEN

Você identificou uma das regras de emprego do hífen, mas existem muitas outras, que estão no quadro abaixo.

Casos em que se emprega o hífen
■ Em palavras compostas que **nomeiam plantas e animais**, independentemente do número de elementos que as compõem: *couve-flor, erva-doce, bem-me-quer, cobra-d'água, bem-te-vi*.
■ Na maioria das palavras compostas por **justaposição**, assim consideradas aquelas que têm no máximo **dois elementos**: *água-furtada, verde-clara, segunda-feira, guarda-chuva, água-marinha, latino-americano, arco-íris* etc. **Exceções**: *girassol, mandachuva, pontapé, paraquedas, paraquedista*.
■ Nos compostos com os advérbios **bem** e **mal**, quando o outro elemento for iniciado por **vogal** ou **h**: *bem-aventurado, mal-estar, bem-humorado, mal-humorado*.
■ Nos compostos com os elementos **além**, **aquém**, **recém** e **sem**: *além-mar, aquém-mar, recém-nascido, sem-cerimônia*.
■ Nas formações com **prefixos**, quando o segundo elemento começa por **h**: *anti-higiênico, co-herdeiro, pré-história, semi-hospitalar*. **Exceções**: *desumano, inábil, inumano*.
■ Nas formações com **prefixos**, quando o segundo elemento começa com a **mesma vogal** em que termina o prefixo: *micro-ondas, contra-almirante, arqui-inimigo*. **Exceções**: formações com os prefixos **co** e **re**: *coordenar, cooperação, cooperar, reelaborar, reelaboração*.
■ Nas formações com os prefixos **circum** e **pan**, quando o segundo elemento começa por **vogal**, **m**, **n** ou **h**: *circum-navegação, pan-africano, circum-escolar, pan-mágico*.
■ Nas formações com os prefixos **hiper**, **inter** e **super**, quando o segundo elemento começa com **r**: *hiper-resistente, super-racional, inter-regional*.
■ Nas formações com os prefixos **ex** significando "estado anterior" ou "cessamento", **sota**, **soto**, **vice** e **vizo**: *ex-almirante, sota-piloto, soto-mestre, vice-presidente, vizo-rei*.
■ Nas formações com os prefixos tônicos **pós**, **pré** e **pró**, acentuados graficamente, quando o segundo elemento tem "vida à parte": *pós-graduação, pré-natal, pró-europeu*.
■ Nos topônimos iniciados pelos adjetivos **grã** ou **grão**, por **forma verbal**, ou por elementos **ligados com artigo**: *Grã-Bretanha, Grão-Pará, Passa-Quatro, Quebra-Dentes, Baía de Todos-os-Santos*.
■ Nas formações em que as palavras são terminadas pelos **sufixos** de origem tupi-guarani **açu**, **guaçu** e **mirim**, quando o primeiro elemento acaba em **vogal acentuada** graficamente ou quando a pronúncia exige a **distinção gráfica**: *amoré-guaçu, capim-açu, Ceará-Mirim*.
■ Para ligar duas ou mais **palavras que se combinam** ocasionalmente: *Rio-Niterói, Áustria-Hungria, Belém-Brasília*.

Casos em que não se emprega o hífen
■ Nas formações em que o **prefixo** termina em **vogal** e o segundo elemento começa por **r** ou **s**. Nesse caso, **duplica-se** o **r** ou o **s**: *antirreligioso, microssistema, cosseno, minissaia, contrarregra*.
■ Nas formações em que o **prefixo** termina em **vogal** e o segundo elemento começa por **vogal diferente**: *hidroelétrico, aeroespacial, autoestrada*.
■ Nas **locuções** de qualquer tipo (formadas por **mais de duas palavras**): *fim de semana, cor de vinho, a fim de, dia a dia, pé de moleque, calcanhar de aquiles, deus nos acuda*. **Exceções**: *água-de-colônia, arco-da-velha, cor-de-rosa, mais-que-perfeito, pé-de-meia*.
■ Em **substantivos** e **adjetivos compostos** pela palavra **não**: *linguagem não verbal, não aceitação, não cumprimento*.

EMPREGO DO HÍFEN NA PARTIÇÃO DE PALAVRAS NO FIM DA LINHA

Na partição de palavras no fim da linha, valem as regras de divisão silábica:

- Não se separam os ditongos decrescentes nem os tritongos: ***ou**-tros, pô-**nei**, Para-**guai**.*
- Separam-se as vogais dos hiatos: *pi-**a**-da, compr**e**-**e**nder.*
- Não se separam os encontros consonantais que iniciam sílaba e os dígrafos **ch**, **lh** e **nh**: ***ps**i-cólogo, sozi-**nh**o.*
- Separam-se as letras dos dígrafos **rr**, **ss**, **sc**, **sç** e **xc**: *depre**s**-**s**a, te**r**-**r**a, cre**s**-**ç**a, e**x**-**c**eção, na**s**-**c**e.*

  Observação: quando, no fim da linha, quebramos uma palavra que contém hífen, é preciso repeti-lo na linha seguinte. Exemplo:

  ——————————→ *contra-*

  -ataque.

ROBSON ARAÚJO

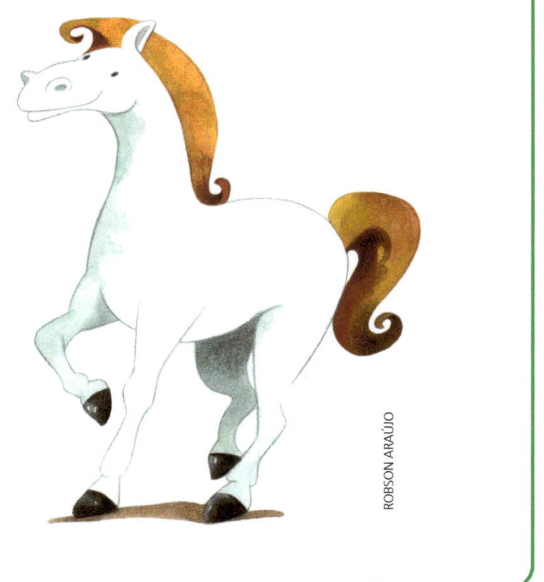

ORGANIZAR O CONHECIMENTO

CRUMSIG/SHUTTERSTOCK

Emprego do hífen

Este objeto digital trata do que você acabou de estudar nesta seção: o emprego do hífen. Acesse o conteúdo e, depois, responda às perguntas apresentadas a seguir.
<http://mod.lk/qbwrw>.

O QUE VOCÊ JÁ SABE?

Agora, você já é capaz de...	Sim	Não	Mais ou menos
... entender quais são os casos em que se emprega o hífen?	☐	☐	☐
... reconhecer quais são os casos em que não se emprega o hífen?	☐	☐	☐
... compreender como se dá o emprego do hífen na partição de palavras no fim de uma linha?	☐	☐	☐

Se você marcou não ou mais ou menos, retome a leitura de Emprego do hífen.

● Junte-se a um colega e, no caderno, copiem o esquema a seguir, completando-o com palavras que exemplifiquem as frases explicativas.

Emprego do hífen

- Em palavras compostas que nomeiam plantas e animais. Exemplos: ▇
- Na maioria das palavras compostas por justaposição. Exemplos: ▇
- Nos compostos com os advérbios *bem* e *mal* quando o outro elemento for iniciado por vogal ou *h*. Exemplos: ▇
- Nos compostos com os elementos *além*, *aquém*, *recém* e *sem*. Exemplos: ▇
- Nas formações com prefixos quando o segundo elemento começa por *h*. Exemplos: ▇
- Nas formações com prefixos quando o segundo elemento começa com a mesma vogal em que termina o prefixo. Exemplos: ▇
- Nas formações com os prefixos *circum* e *pan*, quando o segundo elemento começa por vogal, *m*, *n* ou *h*. Exemplos: ▇
- Nas formações com os prefixos *hiper*, *inter* e *super*, quando o segundo elemento começa com *r*. Exemplos: ▇
- Nas formações com os prefixos *ex*, *sota*, *soto*, *vice* e *vizo*. Exemplos: ▇
- Nas formações com os prefixos tônicos *pós*, *pré* e *pró*. Exemplos: ▇
- Nos topônimos iniciados pelos adjetivos *grã* ou *grão* ou por elementos ligados com artigo. Exemplos: ▇
- Nas formações em que as palavras são terminadas pelos sufixos de origem tupi-guarani, *açu*, *guaçu* e *mirim*. Exemplos: ▇

ATIVIDADES

1. Leia os textos a seguir.

   A "viúva-negra" (*Latrodectus curacaviensis*) é uma aranha pequena e tímida que mede em torno de um centímetro, com patas longas e frágeis. Seu colorido é negro-metálico, com o abdômen arredondado e com vários desenhos de cor vermelha-viva, às vezes ornados com finas linhas brancas.

   Sua teia é formada por uma rede de fios desordenados, nos quais ela permanece virada para baixo, capturando seu alimento. [...]

   O veneno da viúva-negra é muito tóxico para o homem. [...]

   No Brasil, entre o Rio de Janeiro e o Rio Grande do Norte, encontramos esta aranha com frequência [...]. Nas restingas do litoral, são muito abundantes na vegetação conhecida como "salsa-da-praia" [...].

   [...]

   Instituto Vital Brazil. Disponível em: <http://mod.lk/x8vcg>. Acesso em: 3 mar. 2018. (Fragmento).

   ### Nova superteia de aranha tem força triplicada

   A teia de aranha já é naturalmente um material mais leve e mais forte do que o aço, e agora cientistas alemães conseguiram triplicar sua resistência. A invenção [...] poderá ser usada em tecidos hiper-resistentes e próteses modernas de ossos e tendões, afirmam seus criadores [...] do Instituto Max Planck de Física de Microestruturas [...].

   Folha de S.Paulo. Disponível em: <http://mod.lk/sj10k>. Acesso em: 3 mar. 2018.

   • Explique o uso do hífen, ou a ausência dele, nas palavras destacadas.

2. Em textos literários, o hífen é utilizado de maneira mais estilística. Veja o poema abaixo, do carioca Pedro Amaral.

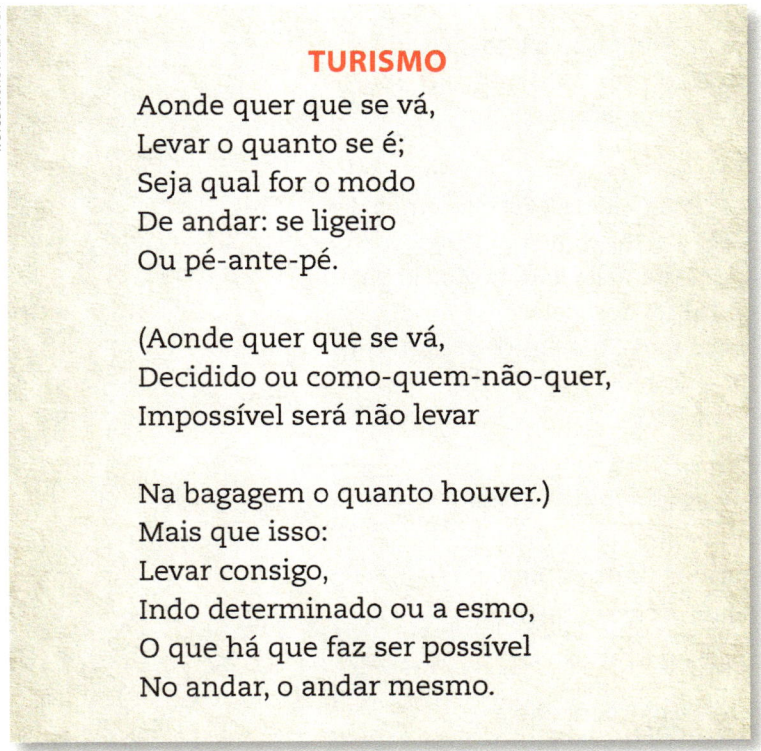

TURISMO

Aonde quer que se vá,
Levar o quanto se é;
Seja qual for o modo
De andar: se ligeiro
Ou pé-ante-pé.

(Aonde quer que se vá,
Decidido ou como-quem-não-quer,
Impossível será não levar

Na bagagem o quanto houver.)
Mais que isso:
Levar consigo,
Indo determinado ou a esmo,
O que há que faz ser possível
No andar, o andar mesmo.

PEDRO AMARAL. Disponível em: <http://mod.lk/zmkhz>. Acesso em: 30 abr. 2015.

a) O poema trabalha com três oposições, uma em cada estrofe. Indique-as.

b) Que pares de palavras (ou expressões) indicam essas oposições?

c) Por que os hifens foram utilizados em algumas palavras do poema?

3. Siga as orientações abaixo e inclua palavras diferentes das que você viu nesta seção. Se precisar, consulte um dicionário.

a) Duas palavras com o prefixo **micro-** ligado ao radical com hífen.

b) Duas palavras com os prefixos **auto-, retro-, extra-** e **ultra-**, sendo uma com hífen e outra sem.

4. Forme palavras ligando prefixos e radicais (ou radicais e radicais) do quadro, usando o hífen, se necessário. Depois, substitua as letras de **(a)** a **(h)** do texto a seguir pelas palavras que você formou.

jipe + robô	super + sônico
retro + propulsores	segunda + feira
para + quedas	

ATIVIDADES

(a) Curiosity pousa em Marte com segurança

O centro de controle do JPL (Laboratório de Propulsão a Jato da Nasa), em Pasadena, na Califórnia, recebeu a confirmação de que o **(b)** Curiosity pousou em segurança em Marte às 2h31 desta **(c)** (hora de Brasília).

[...]

Para colocar o **(d)** no solo, foram usados basicamente três diferentes dispositivos, no mais complexo pouso já feito em Marte. Primeiro, um escudo de proteção térmica ajudou a nave a entrar na atmosfera do planeta num impacto a 21 mil quilômetros por hora. Depois, um **(e) (f)** desacelerou o módulo de aterrissagem e, por fim, um guindaste voador movido a **(g)** depositou o **(h)** no solo.

[...]

Disponível em: <http://mod.lk/5yo1q>. Acesso em: 30 abr. 2015.
(Fragmento adaptado).

5. Em cada sequência abaixo há uma palavra grafada de modo inadequado. Copie-a no caderno, escrevendo-a corretamente.

a) Pinhão-manso, re-escrever, hemiparesia, contrafluxo.

b) Ante-projeto, ex-senador, extra-hospitalar, hidroencefalia.

c) Bioética, hipermercado, predisposição, hiperrealismo.

d) Pé-de-moleque, autorrealização, anglo-saxão, circum-navegação.

6. Leia o cartum, prestando atenção ao neologismo usado no título.

a) De que palavra já existente na língua esse neologismo nos faz lembrar? Qual é o sentido dessa palavra?

b) E qual é o sentido do neologismo? Justifique sua resposta com os elementos que entraram em sua composição.

c) Deduza: o que o rapaz está fazendo com o celular e o que o leva a concluir o que está escrito em seu balão de fala?

d) Relacione o sentido do neologismo do título à cena retratada e à observação que aparece entre parênteses no final. Por que a autora (Chiquinha) teria dado esse título ao cartum?

e) Quanto ao emprego do hífen, o neologismo foi grafado corretamente? Por quê? E a palavra que você identificou no item a? Por que se deve ou não empregar o hífen ao escrevê-la?

 Mais questões no livro digital

TESTE SEUS CONHECIMENTOS

A questão a seguir aborda os usos do hífen na composição de palavras. Assim, é fundamental que você tenha entendido as regras de sua utilização para respondê-la adequadamente.

Ao ler o texto abaixo, observe com atenção a grafia das palavras grifadas. Em seguida, responda às perguntas que acompanham cada uma das alternativas e, depois, indique a correta, isto é, a única cuja resposta seja **SIM**.

(Ufam)

Leia o texto a seguir:

Uma das mais importantes minisséries da Rede Globo foi a exibição de *Mad Maria*, romance do amazonense Márcio Souza. Há que se descontar, evidentemente, os exageros em torno das tramas amorosas, tramas que, no livro, ficam em segundo plano. Da mesma forma, a parte política, em que se denunciam os abusos do poder público e a exploração dos trabalhadores, que sofreram com multiinfecções, não foi apresentada de forma satisfatória. Ficou-se no regionalismo exótico, próprio para turistas sem autorrespeito ou para quem, tranquilo morador do Sul e do Sudeste do país, desconhece por completo a região amazônica.

Por que, então, essa exibição global se revelou tão importante? Por desencavar dos baús da História não oficial o lamentável episódio da construção da ferrovia Madeira-Mamoré, uma insanidade contra a qual ninguém se opôs. Era de se esperar algum protesto de alguém com uma visão antielitista. Aquele trecho de estrada de ferro, destruidor de vidas humanas e de habitats, exigiu esforço monumental e inútil. Segundo Márcio Souza, era uma pseudoferrovia "que conduzia o nada a lugar nenhum".

Assinale a alternativa que contém a palavra, dentre as que se encontram destacadas no texto, que deve obrigatoriamente levar hífen:

a) antielitista — Por se iniciar com uma vogal, a palavra *elitista* deveria ser ligada por hífen ao prefixo *anti*?

b) autorrespeito — Palavras iniciadas com *r* e *s* sempre devem ser unidas por hífen ao prefixo?

c) multiinfecções — A palavra *multiinfecções* deveria ser escrita com hífen, já que o substantivo é iniciado pela mesma vogal com que termina o prefixo?

d) pseudoferrovia — Todas as palavras formadas pelo prefixo *pseudo* devem ser escritas com hífen?

e) minisséries — Palavras iniciadas com *r* e *s* sempre devem ser unidas por hífen ao prefixo?

LEITURA E PRODUÇÃO DE TEXTO

CONTEXTO

Você vai ler a seguir um trecho da obra *Viagens de Gulliver*. Gulliver é um médico aventureiro que decide abandonar sua família na Inglaterra para encontrar novas terras. Na viagem, um acidente com o navio faz com que ele chegue a Lilliput — uma terra de homenzinhos que o consideram um gigante.

A PRODUÇÃO EM FOCO

- Nesta unidade, você vai produzir uma narrativa de memória ficcional. Ao ler o texto ao lado, fique atento:
  a) às características de uma narrativa de memória presentes nesse trecho;
  b) aos elementos realistas e de fantasia presentes no texto.

Viagem a Lilliput

Após a tempestade, um reino em miniatura

[...] A tempestade começou de repente. Ondas de mais de 30 metros envolviam o navio e o jogavam de um lado para o outro, como se fosse um brinquedo. Rajadas de vento logo destruíram as velas. Eu era o médico de bordo e fiquei esperando o pior. [...] Foi uma confusão dos diabos. Tripulantes correndo em todas as direções, gente gritando, outros jogando-se no mar, cada um tentando salvar a própria pele.

Estava quase paralisado pelo medo, as mãos grudadas na amurada do convés, quando fui cuspido para fora do navio, que já se inclinava perigosamente. Senti meu corpo envolto na água gelada do mar e no momento em que dei por mim [...] estava num pequeno bote com outros cinco marinheiros, todos remando com fúria para nos afastarmos o máximo possível do Antílope, que começava a afundar. Sabíamos que, se ficássemos por perto, seríamos tragados pelo oceano por causa do redemoinho que sempre se forma em torno de uma embarcação quando está submergindo. [...]

Sentindo que ia afundar, a água entrando em minha boca, gritei por eles como pude, uma, duas, sei lá quantas vezes. A única resposta foi o estrondo das ondas e o zunir do vento. Parecia definitivo: eu estava ali, no meio do oceano, sozinho...

Lutei com as ondas durante horas a fio. De vez em quando, para mexer outros músculos, nadei cachorrinho. Foi assim que, ao esticar uma das pernas, toquei em alguma coisa que parecia o fundo. Seria possível? Não podia acreditar.

Estiquei novamente a perna, bem devagarinho, e lá estava sólido, o fundo do mar. Pude então ficar de pé, com a água batendo no meu queixo. Com o resto das forças, caminhei em direção à praia, onde, exausto, deixei o corpo cair sobre a areia fofa. [...]

Não sei por quantas horas dormi. Ao acordar, senti o sol nos olhos. Tentei mover a cabeça e não consegui: meus cabelos estavam presos ao chão. Tentei me levantar e não pude: meu corpo estava como que colado na areia. Meu Deus! O que estaria acontecendo? Para piorar a situação, senti algo subindo pela minha perna esquerda. Pensei que fosse algum siri ou caranguejo. Mas aquela coisinha logo alcançou meu peito... Baixei bem os olhos, como se fosse examinar a ponta de meu nariz, e vi uma criaturinha humana de menos de um palmo de altura, observando-me com o mesmo olhar de espanto com que eu o encarava [...]

Percebi então que dezenas de outros homenzinhos como aquele corriam pelo meu corpo. [...]

JONATHAN SWIFT. *Viagens de Gulliver*. São Paulo: Scipione, 2001. p. 5-8.

ANTES DO ESTUDO DO TEXTO

1. Se não tem certeza de ter compreendido bem o texto, leia-o novamente.
2. Ao responder às questões a seguir, procure empregar o que já aprendeu ao ler outros textos e seja preciso em suas respostas.

ESTUDO DO TEXTO

Trilha de estudo
Vai estudar? Stryx pode ajudar!
<http://mod.lk/trilhas>

DE OLHO NAS CARACTERÍSTICAS DO GÊNERO

1. Qual é o elemento predominante nesta narrativa de memória? Identifique a alternativa correta.
   a) a nostalgia em relação à infância
   b) a aventura
   c) a presença de uma pessoa querida

2. De acordo com o quadro "Contexto", qual era a profissão do narrador dessa memória? Transcreva do texto um trecho que comprove sua resposta.

   • O texto do quadro informa, também, que Gulliver era aventureiro. Agora que você já leu o texto, responda: você concorda com o uso desse adjetivo para descrever o narrador-personagem? Por quê?

3. No texto, o que é o Antílope e o que acontece com ele?

4. Nesse trecho do romance *As viagens de Gulliver*, são narrados dois acontecimentos inesperados: um mais próximo da realidade e outro possível apenas na fantasia, na imaginação, diferente do mundo real.
   a) Quais são esses acontecimentos?
   b) Em que parágrafos são descritos esses dois acontecimentos?
   c) Como o narrador reage diante do acontecimento diferente do mundo real: com surpresa ou com naturalidade? Justifique sua resposta com um trecho do texto.
   d) A forma como o narrador reage ao acontecimento diferente do mundo real faz a narrativa de memória parecer mais ou menos verídica? Por quê?

5. Releia o trecho a seguir.

   > Baixei bem os olhos, como se fosse examinar a ponta de meu nariz, e vi uma criaturinha humana de menos de um palmo de altura, observando-me com o mesmo olhar de espanto com que eu o encarava

   • O que esse trecho revela sobre as personagens que Gulliver encontrou em terra?

6. Qual é o tempo verbal predominante no texto? Justifique sua resposta com exemplos.

   • Por que esse é o tempo verbal que predomina?

PRODUÇÃO DE TEXTO

NARRATIVA DE MEMÓRIA FICCIONAL

O que você vai produzir

Você vai produzir uma narrativa de memória ficcional.

Se houver os recursos apropriados disponíveis, a sua produção poderá ser divulgada em um *podcast* por um colega de turma. E você poderá divulgar o texto do seu colega também!

● Áudio digital sobre determinado assunto; geralmente circula na internet.

PLANEJE SUA NARRATIVA DE MEMÓRIA FICCIONAL

1. Decida como será o narrador. Lembre-se de que na narrativa de memória o narrador é personagem, ou seja, participa da história. O narrador pode ser parecido com você ou completamente diferente. Se desejar, você pode se inspirar em algo que tenha acontecido com você ou com alguém que você conheça, mas sem se preocupar em ser fiel a todos os detalhes, afinal seu texto é ficcional.

2. Imagine o que será narrado. Pode ser algo relacionado à infância, como no texto *Meu tio*, ou uma história com elementos mais fantasiosos, como em *Viagem a Lilliput*.

3. Liste quem serão as outras personagens da sua narrativa de memória e quais serão suas características físicas e de personalidade. Você deverá descrevê-las em seu texto.

4. Reflita sobre o lugar onde vai se passar a narrativa. A descrição do cenário também é muito importante nas narrativas de memória.

ESCREVA SEU TEXTO

1. Escreva uma primeira versão de seu texto.

2. Narre o texto em 1ª pessoa e lembre-se de que as características do narrador devem estar implícitas no texto.

3. Descreva personagens e lugares como se, de fato, estivesse se lembrando deles.

4. Use os tempos verbais de forma adequada. O passado deve ser usado na maior parte do tempo, mas o presente, nas descrições, pode dar ao leitor a sensação de estar vendo um filme.

5. Fique atento às normas ortográficas e gramaticais ao escrever seu texto.

6. Pontue seu texto adequadamente.

7. Ao terminar, dê um título à sua narrativa de memória ficcional.

NA HORA DE PRODUZIR

1. Siga as orientações apresentadas nesta seção. Seu texto deve ser coerente com a proposta.
2. Lembre-se de que você já leu e analisou textos do gênero que vai produzir. Se for o caso, retome o **Estudo do texto**.
3. Diante da folha em branco, persista. Nenhum texto fica pronto na primeira versão.

Autoficção

Na literatura contemporânea, nem sempre autor e narrador estão separados. Em alguns casos, autor, narrador e personagem se misturam e se confundem num mesmo campo ficcional. A **autoficção** seria, então, uma espécie de ficção sobre si mesmo.

DE OLHO NA TEXTUALIDADE

Na construção de um texto, é comum que certo termo seja retomado por meio de sinônimos ou de palavras que equivalem a ele. Veja como isso foi feito no trecho do romance lido:

> Estava quase paralisado pelo medo, as mãos grudadas na amurada do convés, quando fui cuspido para fora do navio, que já se inclinava perigosamente. Senti meu corpo envolto na água gelada do mar e no momento em que dei por mim [...] estava num pequeno bote com outros cinco marinheiros, todos remando com fúria para nos afastarmos o máximo possível do Antílope, que começava a afundar. Sabíamos que, se ficássemos por perto, seríamos tragados pelo oceano por causa do redemoinho que sempre se forma em torno de uma embarcação quando está submergindo. [...]

Ao ler textos, fique atento a essas substituições para identificar qual palavra ou ideia está sendo retomada. Ao escrever, busque usar esses recursos de substituição para dar continuidade ao raciocínio do texto, sem a necessidade de repetir os termos.

> O termo *navio* é retomado por meio do nome próprio *Antílope* e do hiperônimo (palavra de sentido mais genérico) *embarcação*.

AVALIE E REVISE SUA PRODUÇÃO

1. Releia sua narrativa de memória e a avalie de acordo com os critérios a seguir.

Aspectos importantes em relação à proposta e ao sentido do texto
Narrativa de memória ficcional
1. O narrador é personagem da história?
2. O texto foi escrito em 1ª pessoa?
3. O texto narra uma memória ficcional, ou seja, fatos vividos pelo narrador-personagem?
4. Há descrições das personagens e lugares presentes na narrativa?
5. O tempo verbal predominante é o passado?
6. A narrativa de memória tem um título adequado a seu conteúdo?
Aspectos importantes em relação à ortografia, à pontuação e às demais normas gramaticais
1. A narrativa de memória está livre de problemas ortográficos e gramaticais relativos a regras já estudadas?
2. A pontuação foi utilizada de modo adequado?
3. O hífen foi utilizado corretamente em palavras compostas e na separação de sílabas ao fim da linha?
Aspectos importantes na apresentação da produção escrita
• Está com apresentação adequada, com letra legível e sem rasuras?

2. Após avaliar sua narrativa de memória, reescreva-a fazendo as alterações necessárias.

COMPARTILHE SUA NARRATIVA DE MEMÓRIA

1. Troque de texto com um colega da turma. Ele lerá sua narrativa de memória ficcional e você lerá a dele.

2. Grave, utilizando o celular ou um gravador, um arquivo de áudio do seu *podcast*. Seu programa deverá recomendar a leitura da narrativa de memória de seu colega e ter duração máxima de dois minutos. Considere o seguinte roteiro:

    • Informe o título do texto e o nome do colega autor.
    • Faça um breve resumo do enredo, sem dar *spoilers*.
    • Destaque os aspectos positivos do texto.

    > *spoilers*: Antecipação indesejada do conteúdo de um texto, filme, série etc.

3. No dia combinado com o professor, todos os *podcasts* serão reproduzidos para a turma.

    • Enquanto escuta os *podcasts*, anote os títulos e autores e marque os que considerar mais interessantes para ler posteriormente.

4. Todas as narrativas de memória produzidas pela turma ficarão disponíveis para leitura durante determinado período estipulado pelo professor.

ATITUDES PARA A VIDA

Quando pensamos na palavra *competição*, a primeira imagem que vem à nossa mente pode ser a do vencedor ou a do perdedor de uma prova, por exemplo. A palavra *cooperação*, entretanto, nos remete à imagem de trabalho em equipe. O trecho a seguir conta uma situação vivenciada por um professor em um pequeno povoado no continente africano. Leia-o.

> O primo de um aluno meu, nos anos em que Kennedy havia criado aquela força de paz para enviar ao chamado "Terceiro Mundo", foi realizar uma tarefa docente em um pequeno povoado da África. Mas não queria ensinar às crianças nada do que sabia, porque considerava um ato de colonialismo. A única coisa que aceitou fazer foi dar aulas de ginástica. Um dia, chegou diante das crianças com uma caixa de balas e não sei o que mais. Todas as crianças esperavam esse jovem alto, bom, grande. E o jovem americano lhes disse: "Olhem aquela árvore ali, a cem ou duzentos metros; eu vou contar 'Um, dois, três' e vocês vão começar a correr. Quem ganhar terá os prêmios merecidos". Os sete ou oito meninos do povoado estavam nervosos. Ele disse "um, dois, três" e todos os meninos do povoado deram-se as mãos e correram juntos: queriam dividir o prêmio. Sua felicidade era a felicidade de todos.
>
> Raimon Panikkar.
> *O espírito da política*: Homo politicus. Campinas: Triom, 2005. (Fragmento).

1. Que motivação as crianças tiveram ao darem-se as mãos antes de iniciar a corrida?

2. Competir parece ser um valor presente na cultura na qual essas crianças cresceram? Justifique sua resposta.

3. Você acha que o professor se surpreendeu com a atitude das crianças? Em sua opinião, ele esperava esse tipo de comportamento? Justifique sua resposta.

> Na maioria das vezes, as ações das pessoas carregam marcas de sua história pessoal e cultural. Há valores que estão mais presentes em uma cultura que em outras e que, de alguma forma, influenciam nossas atitudes.

4. Das atitudes abaixo, quais, em sua opinião, se relacionam melhor com o fragmento lido? Justifique suas escolhas.

	Persistir
	Controlar a impulsividade
	Escutar os outros com atenção e empatia
	Pensar com flexibilidade
	Esforçar-se por exatidão e precisão
	Questionar e levantar problemas
	Aplicar conhecimentos prévios a novas situações
	Pensar e comunicar-se com clareza
	Imaginar, criar e inovar
	Assumir riscos com responsabilidade
	Pensar de maneira interdependente

5. Compartilhe suas escolhas com os colegas. Vocês escolheram as mesmas atitudes? Você gostaria de acrescentar alguma outra? Por quê?

> Sempre aprendemos algo quando escutamos o que as outras pessoas têm a nos dizer. Escutar os outros nos permite conhecer maneiras diferentes de pensar e de agir.

6. Durante a elaboração da sua narrativa de memória ficcional, você utilizou algumas das atitudes indicadas na atividade 4 da página anterior? Em que situação foi importante aplicá-las e por quê?

> Para que um texto seja compreendido, ele precisa ser escrito de forma clara. Para isso, é importante organizar os pensamentos antes de começar a escrever, escolher as palavras apropriadas, ler, reler e reescrever o texto. A escrita pede que sejamos persistentes.

7. Sua narrativa de memória foi lida por um colega, que a partir dela produziu um *podcast* para recomendá-la ao restante da turma. Você fez o mesmo com o texto de um colega. Em sua opinião, que atitudes anteriormente apresentadas se relacionam com a experiência da turma em compartilhar as produções? Por quê?

8. Você acha que, em geral, as ações das pessoas estão baseadas mais na competição ou na cooperação? O que fazer para que a colaboração esteja cada vez mais presente no dia a dia de sua escola?

AUTOAVALIAÇÃO

Na segunda coluna (item 1) da tabela abaixo, marque com um X as atitudes que foram mais mobilizadas por você na produção de texto desta unidade.

Na terceira coluna (item 2), descreva a forma como você mobilizou cada uma das atitudes marcadas. Por exemplo: *Persistir: tentei diferentes estratégias para resolver problemas difíceis e não desisti com facilidade.*

Use o campo *Observações/Melhorias* para anotar o que pode ser melhorado tanto nos trabalhos a serem desenvolvidos nas próximas unidades como em outros momentos de seu cotidiano.

Atitudes para a vida	1. Atitudes mobilizadas	2. Descreva a forma como mobilizou a atitude assinalada
Persistir		
Controlar a impulsividade		
Escutar os outros com atenção e empatia		
Pensar com flexibilidade		
Esforçar-se por exatidão e precisão		
Questionar e levantar problemas		
Aplicar conhecimentos prévios a novas situações		
Pensar e comunicar-se com clareza		
Imaginar, criar e inovar		
Assumir riscos com responsabilidade		
Pensar de maneira interdependente		
Observações/Melhorias		

LEITURA DA HORA

O texto a seguir constitui um dos capítulos de *Meu vô Apolinário: um mergulho no rio de (minha) memória*, do escritor indígena Daniel Munduruku. O avô Apolinário foi uma presença marcante na infância e pré-adolescência do narrador, como mostra o texto que você vai ler agora.

O voo dos pássaros

Depois daquele dia no rio voltei a aproveitar a vida da aldeia. Tornei-me alegre e brincalhão com todos. Porém, não consegui mais falar com meu avô, sempre ocupado em atender outras pessoas. Passei a frequentar mais a aldeia. Pedia para minha mãe ir para lá todo final de semana e, para ajudar a pagar a passagem, eu me esforçava ainda mais na escola e vendia produtos na feira livre. Fiquei apaixonado pelo avô Apolinário.

Num outro final de semana, logo que cheguei, ele me chamou e disse que queria caminhar um pouco comigo. Pegou seu cajado, que servia de bengala, e saímos andando a esmo. Quando chegamos bem perto de uma grande mangueira, ele limpou um espaço no chão e disse para eu me deitar olhando para o céu. Obedeci. Ele também se deitou. Apontou para o céu e acompanhou com o dedo o voo dos pássaros. Hoje posso dizer que ele era um maestro acompanhando a melodia que os pássaros tocavam lá no céu.

— Os pássaros são porta-vozes da mãe-natureza. Eles sempre nos contam algo. Do futuro ou do presente. O canto do pássaro pode ser um pedido para que você aja com o coração. Sonhar com um pássaro significa que uma presença ancestral está mostrando sua força. Há visitas aladas que trazem bons augúrios e há as que trazem agouros. Preste atenção: toda vez que for tomar uma decisão importante, um ser alado aparecerá.

Era sempre assim. Falava pouco. Dizia muito. Eu ainda estava um pouco surdo e não compreendia muito bem o que ele queria dizer, mas guardava tudo no fundo do coração.

Um dia, na beira da fogueira, ele me disse assim:

— Tem coisas que nunca iremos saber porque nossa vida é curta. Só que elas estão escritas na natureza. As angústias dos homens da cidade têm seu remédio na terra e eles olham para o céu. Quem quiser conhecer todas as coisas tem que perguntar para nosso irmão fogo, pois ele esteve presente na criação do mundo. Ou aos ventos das quatro direções, às águas puras do rio, ou à nossa Mãe Primeira: a terra.

E se calava, como se eu tivesse condições de compreender tudo aquilo.

— Nosso mundo está vivo. A terra está viva. Os rios, o fogo, o vento, as árvores, os pássaros, os animais e as pedras, estão todos vivos. Quem não reverencia os seres da natureza não merece viver.

DANIEL MUNDURUKU. *Meu vô Apolinário: um mergulho no rio da (minha) memória.* São Paulo: Studio Nobel, 2005. p. 32-33.

PARA SE PREPARAR PARA A PRÓXIMA UNIDADE

Na próxima unidade, você vai ler contos de ficção científica, narrativas que, em geral, se baseiam na especulação sobre o futuro da humanidade e de seus avanços sociais e tecnológicos. Veja a seguir alguns *links* para você se preparar para o estudo.

> Pesquise contos e filmes que abordem ficção científica. Depois, compartilhe com seus colegas o resultado de sua busca e as características dos textos de que você mais gostou.

1 *Eu, robô*

Este objeto digital apresenta trecho de *Eu, robô*, filme de 2004 baseado na obra de Asimov e suas "três leis da robótica". Confira: <http://mod.lk/6ssfs>.

2

Já ouviu falar sobre *O guia do mochileiro das galáxias*, a trilogia de cinco livros de Douglas Adams? Você vai analisar um trecho dessa obra na próxima unidade. Para mais informações, acesse o vídeo do canal da Mikannn: <http://mod.lk/t9u1q>.

3

Neste *post* do *blog Ficção Científica Brasileira* há breves explicações sobre os subgêneros da ficção científica. Leia em: <http://mod.lk/wsr2l>.

4 *Sujeito, verbo e complementos*

Este objeto digital apresenta conceitos que você já estudou em livros anteriores: *sujeito*, *verbo* e *complementos*. Acesse: <http://mod.lk/uirib>.

O QUE VOCÊ JÁ SABE?

Até este momento, você seria capaz de...	Sim	Não	Mais ou menos
... diferenciar os contos de ficção científica de outros gêneros e identificar as temáticas abordadas nesses textos?	☐	☐	☐
... reconhecer a presença de valores sociais, culturais e as diferentes visões de mundo que os contos de ficção científica apresentam?	☐	☐	☐
... identificar a presença de elementos fantásticos que parecem verossímeis (possíveis) dentro do contexto da história?	☐	☐	☐

De acordo com o conteúdo do objeto digital *Sujeito, verbo e complementos*, você seria capaz de...	Sim	Não	Mais ou menos
... entender que sujeito é o termo a respeito do qual se declara algo?	☐	☐	☐
... compreender que a transitividade verbal deve ser analisada de acordo com o contexto?	☐	☐	☐

UNIDADE 2

NUM FUTURO NÃO TÃO DISTANTE...

Cena do filme *1984* (Reino Unido, 1984), com direção de Michael Radford. Abaixo: cena de *Eu, robô* (Estados Unidos, 2004), dirigido por Alex Proyas.

Cena de *Jogos vorazes* (Estados Unidos, 2012), com direção de Gary Ross.

ESTUDO DA IMAGEM

1. As imagens apresentadas aqui são cenas de filmes. Compartilhe com os colegas o que você sabe sobre esses filmes.

2. O futuro apresentado nessas histórias não é promissor. Leia o boxe "Saiba +" e responda: o pessimismo seria a única explicação para enredos tão sombrios?

SAIBA +

Em 1949, George Orwell publicou *1984*, ficção em que o Grande Irmão (personagem que deu origem à expressão "Big Brother") mantém as pessoas sob cruel vigilância.

Isaac Asimov publicou em 1950 a coletânea de contos *Eu, robô*, em que os robôs tentam tomar o controle sobre a Terra.

Em 2008, Suzanne Collins publicou *Jogos vorazes*, ficção em que um pequeno grupo de pessoas controla e explora os cidadãos.

EM FOCO NESTA UNIDADE

- Conto de ficção científica
- Sujeito, predicado e complementos
- Produção: *fanfic*

LEITURA

CONTEXTO

O conto a seguir foi escrito em 1951, seis anos após o fim da Segunda Guerra Mundial e a explosão das bombas atômicas no Japão. Os anos 1950 foram marcados pela chegada dos eletrodomésticos, entre eles a televisão, aos lares estadunidenses. Além disso, teve início a Guerra Fria, disputa política entre os Estados Unidos e a antiga União Soviética que levou a muitos questionamentos a respeito dos limites do poder e das liberdades individuais. Leia o texto e descubra o que acontece com a personagem de Ray Bradbury, um cidadão que vive em 2053 e gosta de caminhar e de escrever.

ANTES DE LER

1. Como você imagina uma cidade em 2053? As ruas seriam vazias ou congestionadas? Por quê?
2. Que recursos tecnológicos seriam usados nessa época?
3. Pelo título, "O pedestre", como você imagina que seja a história?

Glossário

Tênue: fraca; quase imperceptível.
Bruxuleante: oscilante, que tremula.
Tumular: silencioso e deserto como um túmulo.

O pedestre

Penetrar no silêncio que era a cidade, às oito horas de uma nevoenta noite de novembro, pôr os pés na calçada de concreto irregular, trincas onde a grama nasceu e seguir de mãos nos bolsos através de silêncios, isso era o que o sr. Leonard Mead adorava fazer. Ele ficaria na esquina de um cruzamento olhando extensas avenidas de calçadas indo em quatro direções, iluminadas pela lua, decidindo qual seguir, embora não fizesse realmente nenhuma diferença, ele estava sozinho nesse mundo do ano de 2053, ou como se estivesse, e com uma decisão final tomada, no caminho escolhido, ele andaria com passos largos, formando desenhos de ar gelado à sua frente [...].

Às vezes, ele caminhava durante horas e quilômetros e retornava, só à meia-noite, para sua casa. E no seu percurso veria os chalés e as casas com suas janelas escuras, e não parecia diferente de caminhar através de um cemitério, onde apenas a **tênue** luz **bruxuleante** de vaga-lumes surgia em lampejos atrás das janelas. Repentinos fantasmas cinzentos se manifestavam dentro das paredes dos cômodos onde uma cortina permanecia fechada contra a noite, ou se ouviam sussurros e murmúrios onde uma janela em um prédio **tumular** ainda estava aberta.

O sr. Leonard Mead faria uma pausa, aprumaria a cabeça, ouviria, olharia e iria embora sem fazer barulho na calçada irregular. Fazia muito tempo que ele sabiamente havia decidido usar tênis para sair à noite, porque os cães, em intermitentes esquadrões, cercariam sua caminhada de latidos se ele usasse sapatos comuns e as luzes poderiam se acender e rostos apareceriam e uma rua inteira se sobressaltaria com a passagem de uma criatura solitária, ele próprio, em uma noite do início de novembro.

Nessa noite em particular, ele iniciou sua caminhada rumo a oeste, na direção do mar escondido. Havia uma geada cristalina no ar; ela invadiu seu nariz e fez os pulmões luzirem como uma árvore de Natal interna, dava para sentir a luz fria piscando, todos os galhos cobertos de neve invisível. Ele ouvia a pressão de seus sapatos macios sobre as folhas de outono prazerosamente e assoviava uma melodia fria e suave por entre os dentes, pegando uma folha ocasionalmente enquanto ia passando, examinando seu desenho esquelético sob a luz de uma ou outra lâmpada, à proporção em que se deslocava, sentindo seu odor ferruginoso.

"Ó de casa!", ele murmurava para cada casa por onde passava. "O que está passando no canal 4, no canal 7, no canal 9? Para onde estão indo os caubóis, posso ver a cavalaria, na próxima colina, pronta para entrar em ação?"

A rua era silenciosa, comprida e vazia, só havia a sombra dele movendo-se como a sombra de um falcão no meio do campo. Se ele fechasse os olhos e ficasse imóvel, enregelado, poderia se ver no centro de uma planície, um invernal deserto americano, sem vento, sem uma só casa por centenas de quilômetros, e apenas leitos secos de rios, as ruas por companhia.

[...]

Aquilo era o som de uma risada saindo da casa cor de lua? Ele hesitou, mas retomou a caminhada quando nada mais aconteceu. Tropeçou em uma região particularmente irregular da calçada. O concreto estava desaparecendo sob flores e grama. Em dez anos de caminhada à noite ou durante o dia, por milhares de milhas, ele nunca havia encontrado outra pessoa, nem mesmo uma única vez.

[...]

Ele virou em uma rua lateral, fazendo meia-volta em direção à sua casa. Estava a uma quadra de seu destino quando um carro solitário virou a esquina repentinamente e jogou um violento cone de luz branca sobre ele. Ele ficou estatelado, não muito diferente de uma mariposa noturna, atordoada pela luz e então atraída por ela.

Uma voz metálica disse a ele:

"Parado. Fique onde está, não se mexa!"

Ele se deteve.

"Mãos ao alto!"

"Mas…", ele disse.

"Mãos para cima! Ou atiramos!"

A polícia, claro, mas que coisa rara e incrível; em uma cidade de três milhões de habitantes, havia apenas *um* único carro de polícia! […] A criminalidade estava declinando; não havia mais necessidade de polícia, exceto por esse único e solitário carro vagando e vagando pelas ruas vazias.

"Qual o seu nome?", disse o carro de polícia com um sussurro metálico. Ele não conseguia ver os homens dentro do carro devido ao forte clarão em seus olhos.

"Leonard Mead", ele disse.

"Fale alto!"

"Leonard Mead!"

"Ocupação ou profissão?"

"Acho que poderiam me chamar de escritor."

Glossário

Estatelado: paralisado.

"Sem profissão", disse o carro de polícia, como se falasse para si próprio. A luz o mantinha estático, como um espécime em um museu, alfinete trespassado no peito.

"Pode-se dizer que sim", disse o Sr. Mead. Ele não escrevia fazia muitos anos. Revistas e livros não tinham mais muita saída. *Todas as coisas seguiam seu rumo nas casas sepulcrais, agora à noite,* ele pensou, prosseguindo em sua fantasia.

Os **sepulcros** mal iluminados pela luz dos televisores onde as pessoas se sentavam, como os mortos, com as luzes cinza ou multicoloridas tocando seus rostos, mas nunca realmente *as* tocando.

"Sem profissão", **sibilou** a voz **fonográfica**. "O que o senhor está fazendo aqui fora?"

[...]

"Só caminhando", ele disse simplesmente, mas o rosto ficou gelado.

"Caminhando, só caminhando, caminhando?"

"Sim, senhor."

"Caminhando aonde? Para quê?"

"Caminhando para tomar ar. Caminhando para ver."

"Seu endereço!"

"Rua Saint-James, sul, número 11." [...]

"E o senhor tem uma tela-visor em sua casa para ver as coisas?"

"Não."

"Não?"

Houve um silêncio **estrepitoso** que era por si só uma acusação.

"O senhor é casado, senhor Mead?"

"Não."

"Não é casado", disse a voz policial detrás do feixe ofuscante. A lua era alta e clara entre as estrelas e as casas eram cinza e silenciosas.

Glossário

Sepulcros: sepulturas, túmulos.

Sibilou: assobiou, assoprou.

Fonográfica: produzida com vibrações sonoras.

Estrepitoso: ruidoso, barulhento.

[...]

O carro de polícia permanecia no meio da rua zumbindo fracamente com sua garganta radiofônica.

"Bem, senhor Mead", disse o carro.

"Isso é tudo?", ele perguntou educadamente.

"Sim", disse a voz. "Aqui."

Houve um suspiro, um estalo. A porta de trás do carro de polícia escancarou-se.

"Entre."

"Espere aí, eu não fiz nada!"

"Entre."

"Eu protesto!"

"Senhor Mead."

[...] Ao passar pela janela da frente do carro, olhou para dentro. Conforme esperava, não havia ninguém no banco da frente, ninguém em todo o carro.

"Entre."

Ele pôs a mão na porta e examinou o banco traseiro, uma pequena cela, um carcerezinho negro com barras. Tinha cheiro de aço rebitado, cheiro de antisséptico acre, cheiro de limpo demais, duro e metálico. Não havia nada suave ali.

"Se o senhor pelo menos tivesse uma esposa para lhe servir de álibi", disse a voz férrea. "Mas…"

"Aonde estão me levando?"

O carro hesitou, ou melhor, deu um fraco estalido, como se a informação, em algum lugar, tivesse chegado através de cartão perfurado sob olhos elétricos.

Glossário

Radiofônica: que emite "voz" semelhante à que sai do rádio.

Antisséptico: desinfetante; germicida; que impede a proliferação de micróbios.

"Ao Centro Psiquiátrico de Pesquisa em Tendências Regressivas."

Ele entrou. A porta se fechou com um baque surdo. O carro de polícia rodou pelas avenidas da noite, projetando suas luzes fracas.

Passaram por uma casa em uma rua, logo em seguida, uma casa em toda a cidade de casas escuras, essa casa em particular tinha todas as suas luzes elétricas brilhantemente acesas, cada janela uma iluminação amarela, quadrada e morna na escuridão fria.

"Aquela é a *minha* casa", disse Leonard Mead.

Ninguém respondeu.

O carro desceu as ruas vazias como leitos de rio e foi embora, deixando as ruas vazias, com calçadas vazias, e nenhum som e nenhum movimento por todo o resto da fria noite de novembro.

RAY BRADBURY. *A cidade inteira dorme e outros contos breves*.
Trad. Deisa Chamahum Chaves.
São Paulo: Globo, 2008. p. 160-166. (Fragmento).

Biografia

O escritor estadudinense **Ray Douglas Bradbury** (1920-2012) classificava a si mesmo como um contador de histórias.

Sua obra inclui contos, romances, peças de teatro, poesia, literatura infantil e roteiros para rádio, televisão e cinema, entre outros. É mais conhecido por suas obras *Crônicas marcianas* (1950) e *Fahrenheit 451* (1953).

O autor em 1992.

ESTUDO DO TEXTO

ANTES DO ESTUDO DO TEXTO

1. Se não tem certeza de ter compreendido bem o texto, leia-o novamente.
2. Ao responder às questões a seguir, procure empregar o que já aprendeu ao ler outros textos e seja preciso em suas respostas.

COMPREENSÃO DO TEXTO

1. Relacione o título do texto ao enredo.
   a) Por que o fato de o protagonista ser um pedestre é algo tão importante?
   b) Para onde ele se dirigia?
   c) A comparação entre a geada e uma árvore de Natal reluzente permite imaginar os sentimentos da personagem em relação à caminhada. Que sentimentos são esses?

2. O sr. Leonard Mead não estava sozinho na cidade.
   a) Encontre no texto e copie no caderno o trecho que informa quantas pessoas havia na cidade.
   b) O que fazem e como são caracterizadas as pessoas que estão dentro das casas?

3. Qual das palavras do quadro reflete melhor a caracterização da paisagem (cenário)? Por quê?

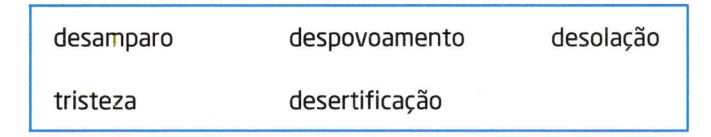

desamparo	despovoamento	desolação
tristeza	desertificação	

4. De acordo com o texto, por que a polícia decide levar Leonard?
   - Quando Leonard Mead responde que não possui uma tela-visor em casa, faz-se um silêncio que vale por uma acusação. O que esse silêncio sugere a respeito da importância de se ter uma tela-visor?

5. Para onde a polícia vai levar Leonard? Em sua opinião, o que é feito nesse lugar?

6. Releia atentamente a fala da personagem.

   "'Aquela é a *minha* casa', disse Leonard Mead."

   a) O destaque em itálico no pronome possessivo *minha* reforça a entonação com que foi dito. Qual é a importância disso nesse momento da história?
   b) O que é possível deduzir do fato de a casa de Leonard Mead estar toda acesa?

7. Agora explique por que o numeral *um* está em itálico na frase abaixo.

   "A polícia, claro, mas que coisa rara e incrível; em uma cidade de três milhões de habitantes, havia apenas *um* único carro de polícia!"

8. Explique o emprego do destaque em itálico no fragmento a seguir.

   "*Todas as coisas seguiam seu rumo nas casas sepulcrais, agora à noite,* ele pensou, prosseguindo em sua fantasia."

9. Reúna-se com um colega e, com base nas informações apresentadas no texto, expliquem como parece ser a sociedade em que vive Leonard Mead.

   a) Com base no boxe "Contexto", no início da "Leitura", respondam: esse conto pode ser uma crítica às mudanças que ocorriam no período em que foi escrito? Por quê?

   b) Se vocês tivessem de imaginar uma sociedade do futuro, como ela seria? Por quê?

DE OLHO NA CONSTRUÇÃO DOS SENTIDOS

1. Releia este parágrafo.

   "A rua era silenciosa, comprida e vazia, só havia a sombra dele movendo-se como a sombra de **um falcão no meio do campo**. Se ele fechasse os olhos e ficasse imóvel, enregelado, poderia se ver no centro de uma planície, um invernal deserto americano, sem vento, sem uma só casa por centenas de quilômetros, e **apenas leitos secos de rios**, as ruas por companhia."

   a) Nesse trecho, o narrador usa linguagem figurada. Explique as comparações que mencionam o falcão no meio do campo e os leitos secos de rios.

   b) No caderno, copie do texto outro trecho que faz referência aos leitos secos de rios. Sublinhe nele as palavras repetidas e explique por que ocorre essa repetição.

2. Releia o trecho a seguir.

   "E no seu percurso veria os chalés e as casas com suas janelas escuras, e não parecia diferente de **caminhar através de um cemitério**, onde apenas a tênue luz bruxuleante de vaga-lumes surgia em lampejos atrás das janelas. Repentinos **fantasmas cinzentos** se manifestavam dentro das paredes dos cômodos onde uma cortina permanecia fechada contra a noite, ou se ouviam sussurros e murmúrios onde uma janela em um **prédio tumular** ainda estava aberta."

   • Os elementos destacados no trecho acima foram empregados para dar ênfase a que aspectos da história?

3. No trecho a seguir, explique com que significados é empregado o verbo *tocar*.

   "Os sepulcros mal iluminados pela luz dos televisores onde as pessoas se sentavam, como os mortos, com as luzes cinza ou multicoloridas tocando seus rostos, mas nunca realmente *as* tocando."

   • O pronome *as* está destacado em itálico no original. A que esse pronome se refere e qual é o sentido produzido pelo destaque?

4. Observe as frases empregadas para fazer referência à polícia.

- "Uma voz **metálica** disse a ele:"
- "disse o carro de polícia com um sussurro **metálico**"
- "sibilou a voz **fonográfica**"
- "O carro de polícia permanecia no meio da rua zumbindo fracamente com sua garganta **radiofônica**"
- "disse o carro"; "disse a voz"; "disse a voz **férrea**"

a) Que substantivos foram empregados para fazer referência à polícia?

b) De que forma os adjetivos em destaque contribuem para que o leitor perceba que não há ninguém no carro de polícia?

5. Releia o trecho abaixo.

"Penetrar no silêncio que era a cidade, às oito horas de uma nevoenta noite de novembro, pôr os pés na calçada de concreto irregular, trincas onde a grama nasceu, e seguir de mãos nos bolsos através de silêncios, **isso** era o que o sr. Leonard Mead adorava fazer."

- A que se refere o pronome *isso*? Ele é um elemento de coesão? Por quê?

6. Leia novamente a frase a seguir e responda às questões.

"'Ó de casa!', ele murmurava para cada casa por onde passava."

a) No contexto, causa estranhamento o emprego do verbo *murmurar*. Por quê?

b) O que o emprego desse verbo revela a respeito das intenções da personagem?

O CONTO DE FICÇÃO CIENTÍFICA

1. O conto de ficção científica tem estrutura parecida com a de outros contos modernos e algumas características particulares.

a) Quais são os elementos da ação (situação inicial, conflito, clímax e desfecho) do conto lido?

b) Por que se pode dizer que o texto é ficcional?

c) Que pistas o texto apresenta que levam o leitor a perceber que se trata de ficção científica?

2. Quem é o sr. Leonard Mead: o autor, o narrador ou o protagonista?

3. Leia a seguir uma das definições da palavra *coerência*.

> **coerência** [...] ligação, nexo ou harmonia entre dois fatos ou duas ideias; relação harmônica [...], harmonia de uma coisa com o fim a que se destina. [...]

GRANDE DICIONÁRIO ELETRÔNICO HOUAISS DA LÍNGUA PORTUGUESA. 2. ed. Rio de Janeiro: Instituto Antônio Houaiss, 2018. (Fragmento).

- Agora observe o trecho abaixo. Ele está coerente com o restante do enredo? Seria possível que ocorresse esse fato no ano 2053? Por quê?

"A polícia, claro, mas que coisa rara e incrível; em uma cidade de três milhões de habitantes, havia apenas *um* único carro de polícia!"

O GÊNERO EM FOCO: CONTO DE FICÇÃO CIENTÍFICA

O conto que você acabou de ler tem como tema uma sociedade no futuro, desumanizada, com sua vida privada completamente controlada. Os elementos dessa narrativa de ficção científica são coerentes entre si e, portanto, dão a ideia ao leitor de que essa sociedade pode existir.

> Os **contos de ficção científica** caracterizam-se por apresentar histórias que ocorrem geralmente no futuro e são marcadas pelo alto desenvolvimento tecnológico.

A **ficção científica** é caracterizada por cenários e recursos tecnológicos ainda inexistentes no momento da criação da obra, mas virtualmente possíveis. São naves espaciais que atingem velocidades incríveis, viagens no tempo, contato com seres alienígenas etc.

Uma das características da ficção científica é tratar dos avanços da ciência que assustam e preocupam a humanidade, indicando que os seres humanos podem se sentir isolados e privados de uma existência mais humanizada. Ela é usada também para propor reflexões ou críticas a respeito do presente. Ray Bradbury, por exemplo, faz isso de uma forma peculiar, sem se limitar aos avanços da ciência, abordando os direitos civis, a ameaça da guerra atômica e o mau uso da tecnologia.

A relação entre o ser humano e as máquinas é um tema frequentemente usado nas obras de ficção científica. Aparece na forma de narrativas que apresentam as máquinas dominando o ser humano, por exemplo.

A CONSTRUÇÃO DA VEROSSIMILHANÇA

A **verossimilhança** é um efeito construído sobretudo pela relação lógica entre os elementos que compõem uma obra. Por exemplo, aceitamos que uma personagem pode voar porque essa capacidade é coerente com condições especiais criadas numa narrativa para que essa ideia pareça verdadeira.

No conto de Ray Bradbury, aceitamos que no futuro continuem a existir cidades, ainda que controladas por máquinas, em que pessoas como a personagem do texto tenham características semelhantes às que apresentamos hoje, porque são fatores cabíveis, que não ferem as possibilidades que conhecemos.

Para construir a verossimilhança em narrativas de ficção científica, é necessário considerar:

- o cenário e as relações espaço-tempo — esses elementos devem respeitar os princípios da Física, ou não serão convincentes;
- a convivência entre futuro e passado — a ideia do futuro sempre convive com elementos do passado, pois desse modo o leitor reconhece características de seu mundo ao lado de aspectos e situações que extrapolam esse mundo;
- as previsões quanto aos avanços científicos ou tecnológicos — elas devem ser coerentes com as expectativas em relação aos recursos tecnológicos do presente.

> **SAIBA +**
>
> As histórias de ficção científica existem, pelo menos, desde o século XIX.
> H. G. Wells é um dos precursores desse gênero. Entre diversos mestres da ficção científica, podemos citar Arthur C. Clarke e Isaac Asimov.

A CONSTRUÇÃO DO SUSPENSE

O **suspense** também é um recurso que pode ser usado na ficção científica para prender a atenção do leitor numa narrativa.

A palavra *suspense* deriva do adjetivo *suspenso*, que quer dizer "pendurado, interrompido". A dúvida de não saber o desfecho ou a angústia de não conseguir prevê-lo podem estimular o leitor e prender sua atenção.

O suspense não é o terror, como muitas vezes se imagina, mas o medo do terror, a expectativa construída por pequenas pistas, um detalhe de cenário ou uma fala, que vão aos poucos instigando a imaginação e criando, na mente do leitor, as mais inusitadas possibilidades de desfecho.

Para construir o suspense é necessário elaborar índices.

Índices são pistas lançadas no decorrer da narrativa, para criar expectativas, uma atmosfera adequada à ação que se desenvolve em determinado tempo e lugar.

Por exemplo, a narrativa da chegada de alguém a um planeta desconhecido que tem habitações tortuosas, escuras e estranhas, povoado por alienígenas bastante bizarros, cria a expectativa de que a personagem vai enfrentar algo perigoso ou terrível. Os elementos do cenário cumprem muitas vezes o papel de índices.

ORGANIZAR O CONHECIMENTO

- Reúna-se em grupo com seus colegas e procurem identificar de que forma a verossimilhança e o suspense são construídos em "O pedestre".

O QUE VOCÊ JÁ SABE?

Agora, você já é capaz de...	Sim	Não	Mais ou menos
... diferenciar os contos de ficção científica de outros gêneros e identificar as temáticas abordadas nesses textos?	☐	☐	☐
... reconhecer a presença de valores sociais, culturais e as diferentes visões de mundo que os contos de ficção científica apresentam?	☐	☐	☐
... identificar a presença de elementos inusitados que parecem verossímeis (possíveis) dentro do contexto da história?	☐	☐	☐

Se você marcou não ou mais ou menos, revise esses aspectos estudados em O gênero em foco: conto de ficção científica.

- Junte-se a um colega e copiem no caderno o esquema a seguir, respondendo às questões sobre as principais características do conto de ficção científica. Se quiserem, incluam outras caraterísticas ao resumo esquemático.

Conto de ficção científica
- Quais as características desse gênero?
- Quais recursos são importantes nesse tipo de conto para prender a atenção do leitor?

ESTUDO DA LÍNGUA: ANÁLISE E REFLEXÃO

COMO VOCÊ PODE ESTUDAR

1. **Estudo da língua** não é uma seção para decorar, mas para questionar e levantar problemas.
2. O trabalho com os conhecimentos linguísticos requer persistência. Leia e releia os textos e exemplos, discuta, converse.

REVISÃO: SUJEITO, PREDICADO (NOMINAL E VERBAL), PREDICATIVO DO SUJEITO, OBJETOS DIRETO E INDIRETO

● **Releia este trecho do conto "O pedestre", de Ray Bradbury.**

> "Ele virou em uma rua lateral, fazendo meia-volta em direção à sua casa. **Estava** a uma quadra de seu destino quando um carro solitário **virou** a esquina repentinamente e **jogou** um violento cone de luz branca sobre ele. Ele ficou estatelado, não muito diferente de uma mariposa noturna, atordoada pela luz e então atraída por ela."

a) Atente para todos os verbos usados no trecho. Quais são verbos de ação e quais são verbos de ligação?

b) No trecho "Ele virou em uma rua lateral", indique o que é sujeito e o que é predicado.

c) Observe as formas verbais destacadas no trecho e indique a que sujeito elas se referem.

Lembre-se

A **sintaxe** de nossa língua são os arranjos que podem ser feitos com as palavras para construir os enunciados.

A maioria das frases que elaboramos apresenta ao menos um verbo (ou locução verbal), sendo chamadas, nesse caso, de orações. As orações, em geral, têm dois elementos principais: o sujeito e o predicado.

Dica para identificar o sujeito

O sujeito determina a pessoa e o número da forma verbal em uma oração. Portanto, quando for preciso identificá-lo, encontre primeiramente a forma verbal e veja com que palavra ela concorda.

55

SUJEITO, PREDICADO, PREDICATIVO DO SUJEITO, OBJETOS DIRETO E INDIRETO

SUJEITO

As orações são formadas, quase sempre, por dois termos essenciais: o sujeito e o predicado.

> **Sujeito** é o termo a respeito do qual se declara algo. **Predicado** é essa declaração feita sobre o sujeito; ele sempre contém um verbo ou uma locução verbal.

A ordem usual entre esses termos na língua portuguesa é sujeito + predicado. Quando disposta assim, dizemos que a oração está na **ordem direta**: *Ele desceu as ruas vazias.*

Quando o sujeito vem depois do verbo, dizemos que a oração está na **ordem indireta**: *Do outro lado da rua, vinha em velocidade um carro de polícia.*

> A palavra mais importante do sujeito é chamada de **núcleo do sujeito**.
> O núcleo do sujeito pode ser um substantivo, mas também um pronome, um numeral, um verbo no infinitivo ou qualquer palavra substantivada. Quando se encontram nessa função sintática, todos eles têm **valor de substantivo**.

Às vezes, uma oração inteira desempenha o papel de sujeito: *Para a família, era vergonhoso* **que ele não assumisse os erros cometidos**.

Conforme você deve recordar, existem **orações sem sujeito**: *Havia muitas pessoas vivendo sem sair de casa.*

> Quando a oração é formada por verbo impessoal (esteja esse verbo sozinho ou em uma locução), ela é chamada **oração sem sujeito**.

São **verbos impessoais**:

- aqueles que indicam fenômeno da natureza: **Está chovendo** hoje. **Anoiteceu** cedo.

- **haver** no sentido de "existir" ou "acontecer": **Deve haver** outras pessoas que pensam como você. Já **houve** graves acidentes naquela estrada.

- **haver** ou **fazer** indicando tempo: Estou esperando **há** horas. **Fazia** anos que eu não via o vovô.

- **ser** indicando tempo em geral: **Era** alto verão. **São** cinco horas.

PREDICADO NOMINAL

O **verbo de ligação** é aquele que estabelece ligação entre o sujeito e a característica ou estado atribuído a ele. Esse verbo liga o predicativo do sujeito ao sujeito.

Os principais verbos de ligação são: *ser*, *estar*, *ficar*, *tornar-se*, *parecer*, *permanecer*, *continuar* e *andar*.

> O **predicativo do sujeito** é qualquer característica, modo de ser, estado ou mudança de estado que se atribui ao sujeito, geralmente por intermédio de um verbo de ligação.

> O predicado formado por um verbo de ligação e um predicativo do sujeito recebe o nome de **predicado nominal**. O núcleo desse predicado é um nome.

Predicativo do sujeito com verbo de ação

O predicativo do sujeito também pode aparecer com um verbo de ação:

A atriz subiu ao palco emocionada.
       verbo de ação   predicativo do sujeito

O predicado que contém verbo de ação e predicativo é chamado de **predicado verbo-nominal**.

PREDICADO VERBAL

O **verbo de ação** é aquele que expressa uma ação, um acontecimento, ou seja, apresenta um significado próprio.

Entre os verbos de ação, há os que não requerem nenhum tipo de complemento para que se possa entender o processo que expressam. Existem outros, porém, que só podem ter esse processo plenamente compreendido com a presença de um outro termo, um complemento.

Quando um verbo precisa de complemento, chama-se **verbo transitivo**. O complemento é denominado **objeto**. Quando um verbo não precisa de complemento, é um **verbo intransitivo**.

O rapaz observava o lago.
       verbo transitivo objeto

Os peixes não apareceram.
       verbo intransitivo

> O verbo de ação e seus complementos formam o **predicado verbal**. O núcleo desse predicado é sempre o verbo ou a locução verbal.

Observe este outro exemplo:

núcleo do predicado
Eu evitava aquele vizinho.
predicado verbal

A **transitividade verbal** deve ser analisada de acordo com o contexto. Um verbo, dependendo da oração em que se insere, pode ser transitivo ou intransitivo. Veja:

Estremeci, receoso. (verbo intransitivo)

Minhas brigas com ela estremeceram nossa amizade. (verbo transitivo)

OBJETO DIRETO E OBJETO INDIRETO

Algumas formas verbais transitivas se unem ao complemento diretamente, e outras o fazem por meio de uma preposição.

> Os verbos que se ligam diretamente a seu complemento, sem o auxílio de preposição, são chamados de **verbos transitivos diretos**. Seus complementos são os **objetos diretos**.

Levava um peixe na sacola.
verbo transitivo direto — objeto direto

> Os verbos que se ligam a seu complemento por intermédio de uma preposição (ou locução prepositiva) são chamados de **verbos transitivos indiretos**. Seus complementos são os **objetos indiretos**.

Deparei com meu vizinho.
verbo transitivo indireto — objeto indireto

> Há verbos que se ligam a dois complementos, um com preposição e outro sem. São chamados de **verbos transitivos diretos e indiretos**.

Peço este favor ao senhor.
verbo transitivo direto e indireto — objeto direto — objeto indireto

A classificação de um verbo como transitivo direto, transitivo indireto ou transitivo direto e indireto também depende do contexto. Observe o verbo *dar*:

*Não gostava de **dar** trabalho.* (transitivo direto)

***Deu** com o vizinho no patamar da escada.* (transitivo indireto)

*Ele **deu** um livro para seu sobrinho.* (transitivo direto e indireto)

ORGANIZAR O CONHECIMENTO

O QUE VOCÊ JÁ SABE?

Agora, você já é capaz de...	Sim	Não	Mais ou menos
... perceber que o sujeito é o termo a respeito do qual se declara algo?	☐	☐	☐
... reconhecer que a a transitividade verbal deve ser analisada de acordo com o contexto?	☐	☐	☐

Se você marcou não ou mais ou menos, retome a leitura de Sujeito, predicado, predicativo do sujeito, objetos direto e indireto.

● Junte-se a um colega e, no caderno, copiem o esquema a seguir, completando-o com frases que exemplifiquem as explicações.

Sujeito
- Termo a respeito do qual se declara algo.
- **Determinado**: simples, composto ou oculto.
- **Indeterminado**: 3ª pessoa do singular + se ou 3ª pessoa do plural.
- **Oração sem sujeito**: formada por verbo impessoal, mesmo que este faça parte de uma locução.

Predicado
- É a declaração feita sobre o sujeito; ela sempre contém um verbo ou uma locução verbal.
- O **predicado nominal** é formado por verbo de ligação + predicativo do sujeito.
- O **predicado verbal** é formado por verbo de ação e seus complementos.

Objeto direto e objeto indireto
- O **objeto direto** complementa os verbos transitivos diretos, sem o auxílio de preposição.
- O **objeto indireto** complementa os verbos transitivos indiretos, com auxílio de preposição.
- Verbos que se ligam tanto a objetos direto e indireto são chamados **verbos transitivos diretos e indiretos**.

ATIVIDADES

ATITUDES PARA A VIDA

Ao responder às questões, busque exatidão e precisão para garantir que você entendeu o que estudou.

1. Leia este cartum extraído do livro *Aventuras da família Brasil*, de Luis Fernando Verissimo.

> NÃO DISSERAM QUE A CASA FICAVA PERTO DO OCEANO?
>
> DISSERAM...
>
> SÓ NÃO ESPECIFICARAM QUAL DELES

a) O que a família faz diante de uma casa? Justifique sua resposta.

b) Nas orações em que estão as formas verbais *disseram* e *especificaram*, o sujeito é indeterminado. Por que ele recebe essa classificação? O que justifica o uso de um sujeito indeterminado?

c) De acordo com o contexto do cartum, qual poderia ser o sujeito dessas formas verbais do item *b*?

d) A fala do pai, no segundo quadro, é responsável pelo humor do cartum. Explique de quais "oceanos" ele está falando e por que essa fala é engraçada.

2. Leia um pequeno conto do escritor argentino Julio Cortázar.

Progresso e retrocesso

Inventaram um vidro que deixava passar as moscas. A mosca chegava, empurrava um pouco com a cabeça e pop, já estava do outro lado. Enorme, a alegria da mosca.

Tudo foi estragado por um sábio húngaro, quando descobriu que a mosca podia entrar mas não podia sair, ou vice-versa, por causa de quem sabe lá que besteira na flexibilidade das fibras daquele vidro que era muito fibroso. Em seguida inventaram o caça-moscas com um torrão de açúcar dentro, e muitas moscas morriam desesperadas. Assim acabou toda a confraternização possível com estes animais dignos de melhor sorte.

JULIO CORTÁZAR. *Histórias de cronópios e de famas*. Rio de Janeiro: Civilização Brasileira, 1972. p. 80.

a) Qual é a relação entre o título e o enredo do conto?

b) Trata-se de um conto fantástico? Por quê?

c) Identifique a única frase nominal do conto, copie-a no caderno e depois transforme-a em uma oração com predicado nominal.

d) Qual das versões parece mais adequada ao contexto: a do texto de Cortázar ou a elaborada para o item **c**? Por quê?

e) Transcreva do conto uma oração com verbo de ação e predicativo do sujeito. Depois, leia o trecho todo sem esse predicativo e responda: ele é importante para que a conclusão da narrativa fique coerente? Por quê?

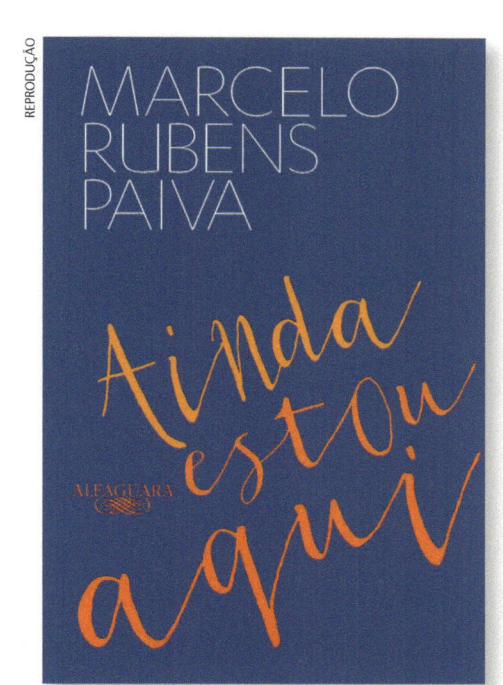

3. Veja a capa de um livro do escritor Marcelo Rubens Paiva:

MARCELO RUBENS PAIVA
Ainda estou aqui
ALFAGUARA

a) Identifique e classifique o sujeito presente no título do livro.

b) Como você classificaria o verbo *estar*? Como verbo de ação ou de ligação? Por quê?

c) Reescreva o título do livro transformando o verbo *estar* em verbo de ligação.

4. Leia o trecho a seguir, retirado do livro *Uma noite na praia*, de Elena Ferrante.

> **Está escurecendo**. Nada de estrelas nem de lua. **O barulho do mar ficou mais alto. Sinto a umidade no ar**, vou ficar resfriada. **Mati sempre me diz:** "Se você ficar resfriada, vai ter febre." Repete exatamente o que a mãe diz para ela. Porque Mati e eu também somos mãe e filha.

ELENA FERRANTE. *Uma noite na praia*. São Paulo: Intrínseca, 2016. p. 12. (Fragmento).

a) Qual é o sujeito das orações destacadas?

b) Qual das formas verbais destacadas não atribui nenhum processo ou ação ao sujeito, apenas o relaciona a uma característica ou modo de ser? Como são classificados os verbos que têm essa função?

c) Há uma oração não destacada que também possui uma forma verbal que relaciona o sujeito a uma característica. Qual é ela?

d) Como é classificado o predicado das orações indicadas nos itens *b* e *c*? Como é denominada a característica atribuída ao sujeito nessas orações?

ATIVIDADES

5. Leia esta tira de Armandinho.

ARMANDINHO — ALEXANDRE BECK

— DiGiTALiZEi TODOS OS DOCUMENTOS! A PAPELADA FOi TODA PRA RECiCLAGEM!
— SALVEi TUDO EM UM PEN DRiVE, A MEMÓRiA DiGiTAL!
— MiNHA NOSSA...
— E ONDE ESTÁ ESSA MEMÓRiA, FiLHO?
— GUARDEi! SÓ NÃO LEMBRO ONDE...

a) Explique o humor da tira.

b) Quais orações possuem o mesmo sujeito?

c) Qual é a única oração que está na ordem indireta?

d) Reescreva as orações do primeiro balão substituindo os sujeitos das orações por *eu e meu amigo* e *os papéis*, respectivamente, fazendo as adaptações necessárias.

e) Transforme o verbo *digitalizar*, que na primeira oração é transitivo direto, em verbo transitivo direto e indireto.

6. Leia este anúncio.

a) Identifique o sujeito dos verbos destacados nestas orações: "**Faz** oxigênio, **faz** sombra, e **faz** falta". Explique como você chegou à resposta.

b) Na sequência destacada no item anterior, os termos *oxigênio*, *sombra* e *falta* têm a mesma classificação sintática. Qual é ela?

c) O terceiro desses termos (*falta*), porém, diferencia-se dos anteriores pelo sentido, e essa distinção ajuda a provocar impacto no leitor. Explique essa afirmação.

d) Essa diferença de sentido é empregada para estimular o leitor a fazer o quê?

Faz oxigênio faz sombra, e faz falta. Preserve a Natureza!

21/Setembro DIA DA ÁRVORE

OAB SUBSEÇÃO EUNÁPOLIS — Comissão de Proteção ao Meio Ambiente

Mais questões no livro digital

TESTE SEUS CONHECIMENTOS

> Para responder a esta questão, é importante que você reconheça e diferencie os termos da oração (sujeito, complemento nominal, aposto, objeto direto e objeto indireto).
>
> Leia a questão e observe atentamente a expressão destacada e a relação que ela estabelece com os demais termos da oração. Em seguida, após responder às perguntas que acompanham cada uma das alternativas, assinale a que apresenta a classificação sintática correta da expressão em destaque, isto é, aquela para a qual a sua resposta tenha sido **SIM**.

(Fatec-SP)

Leia este fragmento: "Eu estava estonteada, e assim recebi **o livro** na mão".

A função sintática do termo destacado nesse período é

a) complemento nominal.

> A expressão *o livro* complementa o sentido de um nome (substantivo, adjetivo ou advérbio)?

b) objeto indireto.

> A expressão *o livro* completa o sentido do verbo *recebi* e está ligado a ele por meio de preposição?

c) objeto direto.

> A expressão *o livro* completa o sentido do verbo *recebi* e está ligada a ele sem preposição obrigatória?

d) sujeito.

> O verbo *recebi* concorda em número e pessoa com a expressão *o livro*?

e) aposto.

> A expressão *o livro* explica, esclarece, especifica, enumera ou resume o termo que o antecede, nesse caso, o verbo *recebi*?

LEITURA E PRODUÇÃO DE TEXTO

A PRODUÇÃO EM FOCO

- No final desta unidade, você produzirá a continuação desta narrativa de ficção científica. Durante a leitura do texto, fique atento:
  a) à ação (situação inicial e conflito);
  b) aos índices que contribuem para a construção do suspense;
  c) aos elementos que garantem a verossimilhança.

Glossário

Apreensivo: preocupado, receoso.

CONTEXTO

O suspense é, sem dúvida, um elemento que atrai o leitor nas histórias de ficção científica.

No trecho reproduzido a seguir, Ford Prefect e Arthur Dent estão numa pequena cabine da nave de Prostetnic Vogon Jetz. Ford é alienígena e viaja para escrever um guia; Arthur é um ser humano que escapou da destruição da Terra com a ajuda de Ford. O comandante da nave é um vogon, alienígena violento, responsável pela devastação do nosso planeta.

Observe como o suspense é construído.

O guia do mochileiro das galáxias

Em uma pequena e escura cabine nas entranhas mais profundas da nave capitânia de Prostetnic Vogon Jetz, um fósforo acendeu-se nervosamente. O dono do fósforo não era um vogon, mas sabia tudo sobre os vogons, e tinha toda a razão de estar nervoso. Chamava-se Ford Prefect [...].

Olhou ao redor, mas não dava para ver quase nada; sombras estranhas e monstruosas formavam-se e tremiam à luz bruxuleante do fósforo, mas o silêncio era completo. Silenciosamente, Ford agradeceu aos dentrassis.

Os dentrassis são uma tribo indisciplinada de gourmands, um povo selvagem, porém simpático. Recentemente vinham sendo empregados pelos vogons como comissários de bordo em suas viagens mais longas, sob a condição de que ficassem na deles.

Os dentrassis achavam isto ótimo, porque adoravam o dinheiro vogon, que é uma das moedas mais sólidas do espaço, porém detestavam os vogons. Os dentrassis só gostavam de ver um vogon quando ele estava chateado.

Graças a esse pequeno detalhe, Ford Prefect não fora transformado numa nuvenzinha de hidrogênio, ozônio e monóxido de carbono.

Ford ouviu um leve gemido. À luz do fósforo, viu uma forma pesada mexendo-se no chão. Rapidamente apagou o fósforo, pôs a mão no bolso, encontrou o que procurava e tirou-o do bolso. Abriu o pacote e sacudiu-o. Ajoelhou-se. A forma mexeu-se de novo. Ford Prefect disse:

— Eu trouxe uns amendoins.

Arthur Dent mexeu-se e gemeu de novo, produzindo sons incoerentes.

— Tome, coma um pouco — insistiu Ford, sacudindo o pacote. — Se você nunca passou antes por um raio de transferência de matéria, deve ter perdido sal e proteína. […]

— Rrrr… — disse Arthur Dent. Abriu os olhos. — Está escuro.

[…]

— É — concordou Ford —, nenhuma luz. — Deu uns amendoins a Arthur e perguntou-lhe: — Como é que você está se sentindo?

— Que nem numa academia militar, em posição de sentido — disse Arthur. — A toda hora, um pedacinho de mim desmaia.

Ford, sem entender, arregalou os olhos na escuridão.

— Se eu lhe perguntasse em que […] lugar a gente está — perguntou Arthur, hesitante —, eu me arrependeria de ter feito esta pergunta?

— Estamos a salvo — disse Ford, levantando-se.

— Ah, bom.

— Estamos dentro de uma pequena cabine de uma das espaçonaves da Frota de Construção Vogon.

— Ah — disse Arthur. — Pelo visto, você está empregando a expressão "a salvo" num sentido estranho que eu não conheço.

Ford acendeu outro fósforo para tentar encontrar um interruptor de luz. Novamente surgiram sombras monstruosas. Arthur pôs-se de pé e abraçou seus próprios ombros, **apreensivo**. Formas alienígenas horríveis pareciam cercá-lo; o ar estava cheio de odores rançosos que entravam em seus pulmões sem terem sido identificados, e um zumbido grave e irritante impedia que ele concentrasse sua atenção.

— Como é que viemos parar aqui? — perguntou, tremendo um pouco.

— Pegamos uma carona — disse Ford.

— Espere aí! — disse Arthur. — Você está me dizendo que a gente levantou o polegar e algum monstrinho verde de olhos esbugalhados pôs a cabeça para fora e disse: *Oi, gente, entrem aí que eu deixo vocês na saída do viaduto*?

— Bem — disse Ford —, o polegar na verdade é um sinalizador eletrônico subeta, e a saída do viaduto, no caso, é a estrela de Barnard, a seis anos-luz da Terra; mas no geral é mais ou menos isso.

— E o monstrinho de olhos esbugalhados?

— É verde, sim.

— Tudo bem — disse Arthur —, mas quando eu vou voltar para casa?

— Não vai — disse Ford Prefect, e encontrou o interruptor. — Proteja os olhos… — acrescentou, e acendeu a luz.

Até mesmo Ford ficou surpreso.

— Minha nossa! — disse Arthur. — Estamos mesmo dentro de um disco voador? Ford — insistiu Arthur —, não sei se minha pergunta é idiota, mas o que é que eu estou fazendo aqui?

— Bem, isso você sabe — disse Ford —, eu salvei você da Terra.

— E o que aconteceu com a Terra?

— Ah, ela foi demolida.

— Ah, sei — disse Arthur, controlado.

— Pois é. Foi simplesmente vaporizada.

— Escute — disse Arthur —, estou meio chateado com essa notícia.

Ford franziu a testa, e pareceu estar pensando.

— É, eu entendo — disse, por fim.

— Eu entendo! — gritou Arthur. — Eu entendo! Ford pôs-se de pé num salto.

[...]

— Não entre em pânico.

— Não estou entrando em pânico!

— Está, sim.

— Está bem, estou. O que você quer que eu faça?

— Venha comigo e se divirta. A Galáxia é um barato. Só que você vai ter que pôr esse peixe no ouvido.

— Que diabos você quer dizer? — perguntou Arthur, de modo bastante delicado, pensou ele.

Ford mostrou-lhe um pequeno vidro que continha um peixinho amarelo, que nadava de um lado para o outro. Arthur olhou para ele, sem entender. Queria que houvesse alguma coisa simples e compreensível para que ele pudesse se situar. Ele se sentiria melhor se, juntamente com [...] o homem de Betelgeuse que lhe oferecia um peixinho amarelo para colocar no ouvido, ele pudesse ver ao menos um pacotinho de flocos de milho. Mas ele não podia; logo, ele sentia-se perdido.

De repente ouviu-se um ruído violento, vindo de um lugar que Arthur não conseguiu identificar. Ficou horrorizado com aquele barulho, que parecia um homem tentando gargarejar e lutar contra toda uma alcateia de lobos ao mesmo tempo.

— Pss! — disse Ford. — Escute, pode ser importante.

— Im... importante?

— É o comandante da nave dando um aviso.

— Quer dizer que é assim que os vogons falam?

— Escute!

— Mas eu não sei falar vogon!

— Não precisa. É só pôr esse peixe no ouvido.

Ford, com um gesto rápido, levou a mão ao ouvido de Arthur, que teve de repente a desagradável sensação de que um peixe estava se enfiando em seu conduto auditivo. Horrorizado, ficou coçando o ouvido por uns instantes, mas aos poucos seu rosto foi assumindo uma expressão maravilhada. [...]

Arthur continuava ouvindo aquela mistura de gritos e gargarejos, só que de repente aquilo de algum modo havia se tornado perfeitamente inteligível.

Eis o que ele ouviu...

Douglas Adams. *O guia do mochileiro das galáxias*. Trad. Carlos Irineu da Costa e Paulo Fernando Henriques Britto. Rio de Janeiro: Sextante, 2010. p. 42-44; 49. (Fragmento).

Biografia

Douglas Adams (1952-2001) nasceu em Cambridge, na Inglaterra. *O guia do mochileiro das galáxias* começou como seriado de rádio antes de ser publicado em livro, como o primeiro de uma saga de cinco volumes. O escritor ficou famoso também por seus esquetes de humor para a série de TV *Monty Python*.

Douglas Adams em 1985.

ESTUDO DO TEXTO

ANTES DO ESTUDO DO TEXTO

1. Se não tem certeza de ter compreendido bem o texto, leia-o novamente.
2. Ao responder às questões a seguir, procure empregar o que já aprendeu ao ler outros textos e seja preciso em suas respostas.

Trilha de estudo
Vai estudar? Stryx pode ajudar!
<http://mod.lk/trilhas>

DE OLHO NAS CARACTERÍSTICAS DO GÊNERO

1. Ao acender um fósforo na cabine escura da nave vogon, Ford Prefect estava nervoso. Por quê?

2. Por que ele ofereceu amendoins à forma que se mexia no chão?

3. Ford Prefect informou a Arthur Dent que estavam numa espaçonave vogon. Isso deixou Arthur mais tranquilo? Por quê?
   a) À luz do fósforo, o que se podia ver na cabine onde estavam?
   b) Para onde eles estavam indo com a espaçonave?

4. Ao ouvir a voz do comandante da nave, Ford pôs um peixe no ouvido de Arthur. Para que servia o peixe?

5. O texto tem vários elementos de ficção científica: viagem intergaláctica, raio de transferência de matéria, alienígenas, disco voador... Que outros elementos estão mais próximos de nossa realidade?

6. Observe o diálogo que se desenvolve depois que Ford pede silêncio a Arthur.
   a) Que sensação produz no leitor o fato de Arthur não parar de falar?
   b) Na sua opinião, esse pode ser um recurso para criar suspense no texto?

E POR FALAR NISSO...

● Você conhece personagens femininas de ficção científica? Quais? Observe ao lado duas que você provavelmente já conhece.

1. Uhura dos filmes e da série televisiva *Jornada nas estrelas* e Ellen Ripley do filme *Alien* são personagens femininas famosas da ficção científica.
   a) Essas personagens nos fazem refletir sobre questões raciais e a condição da mulher na sociedade. Pesquise a respeito delas e converse com seus colegas sobre o que você descobriu.
   b) Como você imagina os homens e as mulheres daqui a muitos anos? Haveria diferenças entre eles? Que mudanças nos corpos e na forma de se relacionar poderia haver nesse futuro?

2. Questões como a liberdade de ir e vir ou o futuro de alguns objetos (como os livros) são temas frequentes na ficção científica. Mas você já pensou em como serão as relações interpessoais no futuro? Converse com seus colegas.

As atrizes Nichelle Nichols e Sigourney Weaver interpretaram personagens memoráveis da ficção científica: Uhura e Ellen Ripley, respectivamente.

Galeria de imagens
Mulheres na ficção científica

PRODUÇÃO DE TEXTO

FANFIC

NA HORA DE PRODUZIR

1. Siga as orientações apresentadas nesta seção. Seu texto deve ser coerente com a proposta.
2. Lembre-se de que você já leu e analisou textos do gênero que vai produzir.
3. Diante da folha em branco, persista. Nenhum texto fica pronto na primeira versão.

O que você vai produzir

Você vai escrever uma *fanfic* que será uma continuação para o trecho de *O guia do mochileiro das galáxias* que você leu. Depois de revisar seu texto, ele será publicado no *blog* de *fanfics* da turma e divulgado para outras turmas da escola, amigos e familiares.

SAIBA +

Fanfic (do inglês *fan fiction*: ficção de fã) é um termo utilizado para designar a ficção feita a partir de determinada obra, sem fins comerciais ou intenção de lucro, pelos fãs dessa obra, utilizando seu enredo, personagens, cenários etc.

PLANEJE SEU TEXTO

1. Com base no trecho lido, imagine como será a sequência que você vai escrever.

2. Não se esqueça da verossimilhança.
   a) Mesmo sendo ficção científica, é necessário que o texto tenha coerência interna e que pareça possível para o leitor em determinada realidade.
   b) Na sequência que você vai escrever, as personagens devem continuar na nave espacial ou, se mudarem de lugar, essa mudança precisará ser sinalizada para o leitor.
   c) A construção do cenário é fundamental para a coerência interna dos elementos do texto. Preste atenção a esse aspecto.
   d) Coloque elementos no texto em que a ideia de futuro conviva com elementos do passado.

3. Lembre-se também do suspense.
   a) Pense no que Arthur e Ford ouviram do comandante. Isso pode ser revelado imediatamente ou essa revelação pode ser adiada ainda mais, de forma que mantenha o leitor atento.

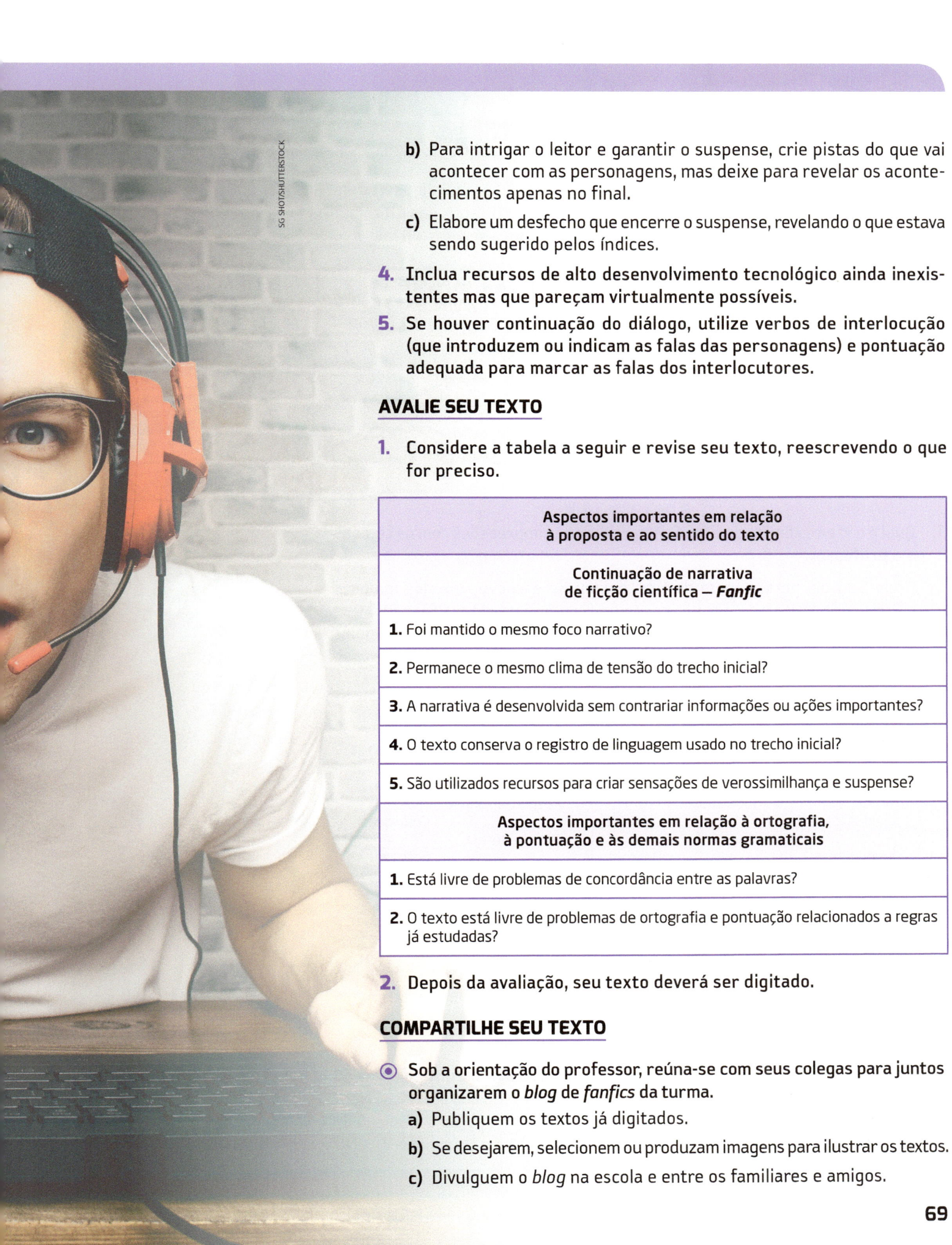

b) Para intrigar o leitor e garantir o suspense, crie pistas do que vai acontecer com as personagens, mas deixe para revelar os acontecimentos apenas no final.

c) Elabore um desfecho que encerre o suspense, revelando o que estava sendo sugerido pelos índices.

4. Inclua recursos de alto desenvolvimento tecnológico ainda inexistentes mas que pareçam virtualmente possíveis.

5. Se houver continuação do diálogo, utilize verbos de interlocução (que introduzem ou indicam as falas das personagens) e pontuação adequada para marcar as falas dos interlocutores.

AVALIE SEU TEXTO

1. Considere a tabela a seguir e revise seu texto, reescrevendo o que for preciso.

Aspectos importantes em relação à proposta e ao sentido do texto
Continuação de narrativa de ficção científica – Fanfic
1. Foi mantido o mesmo foco narrativo?
2. Permanece o mesmo clima de tensão do trecho inicial?
3. A narrativa é desenvolvida sem contrariar informações ou ações importantes?
4. O texto conserva o registro de linguagem usado no trecho inicial?
5. São utilizados recursos para criar sensações de verossimilhança e suspense?
Aspectos importantes em relação à ortografia, à pontuação e às demais normas gramaticais
1. Está livre de problemas de concordância entre as palavras?
2. O texto está livre de problemas de ortografia e pontuação relacionados a regras já estudadas?

2. Depois da avaliação, seu texto deverá ser digitado.

COMPARTILHE SEU TEXTO

- Sob a orientação do professor, reúna-se com seus colegas para juntos organizarem o *blog* de *fanfics* da turma.

    a) Publiquem os textos já digitados.

    b) Se desejarem, selecionem ou produzam imagens para ilustrar os textos.

    c) Divulguem o *blog* na escola e entre os familiares e amigos.

ATITUDES PARA A VIDA

Você já passou por alguma situação em que não conseguiu concluir alguma tarefa por causa de distrações ou falta de concentração? Isso é frustrante, não é mesmo? Vamos conversar mais sobre isso? Para começar, leia a tira a seguir.

ADÃO ITURRUSGARAI

Quadro 1: ESTE É HUGO SANTOS, UM DOS GRANDES ESCRITORES DA NOVA GERAÇÃO.

Quadro 2: ELE ESTÁ ESCREVENDO UM DOS MAIORES CLÁSSICOS DA LITERATURA.

Quadro 3: UMA ESPÉCIE DE "O GRANDE GATSBY" DO TERCEIRO MILÊNIO...

Quadro 4: INFELIZMENTE, HUGO VAI PERDER O FOCO E O TAL LIVRO NUNCA SERÁ ESCRITO.

Reprodução proibida. Art. 184 do Código Penal e Lei 9.610 de 19 de fevereiro de 1998.

1. Qual é o efeito cômico da tira? Compartilhe suas impressões com os colegas e o professor.

2. Hugo Santos, personagem da tira, deixou de escrever um dos maiores clássicos da literatura porque perdeu o foco no que estava fazendo. Que palavras do quadro abaixo poderiam explicar o fracasso da personagem? E quais palavras poderiam estar relacionadas ao sucesso caso Hugo tivesse conseguido manter o foco e escrever o livro? Justifique suas escolhas.

Impulsividade		Esforço	Controle	Vício
	Solidariedade	Concentração		Persistência
Autocontrole	Impaciência		Solidão	
Reflexão	Colaboração	Criatividade	Responsabilidade	Foco
Individualidade		Atenção	Desistência	Curiosidade
Dependência	Compenetração	Descontrole		Prazer
Sofrimento	Clareza	Empatia	Gentileza	Felicidade
	Divagação		Sentimentos	

> A habilidade de focar nossa atenção em algo nos permite aprender mais, pois nossa mente trabalha estabelecendo relações entre o que já sabemos e o que estamos aprendendo.

3. Considerando o uso massivo da internet e das redes sociais, que palavras do quadro você considera mais representativas do momento que estamos vivendo? Você acha que essas palavras possibilitam a congregação e a felicidade das pessoas ou, ao contrário, provocam o isolamento e o sofrimento?

70

4. Na seção anterior, durante a produção de sua *fanfic*, em algum momento você acabou perdendo o foco como a personagem da tira? Se sim, por quê? Compartilhe essa experiência com os colegas e o professor.

> Quando recebemos uma nova informação, nossa mente a armazena junto ao que já sabemos e com ela faz novas conexões, possibilitando a aprendizagem. Se não conseguimos manter a concentração pelo tempo necessário, essas conexões não se estabelecem e a aprendizagem não acontece. Assim, sempre que perdermos o foco, é importante tentar voltar a atenção para o que estávamos fazendo.

5. Escolha as palavras do quadro que, em sua opinião, melhor se relacionam com as ações que você precisou ter ao escrever seu texto. Justifique sua resposta.

6. Pense no conteúdo da tira e na importância da concentração para indicar quais das atitudes abaixo você precisou ativar no momento de produção de sua *fanfic*. Justifique suas escolhas.

Persistir
Controlar a impulsividade
Escutar os outros com atenção e empatia
Pensar com flexibilidade
Esforçar-se por exatidão e precisão
Questionar e levantar problemas
Aplicar conhecimentos prévios a novas situações
Pensar e comunicar-se com clareza
Imaginar, criar e inovar
Assumir riscos com responsabilidade
Pensar de maneira interdependente

7. Compartilhe suas escolhas com os colegas. Vocês escolheram as mesmas atitudes? Você acha que eles fizeram as escolhas certas? Por quê?

> Você sabia que a atitude de escutar o outro com atenção está diretamente ligada às habilidades relacionadas ao foco e à concentração? Mostrar-se sinceramente interessado no que o outro diz nos permite desenvolver a empatia, que é a capacidade de colocar-se no lugar do outro.

ATITUDES PARA A VIDA

8. A tira que você leu faz um alerta para uma das consequências que o acesso exagerado às redes sociais pode causar: a dispersão da atenção e a consequente perda do foco em uma atividade que estava sendo desenvolvida. Você acha que as pessoas, em geral, estão sendo prejudicadas pelo uso excessivo desses recursos? Se sim, o que poderia ser feito para mudar essa realidade?

AUTOAVALIAÇÃO

Na segunda coluna (item 1) da tabela abaixo, marque com um X as atitudes que foram mais mobilizadas por você na produção de texto desta unidade.

Na terceira coluna (item 2), descreva a forma como você mobilizou cada uma das atitudes marcadas. Por exemplo: *Controlar a impulsividade: procurei pensar antes de agir e tomar decisões*.

Use o campo *Observações/Melhorias* para anotar o que pode ser melhorado tanto nos trabalhos a serem desenvolvidos nas próximas unidades como em outros momentos de seu cotidiano.

Atitudes para a vida	1. Atitudes mobilizadas	2. Descreva a forma como mobilizou a atitude assinalada
Persistir		
Controlar a impulsividade		
Escutar os outros com atenção e empatia		
Pensar com flexibilidade		
Esforçar-se por exatidão e precisão		
Questionar e levantar problemas		
Aplicar conhecimentos prévios a novas situações		
Pensar e comunicar-se com clareza		
Imaginar, criar e inovar		
Assumir riscos com responsabilidade		
Pensar de maneira interdependente		
Observações/Melhorias		

LEITURA DA HORA

Se você nunca conversou com alguém sobre a existência de vida em outros planetas, certamente já presenciou pessoas debatendo sobre isso. Esse é o polêmico tema da conversa entre as personagens do texto que você vai ler.

O autor desse texto, André Carneiro, é um dos principais escritores brasileiros do gênero ficção científica.

Planetas habitados

— Olhe como são bonitas, milhares de estrelas...

— E quase todas devem ser rodeadas de planetas como o nosso, habitados, provavelmente...

— Custa-me acreditar...

— Os cientistas dizem que há milhões, talvez trilhões de planetas, só nas galáxias mais próximas. A vida existiria como aqui.

— Devo ter pouca imaginação. Acho difícil visualizar planetas habitados, com seres iguais a nós, vivendo como nós.

— Por que "iguais e vivendo como nós"? É pretensão injustificável deduzir que só animais semelhantes tenham desenvolvido inteligência. E os objetos de forma arredondada, vistos em nossa órbita? Muita gente os vê a olho nu.

— Não seriam pessoas sugestionáveis ou com defeitos na vista? Li num artigo: essas aparições são fenômenos naturais pouco estudados, ou máquinas voadoras feitas aqui mesmo, em experiências secretas.

— Talvez, em parte. Mas já há uma boa documentação e não vejo motivo de espanto em supor que outros planetas do nosso sistema sejam habitados.

— Mas os seres que comandam ou pilotam essas naves espaciais, por que não pousam e entram em contato?

— Não passa de orgulho gratuito pensar que habitantes de outros planetas estejam interessados em dialogar conosco. Esses engenhos talvez sejam minúsculos, comandados a distância. Estarão apenas nos estudando com seus aparelhos? E é bem possível que eles sejam tão diferentes de nós que não haja uma possibilidade de entendimento imediato.

LEITURA DA HORA

— Falariam línguas impossíveis de se aprender? Quem sabe emitam ruídos, ou comuniquem-se por gestos...

— Nossos cientistas acabariam descobrindo a chave. Ou eles, mais inteligentes, nos ajudariam a compreendê-la.

— Aquela estrela brilhante não é um planeta?

— É. Ali há condições para a vida. Talvez primitiva e diversa da nossa, pois sua temperatura é extraordinariamente alta.

— Escrevem muitas histórias sobre aquele planeta. Costumam inventar seus habitantes como sendo monstros destruidores, interessados em conquistar a galáxia...

— Histórias e hipóteses... Quem sabe eles têm mesmo duas antenas na cabeça, um olho atrás, outro na frente, quatro braços e seis patas.

— Seria engraçado se fosse assim.

— Por quê?

— Pior se tivessem dois braços, um par de olhos em cima do nariz...

— Seu conceito de beleza é muito exclusivista.

— Gente normal como nós poderia se entender com monstros pavorosos?

— Fique tranquilo. É provável que eles só existam nas histórias. E descobriram que lá a atmosfera é oxigênio puro. De mais a mais, o terceiro planeta possui só um terço de matéria sólida. O resto é uma substância líquida onde a vida é improvável.

— Esta conversa me abala os nervos. Imaginar monstros pernaltas, com dois olhos na frente. Toque aqui a antena.

— Adeus. Não pense mais no assunto. E saia com cuidado para não incomodar as crianças. Seis patas fazem muito barulho...

André Carneiro et al. *Histórias de ficção científica*. São Paulo: Ática, 2005. p. 27-30.

PARA SE PREPARAR PARA A PRÓXIMA UNIDADE

Na próxima unidade, você vai conhecer um pouco mais sobre um gênero que mescla textos verbais e não verbais para transmitir informações: o infográfico. Veja a seguir alguns *links* que destacamos para você se preparar para este estudo.

1 O professor e *designer* Ricardo Cunha Lima, do *podcast Visual+mente*, apresenta uma palestra sobre a história e o conceito de infografia, explorando a relação entre texto e imagem através dos séculos. Vale a pena conferir o vídeo em: <http://mod.lk/wbiwl>.

2 A integração de elementos visuais num infográfico ajuda a compreender de forma mais fácil diversos assuntos complexos. Você já se perguntou, por exemplo, qual o tamanho do Sistema Solar? Coloque seu capacete e embarque no foguete do infográfico interativo da BBC (em inglês): <http://mod.lk/b9fjk>.

3 Por falar em assuntos complexos, você sabe o que é e como funciona uma diarquia? Ou já se perguntou como é feita a gestão da saúde pública no Brasil? Focado em educação política, o *site Politize!* apresenta vários infográficos sobre esses e outros assuntos. Veja em: <http://mod.lk/1ueh7>.

4 **Predicado verbo-nominal e predicativo do objeto**

Este objeto digital trata de predicado verbo-nominal e predicativo do objeto. Acesse: <http://mod.lk/dstm8>.

O QUE VOCÊ JÁ SABE?

Até este momento, você seria capaz de...	Sim	Não	Mais ou menos
... diferenciar um infográfico de um gráfico?	☐	☐	☐
... reconhecer os principais elementos visuais que compõem um infográfico?	☐	☐	☐
... identificar os usos mais adequados de um infográfico?	☐	☐	☐

De acordo com o conteúdo do objeto digital *Predicado verbo-nominal e predicativo do objeto*, você seria capaz de...	Sim	Não	Mais ou menos
... perceber que o predicado verbo-nominal é formado por dois núcleos?	☐	☐	☐
... caracterizar o predicativo do objeto?	☐	☐	☐

Pesquise sobre infográfico em *sites*, jornais, *vlogs* e revistas. Depois, compartilhe com seus colegas suas impressões a respeito da forma como as informações podem ser apresentadas combinando linguagem verbal e linguagem visual.

UNIDADE 3
QUANDO UM INFOGRÁFICO É A MELHOR SOLUÇÃO

DE OLHO NO CICLONE

Entenda como se forma a ventania arrasadora que pode destroçar países e deixar um rastro de milhares de mortes

Para quem já assistiu — e sobreviveu — à passagem de um ciclone, a experiência pode ser aterradora. Em Bangladesh, na Ásia, por exemplo, um desses turbilhões arrasou o país e matou centenas de milhares de pessoas em 1970. Comumente chamado de furacão ou tufão, o fenômeno ocorre sobre os mares quentes dos trópicos; trata-se de qualquer perturbação atmosférica no centro da qual a pressão é muito baixa, provocando ventos em grande velocidade. Dependendo de sua rapidez e capacidade de destruição, os ciclones podem ser divididos em uma escala de cinco categorias, batizada de Saffir-Simpson, em homenagem aos dois estadunidenses que desenvolveram essa gradação (*veja abaixo*). Para nossa sorte, o Brasil não sofre com esses desastres naturais. Tudo graças às baixas temperaturas das águas do Atlântico Sul.

O FURACÃO POR DENTRO
Uma densa nuvem cobre o furacão

27 °C

1 O furacão começa a partir da combinação de dois fatores: ar quente e úmido e a água aquecida dos oceanos das regiões tropicais.

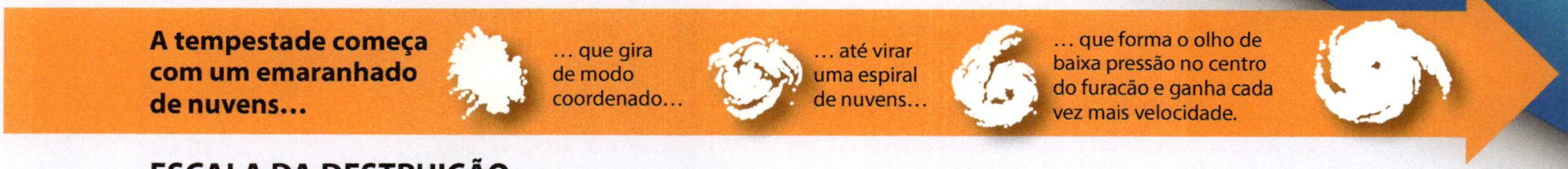

A tempestade começa com um emaranhado de nuvens... ...que gira de modo coordenado... ...até virar uma espiral de nuvens... ...que forma o olho de baixa pressão no centro do furacão e ganha cada vez mais velocidade.

ESCALA DA DESTRUIÇÃO
Como se mede a intensidade do vendaval

Categoria 1
Ventos de 119-153 km/h
Danos mínimos
Quase não há destruição. Prédios e casas permanecem intactos, mas o vento arrasta arbustos e derruba galhos de árvore, além de causar pequenas inundações.

Categoria 2
Ventos de 154-177 km/h
Danos moderados
Telhados, portas e janelas são danificados. Ondas de até 2,40 metros acima do nível normal inundam ruas da orla, obrigando a retirada dos moradores.

Categoria 3
Ventos de 178-209 km/h
Danos grandes
A ventania consegue derrubar árvores, inundando e abalando edificações. Construções pouco resistentes, como casas pré-fabricadas, podem desabar.

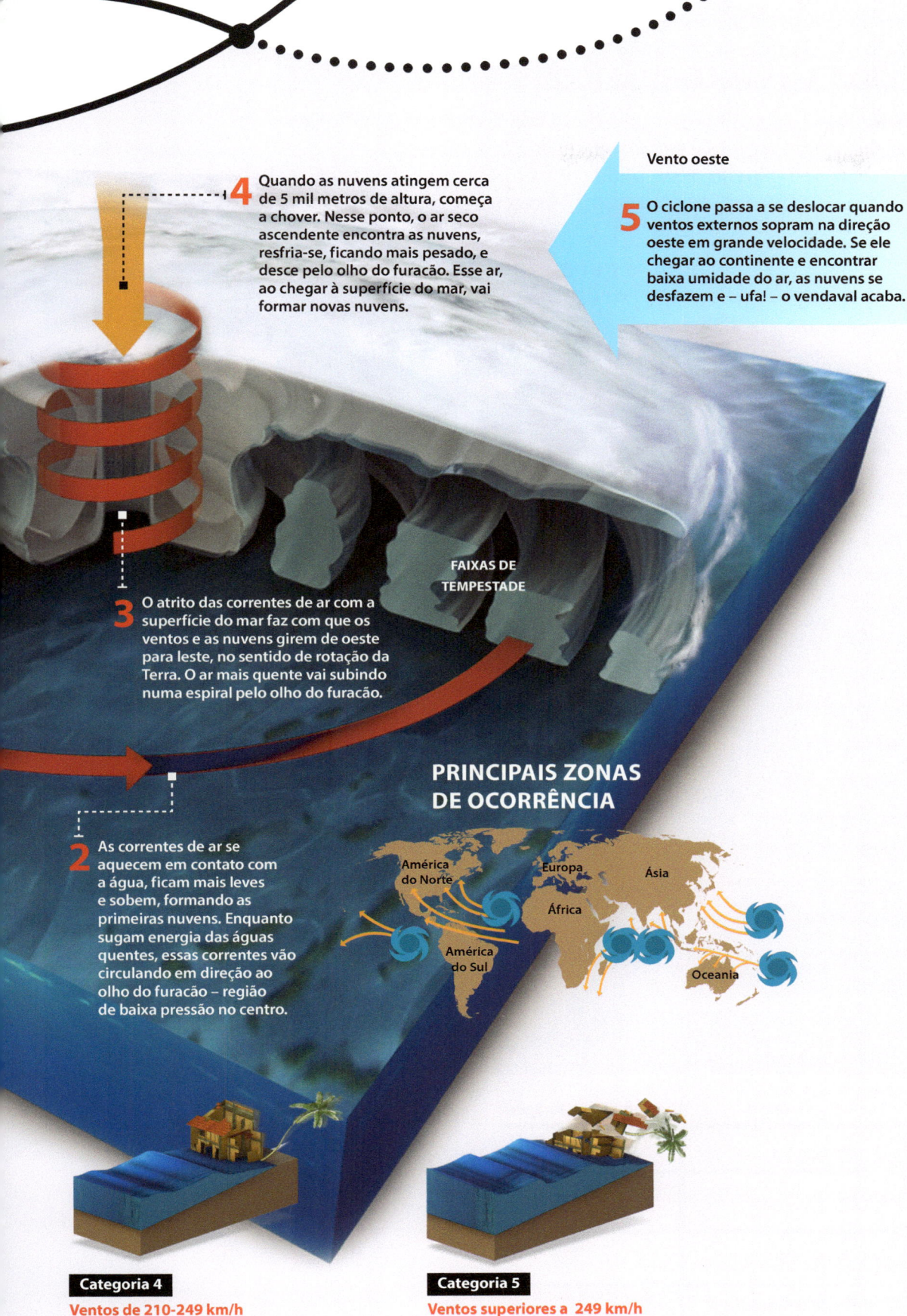

4 Quando as nuvens atingem cerca de 5 mil metros de altura, começa a chover. Nesse ponto, o ar seco ascendente encontra as nuvens, resfria-se, ficando mais pesado, e desce pelo olho do furacão. Esse ar, ao chegar à superfície do mar, vai formar novas nuvens.

Vento oeste

5 O ciclone passa a se deslocar quando ventos externos sopram na direção oeste em grande velocidade. Se ele chegar ao continente e encontrar baixa umidade do ar, as nuvens se desfazem e – ufa! – o vendaval acaba.

3 O atrito das correntes de ar com a superfície do mar faz com que os ventos e as nuvens girem de oeste para leste, no sentido de rotação da Terra. O ar mais quente vai subindo numa espiral pelo olho do furacão.

FAIXAS DE TEMPESTADE

2 As correntes de ar se aquecem em contato com a água, ficam mais leves e sobem, formando as primeiras nuvens. Enquanto sugam energia das águas quentes, essas correntes vão circulando em direção ao olho do furacão – região de baixa pressão no centro.

PRINCIPAIS ZONAS DE OCORRÊNCIA

América do Norte · América do Sul · Europa · África · Ásia · Oceania

Categoria 4
Ventos de 210-249 km/h
Danos extremos
O poder de destruição é 100 vezes maior que o da categoria 1. Paredes e tetos de grandes construções são derrubados e ondas de até 5 metros acima do normal provocam inundações graves.

Categoria 5
Ventos superiores a 249 km/h
Danos catastróficos
É alta a possibilidade de mortes. Árvores são arrancadas pela raiz e edifícios inteiros podem cair. Os danos se espalham por 16 quilômetros nas áreas próximas à costa e a região precisa ser evacuada.

Você sabia?

CICLONE, TUFÃO, FURACÃO OU TORNADO?

Embora essas palavras sejam comumente usadas como sinônimos, há uma pequena diferença entre elas. Na verdade, o "pai de todas as tempestades" seria o *ciclone*, denominação de qualquer perturbação atmosférica no centro da qual a pressão é muito baixa, provocando ventos circulares com velocidade superior a 150 km/h. Ele ocorre nas regiões tropicais, sobre os mares quentes. A diferença refere-se mais a uma questão de localização. Em geral, o ciclone que se forma sobre o oceano Atlântico é chamado de *furacão*, enquanto o que se forma sobre o oceano Pacífico é conhecido como *tufão*. Por fim, há ainda o caso dos *tornados*, que surgem sobre o continente após o choque de uma massa de ar quente com outra de ar frio – a ventania toma a forma de um cone invertido e sai num turbilhão arrasador com velocidades de até 500 km/h.

COMO SÃO PRODUZIDOS OS INFOGRÁFICOS

Imagine se na página dupla anterior houvesse ilustrações ou só textos escritos. Certamente seria bem mais difícil entender o que está sendo exposto. A ideia da infografia é exatamente esta: explicar um tema associando vários tipos de textos escritos a elementos visuais, como ilustrações, diagramas ou mapas.

Quem é quem
Vários profissionais estão envolvidos na produção de um infográfico.

Editor
É quem decide qual será o assunto do infográfico e o que ele deve mostrar.

Repórter
Sua missão é conseguir as informações que serão usadas no infográfico.

Infografista
É quem produz o infográfico, criando uma narrativa que une imagens e textos.

Diagramador
Escolhe o estilo visual mais adequado (cores, tipografia) para a publicação.

Ilustrador
Faz os desenhos, em especial os mais complexos, no estilo escolhido.

Passo a passo
A produção de um infográfico pode levar horas (jornais diários) ou meses (livros e revistas).

1 Reunião de pauta
Todos participam desse encontro para definir o tema do infográfico e buscar formas de responder a algumas das questões básicas do texto jornalístico: quem, o quê, quando, onde, como e por quê. O grupo estuda qual a melhor abordagem, explorando em especial as mais visuais, como mapas, gráficos ou diagramas.

2 Apuração
O repórter trabalha como um jornalista, entrevistando especialistas e pesquisando em livros, revistas, na internet e em outras publicações. O infografista ajuda nessa investigação procurando imagens que podem servir de referência.

Como as informações podem ser transformadas em imagens

O que se quer mostrar	Exemplo de texto	Exemplo de imagem
Quem/O quê	O cromossomo	
Quando	História da escrita	
Onde	O local do acidente	
Como/Por quê	Como é feito um suco	
Quanto	Evolução do dólar	

78

3 Reunião de edição
Todas as informações apuradas são interpretadas e organizadas pelo grupo para selecionar as que irão compor o infográfico. O infografista faz, então, alguns esboços de como o infográfico pode ficar, para o editor escolher a melhor solução visual. Nesse momento, é definida a imagem principal e também o estilo gráfico que será seguido.

4 Mãos à obra
Agora, todos trabalham em paralelo, mas sempre em contato.

Repórter: Passa os dados de mapas, diagramas e gráficos para o infografista e produz os títulos e os textos do infográfico.

Infografista: Faz os mapas, gráficos e diagramas e monta o infográfico de acordo com o esboço aprovado. Durante o processo, faz os ajustes necessários para que as imagens e os textos fiquem bem integrados. Muitas vezes ele próprio produz as ilustrações.

Ilustrador: Acionado pelo infografista ou pelo diagramador, produz as ilustrações, que podem ser realistas, baseadas em referências técnicas, ou seguir um estilo específico aprovado pelo diagramador.

Editor e diagramador: Acompanham o trabalho da equipe e montam a página em que infográfico será aplicado.

5 Aprovação e publicação
O infografista finaliza o trabalho e o envia para a aprovação do editor, que confere se está tudo correto, bonito e fácil de ler. Às vezes são pedidas correções ou mudanças para garantir o melhor resultado possível.

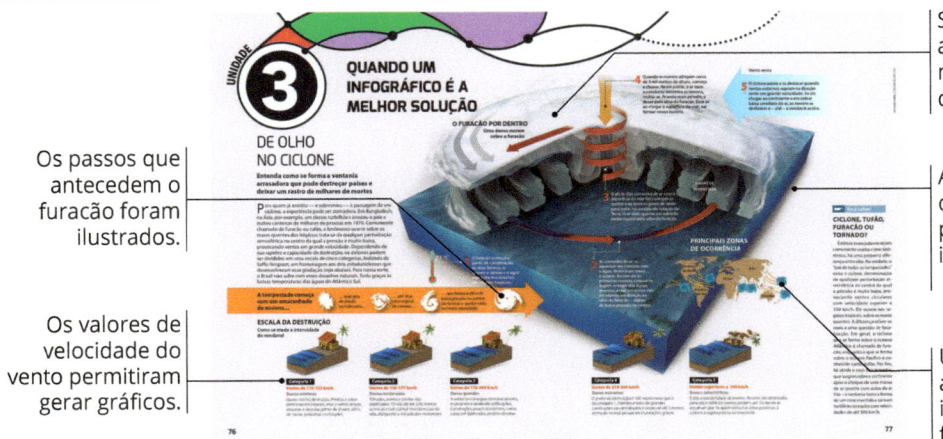

Confira os recursos que o infografista usou neste caso

Os passos que antecedem o furacão foram ilustrados.

Os valores de velocidade do vento permitiram gerar gráficos.

Setas ajudam a mostrar o movimento do ar quente e do ar frio.

A equipe usou um corte esquemático para mostrar o interior do fenômeno.

Um mapa mostra as regiões de maior incidência do fenômeno.

ILUSTRAÇÕES: GUILHERME D'AREZZO

ANTES DE LER

- Esta é uma unidade um pouco diferente das anteriores. Foi organizada para atender às especificidades do gênero infográfico. Antes de iniciar o trabalho, sob a orientação do professor, reúna-se com um ou mais colegas.

1. Observe novamente os infográficos das páginas anteriores e explique:
   a) Que relação há entre eles?
   b) Onde poderiam ter sido publicados?
   c) Com que intenção teriam sido publicados?
   d) Em sua opinião, que tipo de informação pode ser mais bem explicada com um infográfico?

2. A foto desta página é o registro de um tornado no momento em que estava acontecendo. O uso de fotos de um fenômeno ou fato informa o leitor tanto quanto um infográfico a respeito do mesmo fenômeno ou fato? Por quê?

EM FOCO NESTA UNIDADE

- Infográficos
- Predicado verbo-nominal
- Predicativo do objeto
- Produção: infográfico

ESTUDO DO TEXTO

O GÊNERO EM FOCO: INFOGRÁFICO

O termo infográfico vem do inglês *informational graphics*. É um termo empregado para fazer referência a um gênero textual que combina texto verbal e texto não verbal.

Um dos primeiros infográficos foi publicado no século XIX para mostrar as etapas de um assassinato. Mas a infografia ganhou força mesmo a partir da década de 1980, com o lançamento do jornal *USA Today*, que, usando cores e infográficos, surpreendeu os leitores. A partir dessa época, passou a ser cada vez mais frequente o uso de infográficos em jornais e revistas impressos. Nas publicações digitais, eles ganharam animação e ficaram mais complexos em sua elaboração.

O infográfico é usado, em geral, quando se deseja mostrar as etapas de um processo, o funcionamento de alguma coisa, a ligação entre os fatos abordados em uma notícia ou reportagem. Para alguns teóricos, o jornalismo e o infográfico estão tão ligados que o infográfico pode ser considerado um descendente da notícia.

> **Infográfico** é um gênero textual que se caracteriza por apresentar informações ou explicações combinando texto verbal e texto não verbal (ilustrações, gráficos, diagramas, mapas e fotos). É predominantemente expositivo, mas pode apresentar características narrativas e até argumentativas. Pode ser produzido para ser apresentado isoladamente ou acompanhar uma notícia, uma reportagem ou um texto didático.

DE OLHO NA CONSTRUÇÃO DOS SENTIDOS

1. Volte aos infográficos e faça uma leitura silenciosa de cada um deles.
   - Que caminho você fez para ler cada um deles? Que partes você leu primeiro? Compare: seus colegas fizeram o mesmo caminho?

> Em geral, os infográficos são formados por blocos de informações independentes. O desenho do infográfico muitas vezes já sugere um caminho de leitura, mas cada leitor pode fazer o caminho que lhe parecer mais adequado. Nesse caso, é o leitor, e não o autor, quem estabelece o percurso de leitura.

2. A notícia apresenta título e lide — o parágrafo que resume o fato abordado no texto.
   a) É possível identificar o título de cada um dos infográficos? Se for, quais são eles?
   b) Há um lide nos infográficos desta unidade? Justifique.
   c) Que função os elementos que você identificou têm no infográfico?

Tornado nos Estados Unidos.

DE OLHO NO CICLONE

1. "De olho no ciclone" foi publicado originalmente em um periódico voltado a alunos que estão se preparando para o vestibular (*Guia do Estudante Geografia e Vestibular 2009*, edição 1, páginas 52-53.)
    a) Com que intenção esse infográfico teria sido publicado?
    b) Que vantagens você identifica no emprego de um infográfico nesse caso?

2. Releia o parágrafo que aparece logo abaixo do lide.
    a) Qual é a definição de ciclone apresentada nesse trecho?
    b) Com que intenção o infografista teria escolhido mencionar o exemplo do ciclone que devastou a Índia em 1970?
    c) Nesse trecho, há uma referência a outro bloco de informações. O que há nesse bloco de informações e por que seria importante mencioná-lo?

3. Logo abaixo desse parágrafo uma seta em cor laranja apresenta texto e imagem.
    a) O texto apresentado sobre a seta, reproduzido abaixo, aparece entrecortado por reticências. Para que elas foram usadas?

    > "A tempestade começa com um emaranhado de nuvens... que gira de modo coordenado... até virar uma espiral de nuvens... que forma o olho de baixa pressão no centro do furacão e ganha cada vez mais velocidade."

    b) A seta em cor laranja, sobre a qual estão o texto e as ilustrações, tem uma função importante no infográfico. Que função é essa?

4. Na ilustração maior, ao centro, o que está sendo representado?
    a) O que se pretende mostrar com esse recorte?
    b) Explique com suas palavras o processo que está sendo detalhado nessa parte do infográfico.
    c) Qual é a função dos números 1 a 5 que aparecem nesse bloco?
    d) Leia atentamente o texto que acompanha os números e responda: as frases — são longas ou curtas? Por que foram elaboradas desse modo?

5. Em outra parte do infográfico, há um mapa, um elemento comum em diversos infográficos. Qual é a função desse mapa?

6. Na parte de baixo do infográfico, como são mostradas nas ilustrações as informações dos textos que as acompanham?

7. À direita, há uma coluna de texto intitulada "Você sabia?", com o subtítulo "Ciclone, tufão, furacão ou tornado?". Explique a diferença entre esses termos, de acordo com o texto.

COMO SÃO PRODUZIDOS OS INFOGRÁFICOS

1. O segundo infográfico foi produzido especialmente para esta obra. Ele explica como são produzidos os infográficos. Qual é o exemplo de infográfico mencionado por ele?

2. Que recurso foi empregado nesse segundo infográfico para direcionar a leitura?

3. De acordo com o texto, quem são as pessoas que participam da elaboração de um infográfico?

   a) Quais são as etapas de produção?

   b) Explique com suas palavras como é o processo de produção do infográfico.

4. Compare as frases empregadas nesse infográfico com as empregadas no infográfico anterior. Elas são longas ou curtas?

5. Você sabia que existia a profissão de infografista? O que achou desse trabalho?

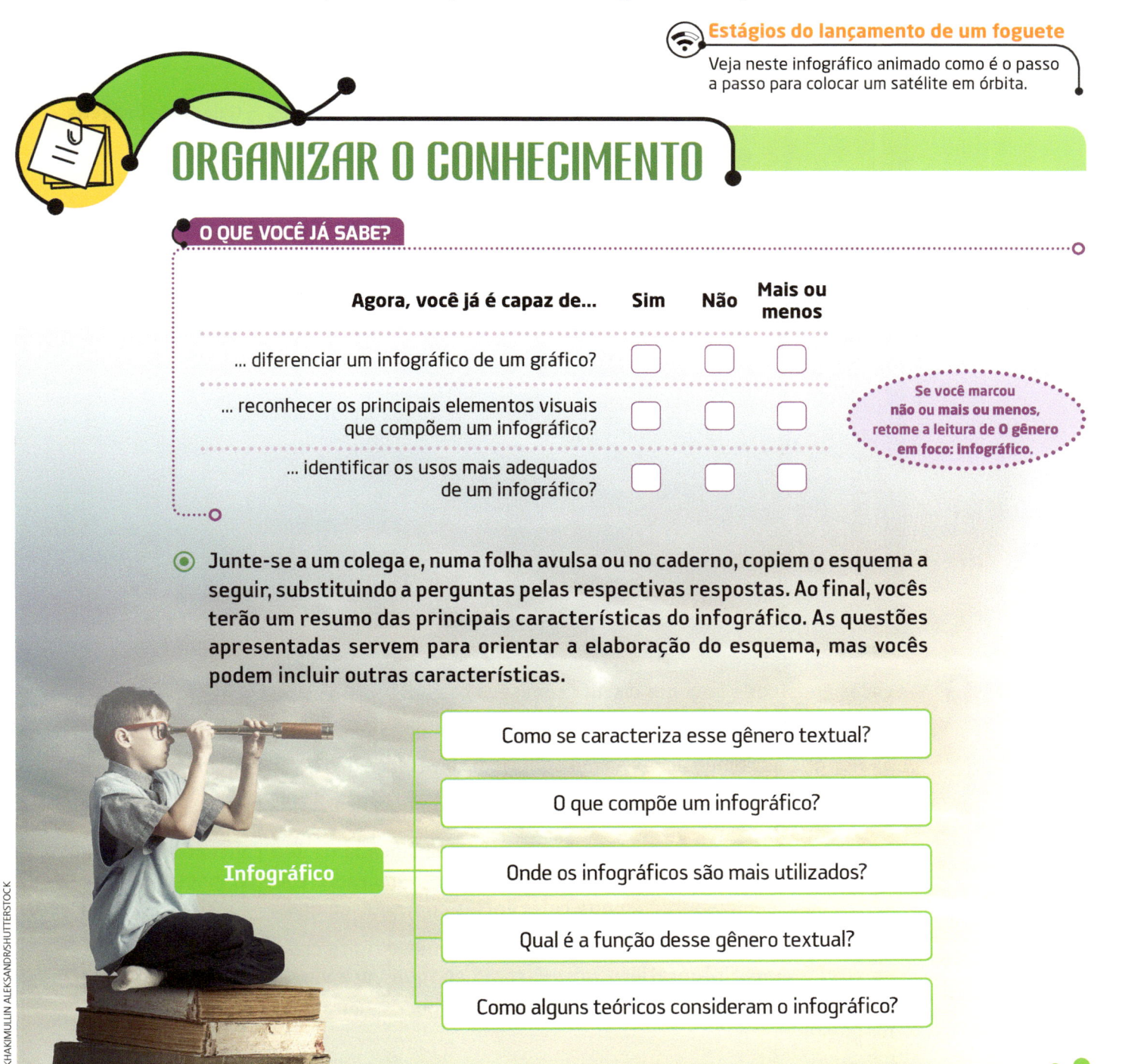

Estágios do lançamento de um foguete
Veja neste infográfico animado como é o passo a passo para colocar um satélite em órbita.

ORGANIZAR O CONHECIMENTO

O QUE VOCÊ JÁ SABE?

Agora, você já é capaz de...	Sim	Não	Mais ou menos
... diferenciar um infográfico de um gráfico?	☐	☐	☐
... reconhecer os principais elementos visuais que compõem um infográfico?	☐	☐	☐
... identificar os usos mais adequados de um infográfico?	☐	☐	☐

Se você marcou não ou mais ou menos, retome a leitura de O gênero em foco: infográfico.

- Junte-se a um colega e, numa folha avulsa ou no caderno, copiem o esquema a seguir, substituindo a perguntas pelas respectivas respostas. Ao final, vocês terão um resumo das principais características do infográfico. As questões apresentadas servem para orientar a elaboração do esquema, mas vocês podem incluir outras características.

Infográfico
- Como se caracteriza esse gênero textual?
- O que compõe um infográfico?
- Onde os infográficos são mais utilizados?
- Qual é a função desse gênero textual?
- Como alguns teóricos consideram o infográfico?

E POR FALAR NISSO...

Nesta unidade, você aprendeu um pouco a respeito do infográfico. O *site* "Vejo Infográficos em Tudo", criado em 2013, brinca com esse gênero associando imagens do cotidiano a dados aleatórios. Observe estes "infográficos" veiculados no *site*:

80% dos pimentões são comprados para fazer yakisoba

20% são comprados para fazer outras receitas

Galeria de imagens
Vejo Infográficos em Tudo

A cada 3 moradores, 1 utiliza bicicleta como meio de transporte

Composições criadas por Marina Ferreira e Fê Carvalho Leite.

Leia as questões a seguir e discuta com seus colegas.

1. **Os infográficos unem linguagem não verbal e linguagem verbal.**
   a) Por que as composições acima poderiam ser associadas a infográficos?
   b) Por que a associação dessas composições a infográficos cria humor?

2. **Na internet, é comum que uma imagem seja deslocada de seu contexto original para alguma situação engraçada, bem-humorada. Você conhece algum caso semelhante? Troque referências com seus colegas.**

3. **Faça uma breve pesquisa de imagens na internet e tente criar com seus colegas alguns "infográficos falsos" como os que você viu. Mas atente para uma regra: eles devem ser bem-humorados e não podem ofender ninguém!**

ESTUDO DA LÍNGUA: ANÁLISE E REFLEXÃO

COMO VOCÊ PODE ESTUDAR

1. **Estudo da língua** não é uma seção para decorar, mas para questionar e levantar problemas.
2. O trabalho com os conhecimentos linguísticos requer persistência. Leia e releia os textos e exemplos, discuta, converse.

PREDICADO VERBO-NOMINAL E PREDICATIVO DO OBJETO

PREDICADO VERBO-NOMINAL

- Leia um fragmento desta crônica de Walcyr Carrasco.

É proibido achar

[...]

Dois colegas de classe se encontraram trinta anos depois. Ambos com vida amorosa péssima, casamento desfeito. Com a sinceridade que só a passagem do tempo permite, ele desabafou:

— Eu era apaixonado por você naquela época. Mas nunca me abri. Achei que você não ia querer nada comigo. Ela suspirou, arrasada.

— Eu achava você o máximo! Como nunca se aproximou, pensei que não tinha atração por mim!

Os dois se encararam arrasados. E se tivessem namorado? Talvez a vida deles fosse diferente! É óbvio, poderiam tentar a partir de agora. Mas o que fazer com os trinta anos passados, a bagagem de cada um?

Quando alguém me diz:

— Eu acho que...

Respondo:

— Não ache, ninguém perdeu nada.

[...]

WALCYR CARRASCO. Disponível em: <http://mod.lk/oap6m>. Publicado em: 14 maio 2010. Acesso em: 12 abr. 2018. (Fragmento).

a) É possível estabelecer uma relação de coerência entre o trecho lido e o título da crônica?

b) Considerando o título e o fragmento lido, o que podemos inferir sobre o restante do conteúdo da crônica?

c) Na frase "Eu era apaixonado por você naquela época.", qual é o sujeito e qual característica é atribuída a ele?

d) Qual verbo liga a característica ao sujeito? Classifique o predicado da oração, aponte seu núcleo e a classe gramatical a qual pertence.

e) Em "Dois colegas de classe se encontraram trinta anos depois.", o verbo é de ação ou de ligação? O predicado é o mesmo que você apontou no item anterior? Qual é o núcleo?

f) Encontre no trecho duas orações: uma cujo núcleo seja nominal e outra cujo núcleo indique uma ação. Aponte-os.

PREDICADO VERBO-NOMINAL

Os predicados são classificados conforme a natureza de seu núcleo.

- **Predicado nominal**, em que o núcleo é um nome (substantivo, adjetivo, pronome, numeral ou palavra substantivada). Exemplo: "*Talvez a vida deles fosse diferente!*". (núcleo: **diferente**)

- **Predicado verbal**, em que o núcleo é um verbo de ação ou uma locução verbal. Exemplo: "*Com a sinceridade que só a passagem do tempo permite [...]*". (núcleo: **permite**)

Há ainda um tipo de predicado que tem dois núcleos: um de natureza verbal e outro de natureza nominal. Por conta disso, chama-se **predicado verbo-nominal**. Há dois modos de formá-lo:

- com verbo de ação + predicativo do sujeito:

Os dois se abraçaram felizes."
núcleo verbal   núcleo nominal

- com verbo de ação + predicativo do objeto:

A moça achava o colega simpático.
núcleo verbal   núcleo nominal

O predicativo do objeto refere-se a um objeto; no predicado acima, o *colega* é o objeto e tem como predicativo do objeto o termo *simpático*.

> O predicado que possui dois núcleos, um de natureza verbal (verbo de ação) e outro de natureza nominal (predicativo do sujeito ou predicativo do objeto), chama-se **predicado verbo-nominal**.

PREDICATIVO DO OBJETO

- Leia mais um trecho da crônica "É proibido achar".

[...]

Solto faíscas que nem um fio desencapado ao ouvir o verbo "achar" em qualquer conjugação. É um perigo achar. Não no sentido de expressar uma opinião, mas de supor alguma coisa. Tenho trauma, é verdade! Tudo começou aos 9 anos de idade. Durante a aula, fui até a professora e pedi:

— Posso ir ao banheiro?

Ela não permitiu. Agoniado, voltei à carteira. Cruzei as pernas. Cruzei de novo. Torci os pés. Impossível escrever ou ouvir a lição. Senti algo morno escorrendo pelas pernas. Fiz xixi nas calças! Alguém gritou:

— Olha, ele fez xixi!

Dali a pouco toda a classe ria. E a professora, surpresa:

— Ih... eu achei que você pediu para sair por malandragem!

[...]

WALCYR CARRASCO. Disponível em: <http://mod.lk/oap6m>. Publicado em: 14 maio 2010. Acesso em: 12 abr. 2018. (Fragmento).

a) Segundo o autor, achar é perigoso em qual circunstância? Por quê?

b) Volte à resposta que você deu ao item **b** da página anterior. Sua resposta tem fundamento?

c) Coloque a frase "É um perigo achar." na ordem direta, ou seja, sujeito + verbo + + complemento. Nesse contexto, o verbo *achar* exerce qual função? Qual palavra o caracteriza e como ela é classificada? Qual o tipo de predicado dessa oração?

d) Em "Agoniado, voltei à carteira.", temos o mesmo predicado que o apontado no item anterior?

e) Em "Eu achava você o máximo!", o adjetivo *máximo* qualifica o sujeito *eu* ou o objeto direto *você*?

f) Como ficará o sentido da oração se o adjetivo *máximo* for suprimido?

PREDICATIVO DO OBJETO

Na língua, temos diferentes maneiras de apresentar os adjetivos e outras palavras que ajudam nas caracterizações em um texto. Podemos apenas relacioná-los diretamente aos nomes (substantivos) do texto, sem a intermediação de um verbo; também podemos atribuí-los ao sujeito por meio de um verbo de ligação, e, às vezes, por meio de um verbo de ação, entre outras formas. Em cada um desses arranjos, os adjetivos ou outras classes de palavras que ajudam na caracterização receberão uma classificação sintática diferente.

Vejamos agora como atribuir características ou modos de ser ao **objeto** de um verbo:

Encontrei-o ainda chateado anos depois do equívoco.
objeto direto — predicativo do objeto

Chamavam-lhe radical em suas convicções.
objeto indireto — predicativo do objeto

Evidentemente, o predicativo do objeto só pode ocorrer com verbos transitivos.

> O termo da oração que atribui uma característica, um estado ou modos de ser ao objeto direto ou indireto chama-se **predicativo do objeto**.

ORGANIZAR O CONHECIMENTO

O QUE VOCÊ JÁ SABE?

Agora, você já é capaz de...	Sim	Não	Mais ou menos
... perceber que o predicado verbo-nominal é formado por dois núcleos?	☐	☐	☐
... caracterizar o predicativo do objeto?	☐	☐	☐

*Se você marcou não ou mais ou menos, retome a leitura de **Predicado verbo-nominal e predicativo do objeto**.*

Tipos de predicado
- **Predicado nominal:** o núcleo é um nome (substantivo, adjetivo, pronome, numeral ou palavra substantivada).
- **Predicado verbal:** o núcleo é um verbo de ação ou uma locução verbal.
- **Predicado verbo-nominal:** possui dois núcleos (um de natureza verbal e outro de natureza nominal).

Tipos de predicativo
- **Predicativo do sujeito:** atribui características, estados ou modos de ser ao sujeito.
- **Predicativo do objeto:** atribui características, estados ou modos de ser ao objeto e um verbo transitivo.

ATIVIDADES

ATITUDES PARA A VIDA

Ao responder às questões, busque exatidão e precisão para garantir que você entendeu o que estudou.

1. Leia as quatro manchetes a seguir.

Texto A

Aumentos na gasolina e no diesel deixam motoristas indignados

Disponível em: <http://mod.lk/ud29o>. Acesso em: 18 maio 2018.

Texto B

Cansados de assaltos, moradores espalham avisos: "aqui tem ladrão"

Disponível em: <http://mod.lk/cqziu>. Acesso em: 18 maio 2018.

Texto C

Coldplay volta triste e romântico em novo disco

Disponível em: <http://mod.lk/0c8tu>. Acesso em: 18 maio 2018.

Texto D

Ministério da Saúde considera inadequado uso doméstico de inseticidas contra dengue

Disponível em: <http://mod.lk/dv258>. Acesso em: 18 maio 2018.

a) Copie de cada manchete a oração que contém predicado verbo-nominal e indique o núcleo nominal e o termo ao qual ele se refere (sujeito ou objeto).

b) Em uma das manchetes, o predicativo do sujeito aparece deslocado. Reescreva-a no caderno, colocando-o na posição mais habitual (logo depois do verbo). Depois, compare as duas frases e responda: que efeito o deslocamento do predicativo do sujeito provocou na manchete?

c) Veja esta outra frase: "Moradores, irritados, não suportam mais a falta de segurança no bairro". Nesse predicado verbo-nominal, qual é o predicativo do sujeito?

d) Por que se usou vírgula na manchete **B** e na frase do item **c**?

e) A posição do predicativo do sujeito, como você viu, pode variar. Essa possibilidade existe também no caso do predicativo do objeto? Explique sua resposta com base nos exemplos das manchetes acima.

2. Leia as frases e, observando o adjetivo em destaque, compare-as quanto ao sentido.

- **Mal-humorado**, o cirurgião atendeu o paciente.
- O cirurgião atendeu o paciente **mal-humorado**.
- O cirurgião, **mal-humorado**, atendeu o paciente.

a) O adjetivo destacado em cada frase refere-se ao cirurgião ou ao paciente?

b) Que tipo de predicado ocorre quando o adjetivo em destaque se refere ao cirurgião? Justifique.

c) Se o adjetivo se referir ao paciente, que tipo de predicado teremos? Explique.

d) Uma dessas três orações é ambígua. Escolha um dos sentidos possíveis e reescreva-a, eliminando a ambiguidade.

3. Leia a tira de Hagar.

a) Em sua opinião, Helga tem motivos concretos para estar preocupada com Hagar?

b) Podemos, portanto, inferir que Helga foi irônica com Hagar? Por quê?

c) Na frase "que o deixam gordo assim", o pronome **o** se refere a quem? Que função sintática o pronome tem nesse contexto?

d) Com base na sua resposta anterior, qual a função do adjetivo *gordo*?

e) Em seu caderno, elabore uma oração em que, supostamente, Helga resumiria a forma física de seu marido causada pelos maus hábitos alimentares. A oração deve seguir o modelo sujeito + verbo de ligação + + predicativo do sujeito.

4. Leia um excerto extraído de *Dom Casmurro*, de Machado de Assis.

> Escapei ao agregado, escapei a minha mãe não indo ao quarto dela, mas não escapei a mim mesmo. Corri ao meu quarto, e entrei atrás de mim. Eu falava-me, eu perseguia-me, eu atirava-me à cama, e rolava comigo, e chorava, e abafava os soluços com a ponta do lençol. Jurei não ir ver Capitu aquela tarde, nem nunca mais, e **fazer-me padre** de uma vez. Via-me já ordenado, diante dela, que choraria de arrependimento e me pediria perdão, mas eu, frio e sereno, não teria mais que desprezo, muito desprezo; voltava-lhe as costas. **Chamava-lhe perversa**. Duas vezes dei por mim mordendo os dentes, como se a tivesse entre eles.
>
> Da cama ouvi a voz dela, que viera passar o resto da tarde com minha mãe, e naturalmente comigo, como das outras vezes; mas, por maior que fosse o abalo que me deu, não me fez sair do quarto. Capitu ria alto, falava alto, como se me avisasse; **eu continuava surdo**, a sós comigo e o meu desprezo. [...]

MACHADO DE ASSIS. *Dom Casmurro*. Disponível em: <http://mod.lk/dvw8p>. Acesso em: 20 jun. (Fragmento).

a) O narrador da história, Bentinho, era apaixonado por Capitu. O que o excerto evidencia sobre o comportamento do narrador diante da presença da moça?

b) Que parte do excerto nos leva a pensar que Capitu sabia do poder que exercia sobre o narrador?

c) Das frases destacadas, qual delas demonstra o que Bentinho fazia para tentar se proteger do poder de Capitu? Que tipo de predicativo há na oração? Justifique sua resposta.

d) Agora observe os pronomes *me* e *lhe* presentes nas orações destacadas. A quem eles se referem? Qual a função sintática deles?

e) O que o substantivo *padre* e o adjetivo *perversa* atribuem aos pronomes *me* e *lhe*? Qual é a função sintática dessas palavras?

Mais questões no livro digital

TESTE SEUS CONHECIMENTOS

Para responder à questão a seguir, é preciso que você reconheça as diferentes estruturas de composição dos predicados das orações.

Leia atentamente as alternativas abaixo, responda às perguntas que acompanham cada uma delas e, por fim, indique a correta, isto é, a única cuja resposta seja **SIM**.

(UFU-MG)

"O sol entra cada dia mais tarde, pálido, fraco, oblíquo."

"O sol brilhou um pouquinho pela manhã."

Pela ordem, os predicados das orações acima classificam-se como:

a) nominal e verbo-nominal.

Na primeira oração, *entra* é verbo de ligação e a expressão *pálido, fraco, oblíquo* é predicativo do sujeito, e, na segunda, *brilhou* é verbo de ação e *pouquinho* é predicativo do sujeito?

b) verbal e nominal.

Na primeira oração, *entra* é verbo de ação e a expressão *pálido, fraco, oblíquo* é objeto direto, e, na segunda, *brilhou* é verbo de ligação e *pouquinho* é predicativo do sujeito?

c) verbal e verbo-nominal.

Na primeira oração, *entra* é verbo de ação e a expressão *pálido, fraco, oblíquo* é adjunto adverbial, e, na segunda, *brilhou* é verbo de ação e *pouquinho* é predicativo do sujeito?

d) verbo-nominal e nominal.

Na primeira oração, *entra* é verbo de ação e a expressão *pálido, fraco, oblíquo* é predicativo do sujeito, e, na segunda, *brilhou* é verbo de ligação e *pouquinho* é predicativo do sujeito?

e) verbo-nominal e verbal.

Na primeira oração, *entra* é verbo de ação e a expressão *pálido, fraco, oblíquo* é predicativo do sujeito, e, na segunda, *brilhou* é verbo de ação e *pouquinho* é adjunto adverbial?

Trilha de estudo
Vai estudar? Stryx pode ajudar!
<http://mod.lk/trilhas>

PRODUÇÃO DE TEXTO

INFOGRÁFICO

O que você vai produzir

Você vai produzir um infográfico. Seu trabalho será reunido com os de seus colegas em um só volume e ficará em exposição na biblioteca da escola.

NA HORA DE PRODUZIR

1. Siga as orientações apresentadas nesta seção. Seu texto deve ser coerente com a proposta.
2. Lembre-se de que você já leu e analisou textos do gênero que vai produzir. Se for o caso, retome o **Estudo do texto**.
3. Diante da folha em branco, persista. Nenhum texto fica pronto na primeira versão.

PLANEJAMENTO INICIAL

1. Sob a orientação do professor, reúna-se com alguns colegas.
2. Vocês devem produzir um infográfico para acompanhar outro texto ou para ser exibido sozinho.
3. O objetivo de vocês pode estar relacionado a fins didáticos ou à transmissão de informações relacionadas a uma notícia.
4. Vocês podem escolher o tema. É interessante que escolham um assunto sobre o qual já tenham algum conhecimento, para que saibam por onde começar a pesquisa.
5. O infográfico deve ocupar uma folha tamanho A3.

REUNIÃO DE PAUTA

1. Volte ao infográfico "Como são produzidos os infográficos" e releia o texto a respeito da reunião de pauta.
2. Reúna-se com seus colegas e determinem:
   a) o tema do infográfico;
   b) a abordagem adotada;
   c) as fontes de informação: livros, *sites*, entrevistas etc.
   d) as imagens que poderiam ser adequadas para esse infográfico. Lembre-se de que, se o infográfico abordar notícias, se tiver um objetivo relacionado ao jornalismo, essas imagens devem dar conta de responder às perguntas quem, o quê, quando, onde, como, por quê.

APURAÇÃO

1. Volte ao infográfico e releia o item (2) Apuração.
2. Definidas as fontes de informação, o grupo deve se dividir para fazer a pesquisa.
   a) Os alunos responsáveis pelas imagens devem selecioná-las ou organizar-se para produzi-las. Elas deverão ter uma qualidade razoável, para que os objetivos do infográfico não se percam.
   b) Aqueles que ficarem responsáveis por pesquisar em livros ou em *sites* não poderão apenas copiar as informações. Eles deverão resumi-las e organizá-las para que possam ser adequadamente expressas no infográfico.
   c) Se o grupo optar por fazer entrevistas, os responsáveis deverão contatar a pessoa a ser entrevistada e marcar a entrevista. No dia marcado, deverão comparecer com gravador ou outros recursos para que possam registrar as respostas. Terminada a entrevista, deverão selecionar as informações que poderão ser incluídas no infográfico.

REUNIÃO DE EDIÇÃO

1. Volte ao infográfico e releia o item (3) Reunião de edição.
2. Nesse momento, o importante é selecionar, entre todas as informações pesquisadas e as imagens preparadas, o que de fato será usado e de que forma isso será apresentado no infográfico.
3. Se quiserem, já podem fazer um esboço do infográfico. Ele servirá de referência para as próximas etapas.
4. Lembrem-se de prever um caminho de leitura, para que possam sugeri-lo aos alunos por meio de ilustrações e outros recursos gráficos.

MÃOS À OBRA

1. Volte ao infográfico e releia o item (4) Mãos à obra.
2. O importante nessa etapa é que todos estejam cientes de que o infográfico será o resultado de um trabalho em equipe. Assim, cada um deverá agir de acordo com o combinado, ou a produção poderá desandar. Qualquer mudança em relação ao combinado deve ser comunicada aos demais para que não haja conflitos e incoerências.
3. Aqueles responsáveis pelo texto final devem se lembrar de que:
   a) o título deve ser atraente e expressar adequadamente o tema do infográfico;
   b) o lide deve explicar as intenções com que o infográfico foi produzido;
   c) as frases devem ser sempre curtas e objetivas;
   d) o texto e a imagem precisam estar harmônicos, e o texto, portanto, não pode ocupar todo o espaço.
4. Aqueles responsáveis pelas imagens devem se lembrar de que:
   a) o tamanho das imagens deve ser proporcional ao tamanho estipulado para o infográfico;
   b) texto e imagem precisam estar harmônicos, e as imagens, portanto, não podem ocupar todo o espaço;
   c) as cores podem ajudar, mas é preciso cuidado para que não atrapalhem a leitura.

DE OLHO NA TEXTUALIDADE

Ao escrever o texto do infográfico, é provável que vocês sintam necessidade de explicar ao leitor leigo termos do vocabulário científico. Essa necessidade é bastante frequente no campo da divulgação científica, e existem vários recursos para atendê-la. Para examinar alguns exemplos, leia um trecho de um texto de divulgação científica sobre um animal pré-histórico que viveu no Brasil:

Mamífero saltava pelo centro do Brasil há mais de 140 milhões de anos

Brasilichnium é o nome dado pelos cientistas às pegadas fossilizadas do mamífero mais antigo de que se tem conhecimento que tenha vivido no Brasil.

O nome é dado às marcas, uma vez que sobre os pequenos quadrúpedes autores não se sabe quase nada, a não ser que habitavam o paleodeserto Botucatu, imensa área coberta por dunas de mais de 1 milhão de quilômetros quadrados que cobria o centro-sul do Brasil entre 150 e 140 milhões de anos atrás, na transição dos períodos Jurássico ao Cretáceo.

As pegadas foram preservadas em lajes de arenito, um tipo de rocha que originalmente era a areia das dunas. A espécie, ou melhor, a icnoespécie *Brasilichnium elusivum* (de "ichnos", que em grego quer dizer pegada), foi descrita em 1981 pelo missionário e paleontólogo italiano Giuseppe Leonardi [...].

UOL. Disponível em <http://mod.lk/druni>. Acesso em: 11 jun. 2018.

▶ Observe que os trechos em roxo e em azul explicam, respectivamente, os termos *paleodeserto Botucatu* e *arenito* – provavelmente desconhecidos pelo leitor comum.

Além de acrescentar essas explicações, outro recurso é mencionar uma palavra do cotidiano, mesmo que não seja a mais tecnicamente correta, e em seguida substituí-la pelo termo específico. É o que o autor do texto acima faz na última frase do fragmento:

• Usa termo comum, conhecido do leitor.

• Insere expressão que indica correção, como "ou melhor" ou "quer dizer".

• Por fim, o autor utiliza o termo tecnicamente correto, explicando seu significado.

"**A espécie, ou melhor,** a **icnoespécie** Brasilichnium elusivum (de "ichnos", que em grego quer dizer pegada), foi descrita em 1981 [...]".

APROVAÇÃO E PUBLICAÇÃO

1. Volte ao infográfico e releia o item (5) Aprovação e publicação.

2. O grupo todo deve se reunir e verificar se tudo correu como o combinado e se há correções a fazer. Nessa etapa, podem se orientar por esta ficha:

Aspectos importantes em relação à proposta e ao sentido do texto
Infográfico
1. O infográfico apresenta título e lide?
2. O texto está claro, objetivo e apresenta as informações necessárias? As frases são curtas?
3. Os dados apresentados estão corretos?
4. Há harmonia entre imagem e texto verbal?
5. Há uma sugestão de caminho de leitura?
6. Os blocos de informação são independentes?
7. A linguagem está de acordo com as normas urbanas de prestígio?
Aspectos importantes em relação à ortografia, à pontuação e às demais normas gramaticais
1. Está livre de problemas de ortografia relacionados a regras já estudadas?
2. Está com a pontuação correta?
3. Está com os acentos usados de forma correta?
4. Está livre de problemas de concordância entre as palavras?

3. Em seguida, o infográfico deve ser corrigido e finalizado.

4. Sob a orientação do professor, reúnam os infográficos em um só volume e deem um título a ele.

5. Se o professor achar adequado, pode também ser feita uma exposição de infográficos na escola. Para isso, é necessário:
   a) selecionar um local para a exposição;
   b) escolher a data ou o período em que ela acontecerá;
   c) produzir e distribuir convites para a exposição;
   d) preparar o local para fixar os infográficos a serem exibidos.

ATITUDES PARA A VIDA

Observe o cartaz do filme *Extraordinário* (Estados Unidos, 2017), do diretor Stephen Chbosky. Leia também o boxe "Saiba mais" e o trecho reproduzido a seguir.

SAIBA +

O filme *Extraordinário* conta a história de Auggie, garoto que nasceu com uma síndrome genética que o fez passar por 27 cirurgias plásticas de reconstrução facial que o ajudaram a respirar, a deglutir e a ouvir. Aos dez anos de idade, pela primeira vez, frequentará uma escola, ingressando no quinto ano do Ensino Fundamental. Você pode assistir ao *trailer* oficial aqui: <http://mod.lk/biwsn>.

— Todo mundo vai ficar olhando pra mim na escola — falei, começando a chorar.

— Querido — disse mamãe. Ela se virou para trás no banco do carona e segurou minha mão. — Você sabe que, se não quiser, não tem que fazer isso. Mas conversamos com o diretor da escola sobre você e ele quer muito conhecê-lo.

— O que disseram sobre mim?

— Falamos de como você é divertido, gentil e inteligente. Quando contei que você leu *O cavaleiro do dragão* aos seis anos, ele disse: "Uau! Tenho que conhecer esse garoto".

— Você disse mais alguma coisa? — perguntei.

Mamãe sorriu e seu sorriso foi como um abraço.

— Falei de todas as suas cirurgias e de como você é corajoso.

— Então ele sabe como eu sou?

— Bem, levamos fotos do último verão em Montauk — disse o papai. — Mostramos fotos de toda a família. E aquela ótima, que tiramos de você segurando aquele linguado no barco!

— Você foi à escola também?

Devo confessar que fiquei um pouco desapontado por saber que ele tinha feito parte daquilo.

— Sim. Nós dois conversamos com ele — falou o papai. — É um homem muito bom.

— Você ia gostar dele — acrescentou a mamãe.

De repente eu senti que eles estavam do mesmo lado.

— Esperem. Quando vocês se encontraram com ele?

— Ele nos levou em um passeio pela escola no ano passado — respondeu a mamãe.

— *Ano passado?* — perguntei. — Então faz um ano inteiro que vocês vêm pensando nisso e não me disseram nada?

— Nem sabíamos se você seria aceito, Auggie — falou ela. — É difícil entrar nessa escola. Há um longo processo de admissão. Não vi sentido em lhe contar e deixá-lo animado sem necessidade.

— Mas você está certo, Auggie. Devíamos ter lhe contado no mês passado, quando soubemos que você foi aprovado — disse o papai.

— Pensando bem — completou ela com um suspiro — é, devíamos.

— Aquela moça que foi lá em casa naquela vez tinha alguma coisa a ver com isso? — perguntei. — Aquela que me passou um teste?

— Na verdade, tinha — confessou a mamãe, parecendo culpada.

— Você disse que era um teste de QI.

[...]

— Não quero ir para a escola — declarei, cruzando os braços.

— Seria bom pra você, Auggie — disse a mamãe.

— Talvez no ano que vem — sugeri, olhando pela janela.

— Este ano seria melhor, filho — insistiu ela. — Sabe por quê? Porque você vai entrar para o quinto ano, e muitas crianças vão ter mudado de escola. Vai ser diferente para todo mundo. Você não seria o único aluno novo.

— Vou ser o único aluno que é como eu sou — rebati.

— Não estou dizendo que não vai ser um grande desafio, porque você sabe que isso não é verdade. Mas vai ser bom, Auggie. Você vai fazer muitos amigos. E vai aprender coisas que eu jamais conseguiria lhe ensinar.

R. J. PALACIO. *Extraordinário*.
Rio de Janeiro: Intrínseca, 2013. p. 18-20.

ATITUDES PARA A VIDA

1. Descreva o que você vê no cartaz do filme. Você acha que o cartaz e o fragmento do livro se relacionam entre si? Por quê? Explique sua resposta.

> Você já reparou o quanto somos diferentes uns dos outros? É isso o que nos faz únicos, com histórias e características próprias. A diferença não deve ser motivo de segregação, mas de aproximação.

2. Indique, no trecho, passagens que demonstram como os pais encaminharam a ida do filho à escola pela primeira vez. De que forma eles agiram? Foram atenciosos, flexíveis, precavidos? Ou o contrário?

3. Das atitudes listadas abaixo, quais delas você relacionaria ao cartaz do filme e ao fragmento lido? Justifique suas escolhas.

	Persistir
	Controlar a impulsividade
	Escutar os outros com atenção e empatia
	Pensar com flexibilidade
	Esforçar-se por exatidão e precisão
	Questionar e levantar problemas
	Aplicar conhecimentos prévios a novas situações
	Pensar e comunicar-se com clareza
	Imaginar, criar e inovar
	Assumir riscos com responsabilidade
	Pensar de maneira interdependente

4. Agora compartilhe suas escolhas com os colegas. Vocês escolheram as mesmas atitudes? Que aspectos você e eles levaram em consideração para responder à atividade 3? Conversem sobre isso.

> Quando respeitamos as diferenças, acabamos por desenvolver nossa capacidade de empatia e entendemos os sentimentos e emoções daqueles com os quais convivemos.

5. Durante a produção do infográfico, na seção anterior, você utilizou algumas das atitudes indicadas anteriormente? Quais e em que momentos? E por que foi importante aplicar essas atitudes nas situações mencionadas?

6. Levando em conta que o infográfico produzido foi o resultado de um trabalho em equipe, escolha duas atitudes que, em sua opinião, melhor se relacionam a essa experiência. Justifique sua resposta.

7. A condição facial de Auggie o fez sofrer *bullying* na escola. Se as atitudes que você escolheu na atividade anterior fossem empregadas pela escola de Auggie, você acha que a realidade dele teria sido diferente? Se sim, justifique sua resposta. Se não, escolha outras atitudes indicadas na atividade 3 que evitariam situações de preconceitos como as vividas pelo garoto.

A palavra *bullying* (de *bully* = tirano, brutal) pode ser entendida como atos de violência física ou psicológica, intencional e repetidamente, que causam dor, medo e angústia. Para evitar esse tipo de comportamento é importante refletir sobre nossos atos e o das pessoas que nos cercam, e condenar ações que levem à prática desse tipo de violência.

AUTOAVALIAÇÃO

Na segunda coluna (item 1) da tabela abaixo, marque com um X as atitudes que foram mais mobilizadas por você na produção de texto desta unidade.

Na terceira coluna (item 2), descreva a forma como você mobilizou cada uma das atitudes marcadas. Por exemplo: *Pensar com flexibilidade: Pesquisei diversas alternativas e considerei sugestões e opções para solucionar problemas difíceis.*

Use o campo *Observações/Melhorias* para anotar o que você acha que pode ser melhorado tanto nos trabalhos a serem desenvolvidos nas próximas unidades como em outros momentos de seu cotidiano.

Atitudes para a vida	1. Atitudes mobilizadas	2. Descreva a forma como mobilizou a atitude assinalada
Persistir		
Controlar a impulsividade		
Escutar os outros com atenção e empatia		
Pensar com flexibilidade		
Esforçar-se por exatidão e precisão		
Questionar e levantar problemas		
Aplicar conhecimentos prévios a novas situações		
Pensar e comunicar-se com clareza		
Imaginar, criar e inovar		
Assumir riscos com responsabilidade		
Pensar de maneira interdependente		
Observações/Melhorias		

PROJETO EM EQUIPE

POR UM MUNDO MELHOR

O que você vai aplicar do que aprendeu:

- como elaborar textos predominantemente expositivos;
- como usar infográficos para apresentar informações.

O que você vai aprender:

- como preparar material de apoio para um seminário;
- a estrutura de um seminário;
- algumas técnicas de oratória.

VISÃO GERAL — O QUE VAMOS FAZER

Você provavelmente já leu ou ouviu falar sobre sustentabilidade.

Segundo o Relatório Brundtland, documento produzido pela Comissão Mundial sobre Meio Ambiente e Desenvolvimento divulgado em 1987, sustentabilidade é "suprir as necessidades da geração presente sem afetar a habilidade das gerações futuras de suprir as suas". Para conhecer mais sobre esse tema tão importante, disseminar tal conhecimento e conscientizar pessoas da escola e da comunidade, vamos organizar um Ciclo de Seminários sobre Sustentabilidade.

Preparem-se bem, pois poderão estar na plateia seus familiares, colegas de outras turmas, professores e funcionários da escola.

VAMOS ORGANIZAR O TRABALHO

- Reúnam-se em grupos sob a orientação do professor e discutam estas questões:

   a) Vocês sabem o que é um seminário? Qual é seu objetivo? Em que situações e espaços ele costuma se realizar?

   b) Vocês já assistiram ou participaram de algum seminário? Como foi a experiência?

VAMOS ORGANIZAR O TRABALHO E PREPARAR A PESQUISA

Reúnam-se em grupos sob a coordenação do professor. Dentro do tema geral do Ciclo de Seminários — a sustentabilidade —, cada grupo abordará livremente algum aspecto relacionado ao subtema que escolher.

Por exemplo, se o seu grupo optar pelo subtema água, poderá tratar sobre poluição e preservação, consumo consciente ou outro aspecto que julgar relevante. Vejam algumas sugestões de subtemas no quadro a seguir.

| Água | Lixo urbano | Meio ambiente |
| Alimento | Consumo consciente | Mobilidade |

Para evitar a insegurança na hora de apresentar o seminário e de responder às perguntas, é necessário preparar-se muito bem — o que começa com um amplo estudo do assunto. Quanto mais você dominar o conteúdo a ser exposto, mais seguro vai se sentir durante a apresentação.

Os primeiros passos serão, então, levantar questões sobre o tema e realizar uma extensa pesquisa na internet e/ou na biblioteca. Vejam abaixo os procedimentos para pesquisa.

Durante o levantamento de informações, selecionem pelo menos um texto com dados ou estatísticas que vocês possam usar para a confecção de uma tabela.

Roteiro para pesquisa

1. Formular perguntas sobre o tema.
2. Definir as fontes de informação, como *sites*, livros, revistas ou jornais. Sugerimos algumas fontes:
   - www.akatu.org.br
   - www.nossasaopaulo.org.br
   - www.undp.org.br
   - www.mma.gov.br
   - www.unesco.org.br
   - www.ads.am.gov.br
   - www.greenpeace.org/brasil/pt/
   - www.ibama.gov.br
3. Escolher palavras-chave para busca na internet, se for o caso.
4. Selecionar as informações levando em conta a confiabilidade da fonte.
5. Resumir e organizar as informações que respondem às perguntas formuladas.

PROJETO EM EQUIPE

VAMOS PREPARAR OS MATERIAIS DE APOIO E DE DIVULGAÇÃO

Um problema comum em seminários escolares é a dificuldade da plateia para acompanhar o raciocínio dos expositores, ou mesmo para estar atenta e concentrada na exposição. Uma maneira de amenizar tais problemas é preparar materiais de apoio.

Quando tiverem chegado ao quinto passo da pesquisa, isto é, ao momento de resumir e organizar as informações encontradas, preparem um texto expositivo. Esse texto não deverá ser lido durante o seminário, mas servirá de base para confeccionar os materiais de apoio e para os expositores recordarem o que devem falar e em que ordem.

Cada grupo vai preparar os seguintes materiais de apoio:

- um painel, com as principais informações do seminário expressas em frases curtas. Lembrem que todos no auditório devem conseguir enxergar o painel, portanto, ele deve ser feito em uma folha de papel grande, com letras bem visíveis. Conforme a estrutura disponível na escola, vocês podem usar, em vez do painel, um *software* para apresentações eletrônicas, uma lousa digital ou outras tecnologias;

- uma ou mais tabelas, que devem ser inseridas no painel (ou na apresentação eletrônica) e ficar bem legíveis. (Dica: o professor de Matemática pode ajudá-los nessa parte.);

- um resumo para ser fotocopiado e entregue aos convidados, composto do título do seminário, do nome dos alunos e de uma síntese das informações na ordem em que serão expostas. Não deve ultrapassar uma página! Pode ser também um infográfico;

- sob a coordenação do professor, preparem também materiais para divulgar o Ciclo de Seminários, como cartazes para afixar na escola e convites para distribuir a amigos e familiares.

VAMOS CONHECER A ESTRUTURA DE UM SEMINÁRIO E ALGUMAS TÉCNICAS DE ORATÓRIA

A esta altura, vocês já estudaram bastante sobre o tema e prepararam os materiais de apoio. Agora, para garantir o sucesso do evento, só falta organizar a apresentação e ensaiá-la várias vezes.

A seguir, são dadas as orientações para a realização do seminário, que se compõe de três partes principais: abertura, desenvolvimento e encerramento. As ilustrações das páginas a seguir trazem exemplos de frases que podem ser utilizadas e algumas técnicas de oratória (a arte de falar bem em público), a fim de deixar a apresentação mais interessante e didática. As sugestões relativas a essas técnicas aparecem destacadas nos balões.

ABERTURA

- Saúdem o público.
- Indiquem os tópicos que serão expostos e em que ordem.
- Atenção aos tempos verbais: nessa parte, usem o futuro.

DESENVOLVIMENTO

- Fazer perguntas ao público — Essa técnica tem várias funções: atrair a atenção do público, verificar o que ele já sabe sobre o assunto, confirmar se todo mundo está entendendo...
- Usem palavras que indiquem a relação entre as ideias: portanto, mas, apesar de, então etc.
- Façam uma transição adequada entre a fala de um colega e a de outro.
- Durante a exposição em si, usem verbos no presente.
- Explicar palavras novas ou difíceis — Lembrem-se de que estarão na plateia colegas de outras turmas, inclusive mais novos, por isso vocês precisam usar uma linguagem acessível a todos.
- Façam referência aos materiais de apoio.
- Usem termos que marquem a sequência do pensamento: em primeiro lugar, em segundo lugar, além disso, por fim etc.
- Apresentar exemplos — Eles deixam a explicação mais clara e interessante.

> Este seminário será apresentado pelo João, pela Fernanda e por mim, Flávia, alunos do 8º ano B. Nosso tema será o lixo urbano.

> Primeiro, o João vai expor o problema do lixo na nossa cidade. Depois, a Fernanda vai falar sobre as alternativas criadas para lidar com esse problema. No fim, eu vou explicar como diminuir esse problema com atitudes simples no dia a dia.

> Então, agora o João vai tomar a palavra.

> Bom dia, pessoal! Vocês sabem para onde vão todos os detritos que depositamos nas nossas latas de lixo todos os dias? Bem, depois que os coletores recolhem os sacos de lixo...

ENCERRAMENTO

- Agradeçam ao público.

VAMOS ENSAIAR A APRESENTAÇÃO E REALIZÁ-LA

Agora que vocês já conhecem a estrutura do seminário e algumas técnicas para deixá-lo mais interessante e didático, basta ensaiar muitas vezes. De preferência, gravem os ensaios para poder discutir depois o que ficou bom e o que pode ser melhorado.

No dia do evento, vocês estarão bem preparados e provavelmente farão uma boa apresentação. Ouçam com atenção e gentileza os comentários e as dúvidas do público. Se não souberem responder a alguma pergunta, anotem-na para pesquisar depois e dar a resposta ao convidado em outra ocasião.

PARA SE PREPARAR PARA A PRÓXIMA UNIDADE

Na próxima unidade, você vai analisar e produzir textos fundamentais para a atuação de cidadãos na vida pública: a notícia e a ideia legislativa. A seguir, separamos alguns *links* para ajudar você a se preparar para este estudo.

> Pesquise, em mídias impressas e virtuais, por notícias em que pessoas estejam lutando para ter algum direito garantido. Depois, compartilhe com seus colegas o resultado de sua busca.

1 Como são criadas as leis em um sistema democrático como o Brasil? Quais são os processos envolvidos para que uma lei entre vigor? As respostas a essas perguntas podem ser conferidas neste vídeo: <http://mod.lk/yqviz>.

2 Segundo o artigo 53 do ECA, todas as crianças e adolescentes têm direito à educação. Mas, infelizmente isso não acontece. Conheça essa história que será aprofundada na próxima unidade: <http://mod.lk/rcbci>.

3 Você sabia que propostas feitas por cidadãos comuns podem virar lei? Assista à reportagem sobre esse assunto que será abordado na próxima unidade: <http://mod.lk/nfk48>.

4 **Adjunto adnominal e adjunto adverbial**
Este objeto digital aborda adjuntos adnominais e adverbiais. Acesse: <http://mod.lk/aau2o>.

O QUE VOCÊ JÁ SABE?

Até este momento, você seria capaz de...	Sim	Não	Mais ou menos
... explicar como e por quem as leis são criadas em nosso país?	☐	☐	☐
... reconhecer a importância de se respeitar as diferenças individuais?	☐	☐	☐
... entender que conhecer as leis é importante na construção de argumentos para garantir seus direitos?	☐	☐	☐

De acordo com o conteúdo do objeto digital *Adjunto adnominal e adjunto adverbial*, você seria capaz de...	Sim	Não	Mais ou menos
... definir adjuntos adnominais e adverbiais?	☐	☐	☐
... compreender que classes de palavras podem formar adjuntos adnominais?	☐	☐	☐
... identificar as circunstâncias que podem indicar os adjuntos adverbiais?	☐	☐	☐

UNIDADE 4

IGUAIS PERANTE A LEI

ESTUDO DA IMAGEM

- Analise a imagem, o boxe "Saiba mais" e converse com os colegas sobre as questões a seguir.

    a) O que pode significar um coração cheio de pássaros que nunca se deu bem com gaiolas?

    b) Você acha difícil as pessoas se sentirem livres de verdade e poderem ser quem elas realmente são? Por quê? Quais seriam as barreiras enfrentadas?

O articulador cultural Sérgio Vaz, em São Paulo, em 2014.

EM FOCO NESTA UNIDADE

- Notícia
- Adjunto adnominal e adjunto adverbial
- Produção: ideia legislativa

SAIBA +

Sérgio Vaz nasceu em 1964 em Ladainha (MG). Mudou-se para São Paulo ainda criança. Há 12 anos, com a ajuda de amigos, organizou o Sarau da Cooperifa (Cooperativa Cultural da Periferia), e até hoje, toda quarta, pessoas da comunidade local e de outros bairros se reúnem ali para ler, falar e cantar poesia. Segundo Sérgio Vaz: "Quando fazemos nossa literatura, somos protagonistas, podamos o atravessador. É a nossa vez. É a caça que conta a história. Quando as pessoas leem um livro, meu ou de outro autor da periferia, elas se identificam, sentem-se representadas. [...] Hoje, conquistamos o direito — que antes foi negado — de contar nossas histórias. [...] Na Cooperifa, fazemos resistência cultural."

Escrevendo o futuro. Disponível em: <http://mod.lk/oxnt7>. Acesso em: 18 maio 2015. (Fragmento).

LEITURA

CONTEXTO

A luta pela igualdade ganha força quando os cidadãos começam a se valer dos direitos garantidos por leis. Independentemente da raça, orientação sexual, religião ou condição social, os brasileiros estão debaixo das mesmas leis que regem o país, mas nem sempre todos são respeitados. Nas notícias a seguir, você vai conhecer pessoas que buscaram por seus direitos para ter acesso a uma educação digna no Brasil.

ANTES DE LER

1. Você acredita que atualmente há pessoas que sofrem discriminação e são impedidas de efetivar matrícula em escolas no Brasil? Se sim, por que isso acontece?

2. Se você vivesse uma situação como essa, o que faria?

3. E se você estivesse no papel da escola? Qual seria sua atitude?

Texto A

Adolescente trans tem matrícula garantida após escola recusar inscrição na PB

Colégio negou matrícula de aluno em janeiro.
Com apoio da Defensoria Pública do Estado, inscrição foi realizada.

Após ter matrícula negada por uma escola particular de João Pessoa, a mãe de um adolescente transgênero conseguiu assegurar a matrícula do filho com ajuda da Defensoria Pública do Estado da Paraíba.

"Meu filho, pelo simples fato de ser trans, foi rejeitado, e me foi gentilmente sugerido que eu procurasse outra escola", relatou a mãe do adolescente.

De acordo com a Defensoria Pública do Estado, a mãe do adolescente procurou a escola onde o filho já havia estudado durante 2014, 2015 e 2016 para fazer a matrícula, mas o ingresso do aluno foi negado.

O adolescente nasceu biologicamente com o sexo feminino, mas se identifica com o gênero masculino. Apenas com a intervenção da defensora pública Remédios Mendes, que é coordenadora do Núcleo LGBT da Defensoria Pública do Estado, a matrícula foi efetivada com a adoção de medidas pertinentes, como uso de banheiro e do nome escolhido pelo adolescente.

Segundo Remédios Mendes, a recusa do colégio particular em efetivar a matrícula de um adolescente trans é um desrespeito à lei estadual n. 7.309,

---

Glossário

Defensoria Pública: órgão que garante a todos os cidadãos direito e defesa perante a justiça.

LGBT: sigla referente a Lésbicas, *Gays*, Bissexuais e Transexuais.

Notadamente: especialmente.

Perversidade: maldade.

atualizada pela Lei n. 10.909/207 e Decreto n. 27.604/206. "Por isso que fiz questão de ir pessoalmente dialogar com a escola, solicitando a adoção das providências e medidas administrativas que a situação exigia, **notadamente**, no que dizia respeito à realização, imediata, da matrícula do estudante", comentou a defensora pública.

"A escola me fez um pedido de desculpas e disse que tudo não passou de um grande mal-entendido. Na verdade, sei que eles caíram na real. Perceberam que tinham feito algo grave e temeram as consequências. Pensaram que eu iria me calar, que culparia meu filho", destacou a mãe do estudante.

A mãe do adolescente lembra ainda que as notas do filho sempre foram excelentes na escola e que ele recebia no boletim uma identificação de que era um "orgulho" para o colégio. "Quando o fato aconteceu na escola, me senti perdida, desorientada, sem saber onde me socorrer, porque o que aconteceu me deixou destruída", comentou.

O adolescente já havia saído de uma escola porque assumiu sua nova identidade de gênero e não foi aceito no time masculino. "Ele tinha ficado muito triste quando contei que teria que ir pra outra escola, mas vi o rosto do meu filho se iluminar quando eu disse que lutaria por seus direitos", declarou a mãe.

G1 PB. Disponível em: <http://mod.lk/d3qa4>. Acesso em: 26 mar. 2018.

Texto B

Racismo: Izabel escutou que cabelo do filho não era 'adequado' para escola

Caso aconteceu em agosto de 2013, instituição e diretora foram multadas em R$106 mil.

Era final de agosto de 2013 quando a administradora financeira Izabel Neiva foi pega de surpresa. No caderno de Lucas Neiva, seu filho de apenas oito anos, havia um comunicado enviado pelo colégio [...] onde o garoto estudava à época. A mensagem, assinada pela diretora [...], pedia para que a mãe desse um corte "adequado" aos cabelos de Lucas.

Não foi a primeira vez que Izabel viu a **perversidade** do racismo – ela conta que seu companheiro é alvo constante de preconceito. "Já aconteceu de a gente estar sacando dinheiro e a polícia perguntar se ele realmente era meu marido, se eu não estava sendo sequestrada", disse. Durante a infância, a administradora se achava feia por não ser branca e não ter os cabelos lisos. Agora, o preconceito se estendia, também, ao seu filho.

Ao questionar a atitude da diretora, Izabel recebeu como resposta que não era pessoal, e sim que "aquele tipo de cabelo não era utilizado pelos alunos da escola". A diretora alegou também que os cabelos de Lucas atrapalhavam os colegas do garoto a enxergarem a lousa. O colégio contava ainda com uma cartilha de instruções – um dos itens destacava que o colégio não aceitava estudantes com "cabelos extravagantes".

Izabel decidiu não pegar a tesoura. A resposta da escola veio poucos meses depois – em novembro, um aviso de rematrícula foi enviado aos pais de todos os alunos. Ela não recebeu. Ao buscar explicações, foi informada de que não havia mais vagas no colégio. Sem saber o que fazer, recebeu ajuda da mãe de outra aluna, que ligou para uma advogada. A orientação foi para que buscassem a delegacia mais próxima e **formalizassem** a denúncia de racismo.

A administradora conta que teve sorte ao registrar queixa, pois o atendimento que recebeu na delegacia foi uma das motivações que encontrou para seguir em frente. "Muitos funcionários não sabem como proceder", disse, chamando atenção para a falta de profissionais qualificados para acolher vítimas de racismo. Desde a abertura do **inquérito** até hoje, seguem-se dois anos de batalha judicial e desgaste emocional para Izabel e sua família.

Uma das maiores dificuldades que ela encontrou no meio do caminho foi a falta de apoio. "Você, de vítima, passa a ser vilã", conta, ressaltando que muitas pessoas não levam a sério as denúncias de racismo. Izabel chegou até a escutar que queria somente "aparecer" ao denunciar a situação pela qual Lucas havia passado. Por outro lado, a família recebeu ajuda da Coordenadora de Políticas para a População Negra do Estado de São Paulo, Elisa Lucas Rodrigues.

Foi somente no início deste ano que a Justiça deu a primeira resposta favorável à Izabel – no âmbito administrativo, diretora e escola foram multadas em cerca de R$ 106 mil, com base na lei estadual n. 14.187. [...]

Por mais que mãe e filho tenham se fortalecido, e ainda que a nova escola de Lucas o respeite, Izabel teme pelo futuro. "Meu filho, e se (o processo) não der em nada, o que você vai fazer quando crescer?", ela costuma perguntar. O garoto, ciente de toda a batalha que a família tem enfrentado, responde: "Eu vou fazer a mesma coisa que você fez."

KARINA MENEZES. *O Estado de S. Paulo*.
Disponível em: <http://mod.lk/ne5lh>. Acesso em: 26 mar. 2018. (Fragmento adaptado).

Glossário

Formalizassem: concretizassem, realizassem.

Inquérito: processo de investigação.

Izabel e o filho Lucas.

ESTUDO DOS TEXTOS

ANTES DO ESTUDO DOS TEXTOS

1. Se não tem certeza de ter compreendido bem os textos, leia-os novamente.
2. Procure identificar as ideias apresentadas nos textos e reflita: você concorda com elas? Por quê?
3. Ao responder às questões a seguir, procure empregar o que já aprendeu ao ler outros textos e seja preciso em suas respostas.

COMPREENSÃO DOS TEXTOS

SOBRE O TEXTO A

1. De acordo com a mãe do adolescente, a escola não tinha motivos para recusar a matrícula. Que trecho da reportagem mostra isso?

2. Em que argumentos a mãe se baseia para garantir a escolaridade do filho?

3. Os argumentos da mãe são suficientes para reverter a situação?

4. Qual a sua opinião sobre a atitude da mãe do adolescente?

5. Se você fosse pai ou mãe, agiria como essa mãe ou teria uma atitude diferente? Por quê?

6. Se você estivesse no lugar do adolescente, como se sentiria? Por quê?

7. Em sua opinião, por que a notícia não mencionou apenas que a mãe recorreu a leis que amparam o direito do filho, mas apresentou o número dessas leis?

8. Pesquise na internet a lei indicada na notícia, leia-a e identifique em que parte fica clara a ilegalidade da atitude da escola.

SOBRE O TEXTO B

1. Qual a importância de a notícia mencionar que a mensagem recebida pela mãe do garoto estava assinada pela diretora?

2. Em relação à mensagem enviada pela escola, qual das afirmações a seguir você acredita que **não** reflete a postura da escola?
    a) A escola reconhece um único corte de cabelo como apropriado para o ambiente escolar.
    b) A escola acredita que há cabelos adequados e não adequados para o ambiente escolar.
    c) A escola respeita a individualidade dos alunos, representada por suas características e/ou escolhas estéticas.

3. Por que Izabel decide denunciar a postura da escola?

4. Nesta notícia, vemos duas situações em que o racismo transparece de maneira velada. Quais são elas?

5. O colégio distribuía uma cartilha em que explicitava não aceitar alunos com cabelos extravagantes. Qual a sua opinião sobre a postura do colégio?

6. Que atitude da escola revela que ela rejeita o aluno? Qual a sua opinião sobre isso?

7. Qual a sua opinião sobre a atitude de Izabel, a mãe do aluno?

8. Que dificuldades ela encontra ao denunciar a escola?

9. Ao mencionar a lei que amparou a denúncia da mãe do aluno, que informação a notícia passa aos seus leitores? Por que isso é importante?

10. De acordo com a notícia, a denúncia da mãe do garoto está baseada na lei estadual 14.187, do Estado de São Paulo, aprovada em 19 de julho de 2010. Essa lei é fruto de um projeto de lei e apresenta as penalidades que devem ser aplicadas a quem pratica ato de discriminação racial. Consulte-a na internet e identifique o artigo que possibilitou a denúncia da mãe.

11. Que outros casos de racismo, tratados na lei, você já presenciou ou soube que aconteceram? Qual foi sua atitude diante deles?

DE OLHO NA CONSTRUÇÃO DOS SENTIDOS

SOBRE O TEXTO A

1. A respeito do trecho.

   > "Meu filho, pelo simples fato de ser trans, foi rejeitado, e me foi gentilmente sugerido que eu procurasse outra escola"

   a) Que parte desse trecho demonstra que a mãe acredita que o fato de o filho ser trans não é motivo para a escola recusar sua matrícula? Justifique.

   b) Pelo depoimento da mãe, a escola tentou evitar um confronto ao recusar a matrícula do adolescente. Que trecho mostra isso? Justifique.

   c) Nesse caso, em que houve uma gentil sugestão, podemos considerar que houve violência emocional com o estudante trans? Por quê?

2. Releia o trecho a seguir.

   > "Quando o fato aconteceu na escola, me senti perdida, desorientada, sem saber onde me socorrer, porque o que aconteceu me deixou destruída"

   a) Ao dizer que se sentiu *perdida*, que informação a mãe quer passar ao leitor?

   b) Ao dizer que se sentiu *destruída*, o que a mãe quer dizer?

3. Releia o trecho a seguir.

   > "Segundo Remédios Mendes, a recusa do colégio particular em efetivar a matrícula de um adolescente trans é um desrespeito à lei estadual n. 7.309, atualizada pela Lei n. 10.909/207 e Decreto n. 27.604/206. 'Por isso que fiz questão de ir pessoalmente dialogar com a escola, solicitando a adoção das providências e medidas administrativas que a situação exigia, notadamente, no que dizia respeito à realização, imediata, da matrícula do estudante', comentou a defensora pública."

   • Em "realização, imediata, da matrícula do estudante", que efeito de sentido a palavra *imediata* produz na solicitação da defensora pública?

4. A notícia divulga o nome da defensora pública que atua no caso, mas não menciona o nome do adolescente e de sua mãe, chamando-os de "o adolescente" e "a mãe".

   a) Por que os nomes deles não são mencionados?

   b) Que outro nome poderia ser usado para se referir ao adolescente?

5. Releia o trecho a seguir e responda às questões.

   > "'A escola me fez um pedido de desculpas e disse que tudo não passou de um grande mal-entendido. Na verdade, sei que eles caíram na real. Perceberam que tinham feito algo grave e temeram as consequências. Pensaram que eu iria me calar, que culparia meu filho', destacou a mãe do estudante."

a) A notícia é um gênero público e formal que requer, portanto, uma linguagem formal. Entretanto, no trecho lido, vemos o uso de gíria. Identifique-a.

b) Por que, nesse trecho, a gíria pode ser usada sem comprometer a linguagem apropriada à notícia?

6. Releia o trecho a seguir.

> "Ele tinha ficado muito triste quando contei que teria que ir pra outra escola, mas vi o rosto do meu filho se iluminar quando eu disse que lutaria por seus direitos."

a) A mãe usa uma expressão no sentido figurado. Que expressão é essa e qual seu significado?

b) Que outra expressão, literal ou figurada, poderia substituí-la?

SOBRE O TEXTO B

1. No texto B, há vários trechos entre aspas. Releia a notícia e identifique-os.

    a) As aspas têm a mesma função em todos os trechos em que aparecem? Por quê?

    b) Por que foram usadas aspas na palavra *adequado*?

2. Na alegação de que "aquele tipo de cabelo não era utilizado pelos alunos da escola", o termo "aquele tipo de cabelo" parece ser:

    a) Uma tentativa de não apontar abertamente características étnicas, que demarcariam claramente um discurso racista.

    b) Uma forma de não ofender o aluno.

    c) Uma maneira educada de se referir ao cabelo de alguém.

3. O que significa a frase "Izabel decidiu não pegar a tesoura."?

SOBRE OS TEXTOS A E B

1. Que semelhanças você vê entre as duas notícias trabalhadas nesta unidade?

2. Que tipo de argumento é usado em defesa dos alunos impedidos de se matricular?

3. Em sua opinião, por que as mães dos alunos envolvidos nos casos relatados nessas notícias decidiram divulgar os fatos e lutar pelos direitos dos filhos?

4. A lei que ampara o primeiro caso é de 2003 e passou por nova redação em 2017. A lei que ampara o segundo caso é de 2010. Ou seja, ambas são muito recentes. O que isso revela sobre os direitos das pessoas protegidas por essas leis?

5. Você pesquisou sobre as leis mencionadas nas duas notícias. Elas têm semelhanças? Quais?

A NOTÍCIA

1. Que fatos são apresentados nas duas notícias que você leu?

2. Compare os títulos das duas notícias.

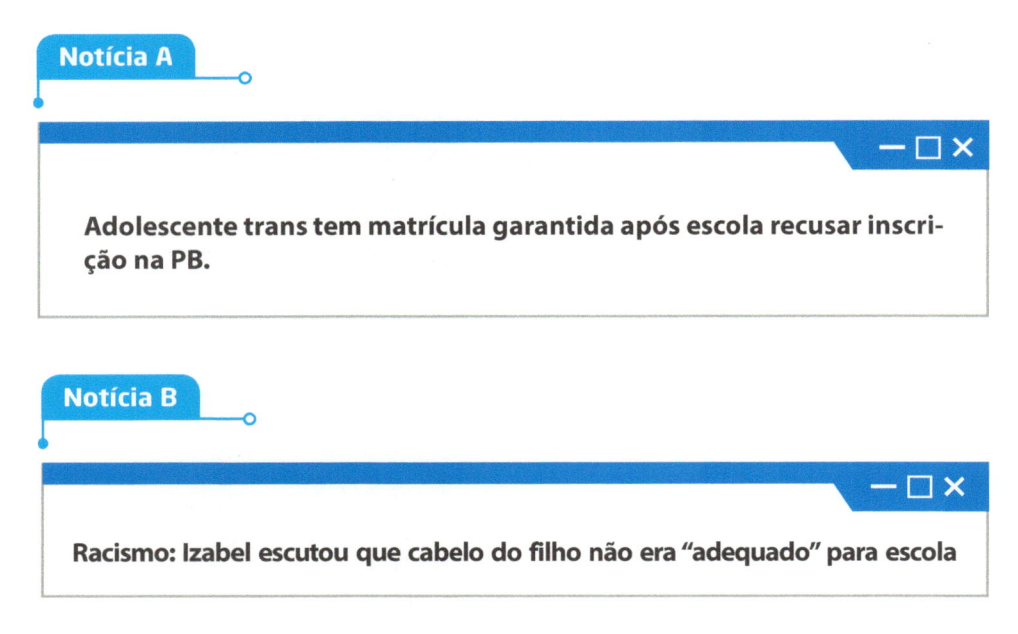

   Notícia A

   Adolescente trans tem matrícula garantida após escola recusar inscrição na PB.

   Notícia B

   Racismo: Izabel escutou que cabelo do filho não era "adequado" para escola

   a) Qual dos títulos apenas apresenta o fato ocorrido? Justifique sua resposta.

   b) Qual dos títulos apresenta uma análise do fato que será detalhado? Justifique sua resposta.

   c) Em sua opinião, qual dos títulos chama mais a atenção do leitor? Por quê?

3. As notícias A e B trazem uma linha fina – trecho que vem destacado logo abaixo do título e antes do texto da notícia propriamente.
   - Qual é a função dessa linha fina?

4. Releia o primeiro parágrafo de cada notícia. Ele se caracteriza como:
   a) Uma introdução ou contextualização do fato que será noticiado.
   b) Um breve resumo do fato noticiado, incluindo informações que permitem ao leitor situar o que acontece no tempo e no espaço.
   c) Uma proposição de reflexão pelo leitor sobre o fato que será apresentado.

5. Nas notícias lidas, você encontrou alguma opinião dos autores? Por que isso acontece?

6. Nessas notícias, são empregados adjetivos que qualificam o fato noticiado ou as pessoas envolvidas no fato? Por que isso acontece em textos de notícias?

7. A linguagem adotada nas notícias é:
   a) inteiramente formal.
   b) informal.
   c) uma mescla de formalidade e informalidade, dependendo de o trecho ser de autoria do jornalista ou do entrevistado.

O GÊNERO EM FOCO: NOTÍCIA

A **notícia** é o gênero mais importante de um jornal impresso ou virtual, pois trata de fatos ocorridos de interesse de uma população. Embora essas mídias apresentem outros gêneros, é a notícia que atrai a maioria dos leitores e proporcionam um diálogo entre elas: o noticiário televisivo pode indicar uma página virtual onde podem ser encontradas outras informações sobre um fato noticiado, por exemplo. Atualmente, com a internet, é possível atualizar as notícias praticamente em tempo real. Porém, nem tudo o que acontece é "noticiável". Para virar notícia, um fato precisa ter relevância para determinado grupo de pessoas.

De modo geral, as notícias focam no fato e nas condições do acontecimento, quem são os envolvidos, como aconteceu e onde aconteceu. Opiniões não devem entrar no texto da notícia, que deve buscar a máxima neutralidade possível. Por isso, palavras que expressem avaliação e julgamento, como os adjetivos, não são utilizadas nesse gênero.

O **título** da notícia apresenta uma ideia geral do fato noticiado. Em seguida, pode aparecer ou não uma **linha fina** complementando o título. Mas é o primeiro parágrafo – **lide** – que vai trazer um resumo do fato noticiado, informando, de modo geral, o que aconteceu, quando, com quem, como e onde. Mas pode ser que algum desses dados fique de fora.

Por fim, o **corpo da notícia** apresenta um detalhamento dos fatos, depoimentos de envolvidos e testemunhas e, às vezes, fatos que antecederam ou sucederam o fato noticiado, algum desdobramento ou desfecho etc.

Os títulos geralmente trazem verbos no presente, com a finalidade de aproximar o leitor. Mas no corpo da notícia o fato é apresentado com verbo no passado, pois se trata de fato já ocorrido.

A linguagem, além de imparcial, como já dissemos, deve ser formal, mas não excessivamente, a ponto de distanciar o leitor do texto. Por isso, pode acontecer de o texto apresentar tanto a linguagem formal quanto a informal. A informalidade geralmente é garantida pelos depoimentos orais de entrevistados, os quais são reproduzidos literalmente e indicados por aspas. Para cada depoimento apresentado na notícia, é indicado o nome do autor. Para isso, verbos que se referem às falas são comuns na notícia, tais como "afirmou" fulano, "desabafou" a vítima, "relatou" a testemunha etc.

E POR FALAR NISSO...

Quando os Estados Unidos ainda viviam a segregação racial, Ruby Bridges, uma garota de seis anos, foi a primeira criança negra a frequentar uma escola pública em Nova Orleans, em 1960. Os diversos protestos contra a integração de brancos e negros obrigaram a garota a ir para a escola escoltada por policiais. O fato chamou a atenção do pintor Norman Rockwell, que imortalizou esse momento numa das pinturas mais conhecidas do século XX.

ROCKWELL, Norman. *O problema com que todos convivemos*, 1963. Óleo sobre tela, 91 cm × 150 cm.

- Reúna-se com mais colegas da turma, observem o modo como o pintor retratou a cena e discutam a respeito das questões a seguir.

1. Ruby Bridges teve de ser escoltada por policiais para poder ir à escola.
   a) Como esses policiais são retratados na tela de Norman Rockwell?
   b) O que justificaria o fato de eles serem retratados dessa forma?

2. No muro representado no quadro de Norman Rockwell aparecem uma mancha vermelha e a palavra **nigger** (um termo inglês usado para ofender os negros).
   a) O que esses elementos indicam sobre o contexto da obra?
   b) Considerando esse contexto, como você explicaria o título da pintura? Qual seria o "problema" a que o pintor se refere no título dessa obra?

3. A história e a determinação de Ruby Bridges incentivaram transformações na educação nos Estados Unidos. Você conhece outros atos de coragem realizados de forma pacífica como esse?

ORGANIZAR O CONHECIMENTO

O QUE VOCÊ JÁ SABE?

Agora, você já é capaz de...	Sim	Não	Mais ou menos
... perceber que a notícia se revela como um gênero importante na sociedade ao abordar assuntos relevantes e de interesse público?	☐	☐	☐
... reconhecer a importância de se respeitar as diferenças individuais?	☐	☐	☐
... compreender que conhecer as leis é importante na construção de argumentos para garantir seus direitos?	☐	☐	☐

Se você marcou não ou mais ou menos, retome o estudo das questões de Estudo do texto e do tópico De olho na construção dos sentidos.

- Junte-se a um colega, copiem e completem o esquema a seguir, no caderno, respondendo às questões. Ao final, vocês terão um resumo com as principais características da notícia. Se quiserem, incluam outras características ao resumo esquemático.

Notícia
- Onde a notícia é veiculada?
- Qual é a finalidade desse gênero?
- O que uma notícia não deve apresentar?
- Qual a linguagem predominante?

ESTUDO DA LÍNGUA: ANÁLISE E REFLEXÃO

COMO VOCÊ PODE ESTUDAR

1. **Estudo da língua** não é uma seção para decorar, mas para questionar e levantar problemas.
2. O trabalho com os conhecimentos linguísticos requer persistência. Leia e releia os textos e exemplos, discuta, converse.

ADJUNTO ADNOMINAL E ADJUNTO ADVERBIAL

ADJUNTO ADNOMINAL

◉ Leia o trecho a seguir sobre a campanha Vidas Negras, da ONU, e responda às questões.

No Brasil, 63 pessoas **negras** são assassinadas **todos os** dias. Jovens **do sexo masculino** são **as maiores** vítimas dessa violência. A cada 23 minutos, **um** jovem **negro** é assassinado. É hora de encarar **os** fatos: **o** racismo está na raiz desse problema. Você também é responsável por **essa** mudança. **A** juventude **negra** precisa ser respeitada e se integrar à sociedade sem discriminação.

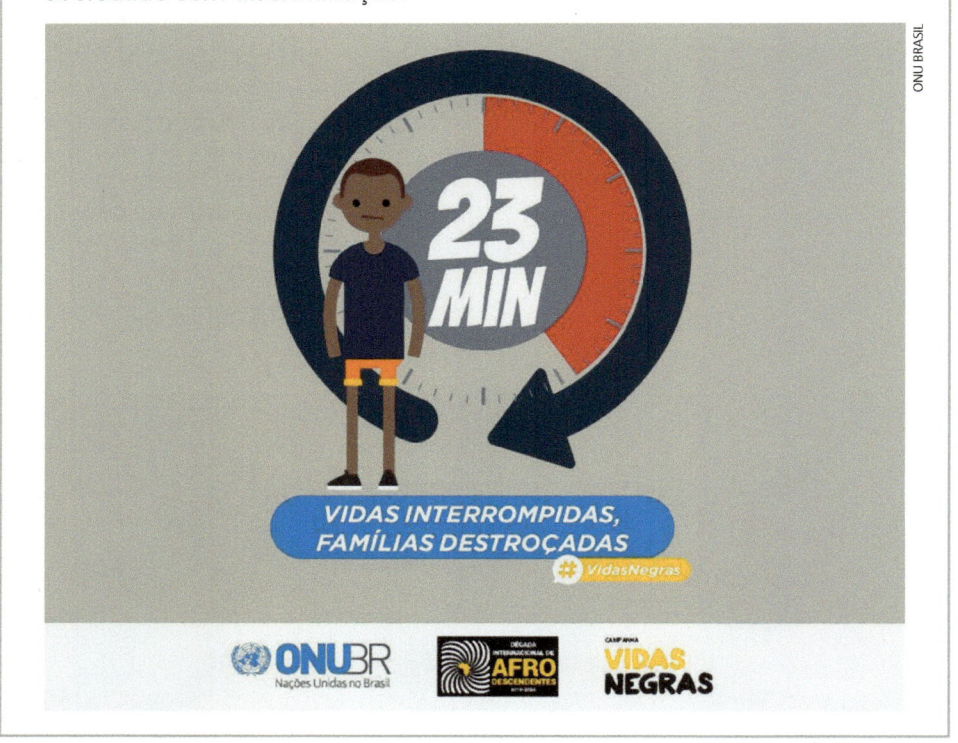

Nações Unidas no Brasil. Disponível em: <http://mod.lk/jro8n>. Acesso em: 24 jul. 2018. (Fragmento).

a) A que substantivos os termos destacados se referem?

b) Qual a relação entre esses termos e os substantivos a que se referem?

c) Esses termos se ligam aos substantivos por meio de verbos?

ADJUNTO ADNOMINAL

Os termos em destaque no trecho da página anterior são adjuntos adnominais.

> **Adjunto adnominal** é o termo que tem a função de caracterizar ou determinar um substantivo da oração sem o intermédio de um verbo.

O termo que exerce a função de adjunto adnominal pode ser um adjetivo (*negras, maiores*) ou uma locução adjetiva (*do sexo masculino*), um artigo (*o/os, a/as, um/uma*), um numeral (*vinte e três*), um pronome (*todos, essa*).

Os **pronomes** funcionam como adjuntos adnominais quando são **pronomes adjetivos**, isto é, quando acompanham os substantivos. Os **pronomes pessoais oblíquos me**, **te**, **lhe**, **nos**, **vos** e **lhes** exercem a função de adjunto adnominal quando estão na função de **pronomes adjetivos**, sendo empregados com valor **possessivo**. Observe:

*Beijou-**lhe** o rosto* (= *Beijou o seu rosto*).

O pronome *lhe*, nesse caso, é adjunto adnominal, porque tem valor possessivo.

PREDICATIVO X ADJUNTO ADNOMINAL

O **predicativo** também pode expressar características relacionadas a um substantivo. A diferença entre o predicativo e o adjunto adnominal é que o predicativo se liga ao substantivo a que se refere por meio de um verbo. Leia este trecho e observe a oração destacada.

> "Não foi a primeira vez que Izabel viu a perversidade do racismo – ela conta que **seu companheiro é alvo constante de preconceito**."

No sujeito da oração — **seu companheiro** —, o pronome **seu** está ligado ao substantivo **companheiro** e tem a função de adjunto adnominal.

O termo *é alvo constante de preconceito* qualifica o sujeito; tem, portanto, a função de **predicativo do sujeito** e se liga ao substantivo *companheiro* por meio da forma verbal *é*.

Agora, analise as frases a seguir.

*O menino considerava o cãozinho **leal e carinhoso**.*
       verbo transitivo   objeto   predicativos do objeto
                                 adjuntos adnominais
*O menino queria muito um cãozinho **leal e carinhoso**.*
       verbo transitivo   objeto

Os elementos destacados referem-se ao substantivo *cãozinho*, que é o núcleo do objeto direto. Há uma diferença essencial entre esses elementos: o segundo trecho pode ser eliminado, sem prejuízo para a compreensão geral da oração, mas o primeiro, não. Comprove isso lendo cada frase sem os trechos assinalados.

> O **adjunto adnominal** é um termo que ajuda a especificar e caracterizar o objeto, mas sua presença não é obrigatória na oração. Já o **predicativo do objeto** é um termo exigido pelo verbo.

ADJUNTO ADVERBIAL

- Releia mais um trecho da notícia estudada no início da unidade.

  "Durante a infância, a administradora se achava feia por não ser branca e não ter os cabelos lisos. Agora, o preconceito se estendia, também, ao seu filho."

  a) Identifique, nesse trecho, quais palavras ou expressões indicam circunstâncias de tempo.

  b) O emprego dessas palavras ou expressões revela uma impressão sobre o preconceito percebida pela mãe. Que impressão é essa?

ADJUNTO ADVERBIAL

Em uma oração, os adjuntos adverbiais indicam circunstâncias — de tempo, modo, lugar, causa, companhia etc.

> O termo da oração que tem a função de indicar determinada circunstância relacionada ao processo verbal se chama **adjunto adverbial**.

Desempenham essa função sintática os **advérbios** (como *agora*) e as **locuções adverbiais** (expressões com valor de advérbio, como *durante a infância*) e as **orações com valor de advérbio**.

Os adjuntos adverbiais acrescentam informações à ação verbal e, consequentemente, ao significado da oração, mas, diferentemente dos objetos (diretos e indiretos), não são obrigatórios para a compreensão do sentido dos verbos.

VERBOS DE DIREÇÃO

Como você viu, os adjuntos adverbiais não são obrigatórios para identificar o sentido completo da ação verbal. Ocorre, no entanto, uma exceção, com os verbos que indicam direção, como **ir**, **vir**, **chegar**, **entrar**, **sair**. Observe:

Minha família foi.

Maria entrou.

Nesses dois exemplos, não é possível compreender o significado do verbo (e da oração) se não houver um adjunto adverbial indicando o lugar para onde minha família foi e o lugar em que Maria entrou. Assim, é necessário que um adjunto adverbial acompanhe o verbo. Veja:

*Minha família foi **à praia**.*

*Maria entrou **na classe**.*

O adjunto adverbial pode ter posição variável na oração. Observe:

*Você é uma pessoa nervosa **no trânsito**? Uma dica valiosa é sair **de casa com antecedência** e dirigir **sem pressa**.*

***No trânsito**, você é uma pessoa nervosa? Uma dica valiosa é sair **com antecedência de casa** e, **sem pressa**, dirigir.*

Os advérbios e as locuções adverbiais ainda podem modificar o significado de outro advérbio ou locução adverbial, de um adjetivo ou da oração de que fazem parte. Nesse caso, também exercem a função sintática de adjunto adverbial.

CIRCUNSTÂNCIAS EXPRESSAS PELO ADJUNTO ADVERBIAL

São muitas as circunstâncias expressas pelos adjuntos adverbiais. Para identificá-las, é preciso observar o contexto em que são usadas. Veja alguns exemplos.

- De **assunto**:
  *Eles conversam **sobre futebol**.*

- De **causa**:
  *A maioria das crianças sofre **com a discriminação racial**.*

- De **companhia**:
  *Vou à festa **com meu namorado**.*

- De **dúvida**:
  ***Talvez** você tenha razão.*

- De **finalidade** ou **fim**:
  *Saí **a passeio**.*

- De **instrumento**:
  *O candidato preencheu o documento **a lápis**.*

- De **intensidade**:
  *Esse cachorro latiu **muito**.*

- De **matéria**:
  *Fizeram este chocolate **com cacau brasileiro**.*
- De **meio**:
  *Viajei **de trem** para o litoral.*
- De **modo**:
  *As crianças brincam **alegremente**.*
- De **negação**:
  *Eu **não** gosto de jiló!*
- De **oposição**:
  *Votaram **contra o próprio partido**.*
- De **ordem**:
  *Classificou-se **em segundo lugar**.*
- De **valor**:
  *Comprei esta blusinha **por 10 reais**.*

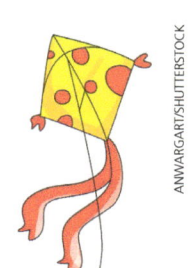

ORGANIZAR O CONHECIMENTO

O QUE VOCÊ JÁ SABE?

Agora, você já é capaz de...	Sim	Não	Mais ou menos
... definir adjuntos adnominais e adverbiais?	☐	☐	☐
... compreender que classes de palavras podem formar adjuntos adnominais?	☐	☐	☐
... identificar quais as circunstâncias que os adjuntos adverbiais podem indicar?	☐	☐	☐

*Se você marcou não ou mais ou menos, retome a leitura dos tópicos **Adjunto adnominal** e **Adjunto adverbial**.*

*Se você marcou não ou mais ou menos, retome a leitura do tópico **Adjunto adnominal**.*

*Se você marcou não ou mais ou menos, retome a leitura do tópico **Adjunto adverbial**.*

Adjunto adnominal
- Termo que tem a função de caracterizar ou determinar um substantivo da oração, sem o intermédio de um verbo.
- Essa função pode ser exercida por um **adjetivo**, uma **locução adjetiva**, um **artigo**, um **numeral**, um **pronome adjetivo** ou por uma **oração**.

Adjunto adverbial
- Termo da oração que tem a função de indicar uma determinada circunstância relacionada ao processo verbal.
- Circunstâncias expressas: assunto, causa, companhia, dúvida, finalidade, instrumento, intensidade, lugar, matéria, meio, modo, negação, oposição, ordem, tempo e valor.

ATIVIDADES

ATITUDES PARA A VIDA

Ao responder às questões, busque exatidão e precisão para garantir que você entendeu o que estudou.

1. Leia a seguir algumas manchetes extraídas de diferentes publicações *on-line*.

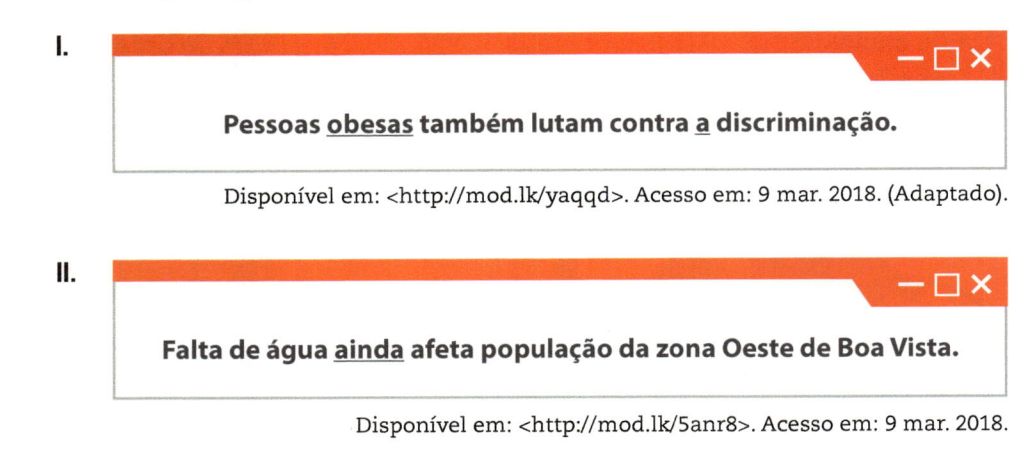

I.

Pessoas <u>obesas</u> também lutam contra <u>a</u> discriminação.

Disponível em: <http://mod.lk/yaqqd>. Acesso em: 9 mar. 2018. (Adaptado).

II.

Falta de água <u>ainda</u> afeta população da zona Oeste de Boa Vista.

Disponível em: <http://mod.lk/5anr8>. Acesso em: 9 mar. 2018.

III.

16 imagens mostram como <u>as</u> crianças brincavam <u>antes da tecnologia</u>.

Disponível em: <http://mod.lk/s4eew>. Acesso em: 9 mar. 2018.

IV.

Inverno de 2017 ficará dentro da normalidade, <u>segundo a meteorologia</u>.

Disponível em: <http://mod.lk/aacdy>. Acesso em: 9 mar. 2018.

a) Liste separadamente os adjuntos adverbiais e os adjuntos adnominais sublinhados nas manchetes.

b) Por que adjuntos adnominais e adjuntos adverbiais são importantes nas manchetes?

2. Leia o texto abaixo, observando os termos destacados. Depois, copie a tabela a seguir em seu caderno, completando-a com o que se pede em relação aos termos destacados.

[...]
O interior [do teatro Amazonas] estava **deserto**; de vez em quando **um** lampejo riscava o vidro das janelas e um estrondo vinha **do céu** como uma ameaça. Ainda rastejando, a mulher imergiu **num espaço sombrio**, onde nada — salvo **seu** corpo umedecido e seus cabelos **molhados** — lembrava a chuvarada lá fora.
[...]

MILTON HATOUM. *A cidade ilhada*: contos.
São Paulo: Companhia das Letras, 2009. p. 89-90. (Fragmento).

Termo	Classe gramatical	Função sintática	Palavra a que se liga no texto
deserto			
um	artigo (indefinido)	adjunto adnominal	lampejo
do céu	locução adverbial		
num espaço sombrio			imergiu
seu			
molhados			

3. Leia o anúncio a seguir.

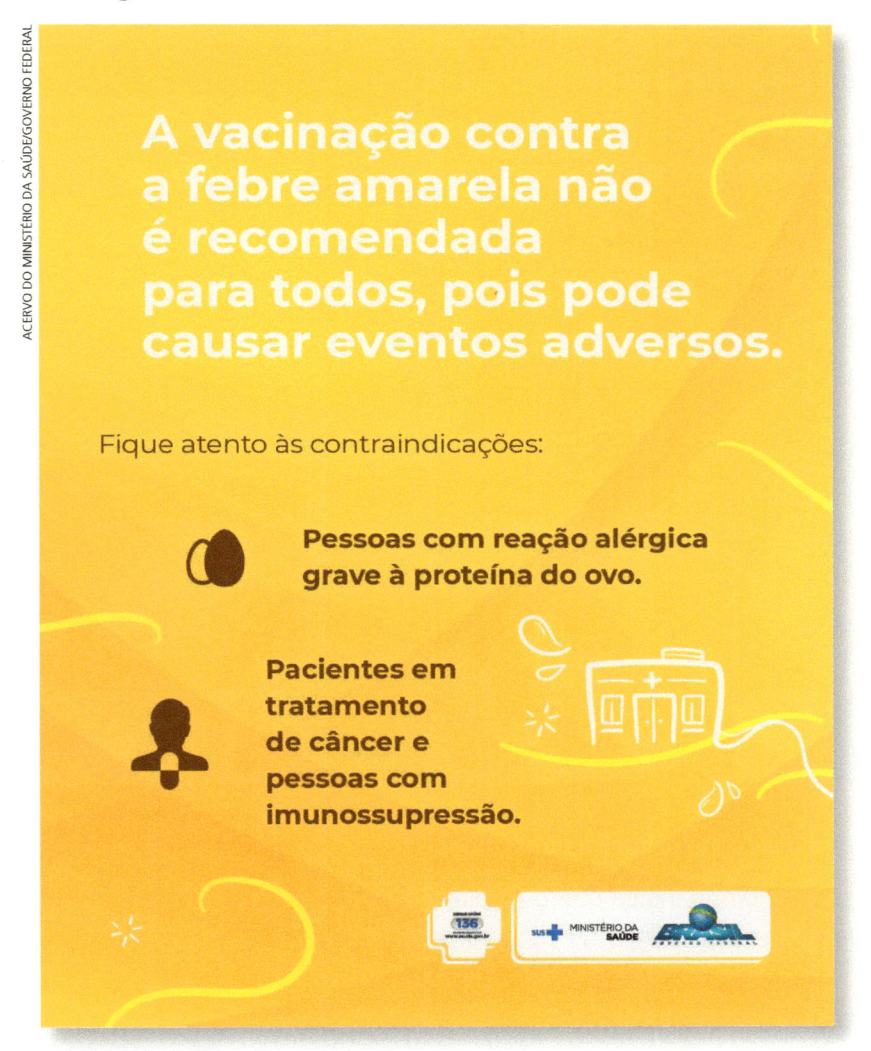

> A vacinação contra a febre amarela não é recomendada para todos, pois pode causar eventos adversos.
>
> Fique atento às contraindicações:
>
> Pessoas com reação alérgica grave à proteína do ovo.
>
> Pacientes em tratamento de câncer e pessoas com imunossupressão.

a) Qual é o objetivo do anúncio?

b) Há alguma palavra que você não conhece no anúncio? Se sim, busque o significado dessas palavras no dicionário ou na internet.

c) Identifique os adjuntos adnominais, o adjunto adverbial e o predicativo do sujeito que aparecem no texto principal (de cor branca).

123

ATIVIDADES

4. Leia a tira a seguir.

MAFALDA QUINO

a) No primeiro quadrinho, qual é o predicativo do sujeito de "a mãe da Liberdade"?

b) Que adjuntos adverbiais aparecem no segundo quadrinho e que circunstâncias indicam?

c) No terceiro quadrinho, qual a função sintática da palavra *ainda* na oração "ela ainda estudava"?

5. Leia a tira a seguir.

FALA MENINO! LUIS AUGUSTO

a) Qual é o predicativo do sujeito *o livro*, no primeiro quadrinho?

b) No primeiro quadrinho, a palavra *ainda* indica que *o livro* era a maior fonte de informações no passado e continua a ter essa característica no presente.
   • Qual é a função sintática dessa palavra na oração?

c) A que se refere o termo *isso*, empregado no último quadrinho?

d) No terceiro quadrinho, o adjunto adverbial *na tevê* torna a tira engraçada. Por quê?

Mais questões no livro digital

TESTE SEUS CONHECIMENTOS

> Para responder à questão a seguir, você deve refletir sobre a função dos adjuntos adverbiais na composição dos enunciados, além de reconhecer que eles indicam determinadas circunstâncias relacionadas ao processo verbal.
>
> Leia a questão e, prestando atenção à expressão em negrito, responda às perguntas que acompanham cada uma das alternativas. Por fim, indique a correta, isto é, a única opção em que sua resposta tenha sido **SIM**.

(FAU-SP)

Na frase "Para a realização das provas do concurso, chegamos **no ônibus das 7h**", a expressão destacada refere-se a

a) adjunto adverbial de meio.

> Na expressão *no ônibus das 7h*, há apenas um adjunto adverbial, que indica o meio utilizado para o deslocamento do sujeito da oração?

b) adjunto adverbial de tempo.

> Na expressão *no ônibus das 7h*, há apenas um adjunto adverbial, que indica circunstância de tempo?

c) adjunto adverbial de lugar.

> Na expressão *no ônibus das 7h*, há um adjunto adverbial de lugar, que indica para onde o sujeito da oração se desloca para realizar a prova?

d) adjunto adverbial de modo.

> Na expressão *no ônibus das 7h*, há um adjunto adverbial, que indica o modo como o sujeito da oração chega para a realização da prova?

e) adjuntos adverbiais de meio e de tempo.

> Na expressão *no ônibus das 7h*, há um adjunto adverbial ("no ônibus"), que indica meio, e uma locução verbal ("das 7h"), que indica tempo?

LEITURA E PRODUÇÃO DE TEXTO

A PRODUÇÃO EM FOCO

- A proposta final desta unidade é elaborar uma ideia legislativa para um possível Projeto de Lei (PL). Essa ideia deve ser sobre algo que traga benefícios à população ou que defenda seus interesses. Durante a análise do texto, fique atento:
  a) à ideia apresentada;
  b) aos interessados ou ao público beneficiado pela proposta.

CONTEXTO

Existem diferentes formas de exercício da cidadania e participação social. Uma delas, como você viu nas notícias no início da unidade, é recorrer às leis que amparam direitos que estão sendo desrespeitados.

Outra possibilidade é sugerir leis por meio de *sites* federais disponíveis na internet. Leia a notícia a seguir, que fala sobre um jovem de 22 anos que teve sua ideia legislativa encaminhada à Comissão de Direitos Humanos do Senado. Em seguida, analise a ideia legislativa.

Texto A

Jovem de São José dos Campos propõe lei que leva políticos a júri popular

Proposta foi encaminhada à Comissão de Direitos Humanos do Senado.

G. H., engenheiro de 22 anos de São José dos Campos, fez uma proposta de lei no portal do Senado Federal e pode ajudar a criar uma nova lei no Brasil.

A proposta do engenheiro é que todos os julgamentos de políticos sejam feitos por meio de um júri popular. A iniciativa foi proposta em junho por meio do programa 'Ideia Legislativa' e ganhou apoio de mais de 20 mil pessoas na *web*. A matéria está na Comissão de Direitos Humanos do Senado.

"Eu me formei fora do país e, quando voltei, vim também com vontade de fazer a diferença. A minha intenção é que os políticos de todas as esferas sejam julgados em júri popular e só vai para frente se tiver o apoio da população", disse o estudante.

[...]

Qualquer morador pode sugerir ideias pelo programa "Ideia Legislativa". Quando a sugestão receber 20 mil apoios no *site* do Senado, a ideia se tornará uma sugestão legislativa e será debatida pelos senadores.

Projeto de estudante de São José pode ajudar a criar lei no Brasil.

G1 Vale do Paraíba e região.
Disponível em: <http://mod.lk/grs3r>. Acesso em: 7 jun. 2018. (Adaptado).

Glossário

Júri popular: júri constituído por representantes do povo.

> **SAIBA +**
>
> Veja como é simples apresentar uma ideia para um projeto de lei, visitando o *site* <https://mod.lk/algty>. Para saber mais sobre outras formas de propor ideias para projetos de lei, visite: <mod.lk/ebhho>.

Texto B

e-cidadania

Início   Ideia Legislativa   Evento Interativo   Consulta Pública   Entrar

Sobre   Fale Conosco   Validação de declaração   Relatórios   Termos de Uso   Perguntas Frequentes

IDEIA LEGISLATIVA

Julgamento dos políticos por júri popular

Só fim do foro privilegiado não basta: a confiança no sistema representativo só será restaurada se os políticos forem julgados diretamente pela população, como já ocorre com sucesso na Inglaterra e nos Estados Unidos. Se todo o poder emana do povo, então que seja o povo a julgar seus representantes.

▶ Mais detalhes

Altera o art. 5º, XXXVIII, "d", da Constituição Federal, para incluir na competência do tribunal do júri o julgamento de qualquer crime comum cometido por detentor de mandato eletivo, nas esferas federal, estadual, municipal e distrital; e os arts. 102, I, "b", 105, I, "a", para deles excluir a referência a detentores de mandato eletivo; e revoga o art. 29, X, também da Constituição Federal

20.284 apoios

Compartilhe

Data limite para receber 20.000 apoios
26/09/2017

Ideia proposta por
GUSTAVO HADDAD BRAGA – SP

Essa ideia recebeu mais de 20.000 apoios e foi transformada na SUGESTÃO nº 23 de 2017, que está em consulta pública e em tramitação na CDH.

e-Cidadania. Disponível em: <http://mod.lk/dgf9d>. Acesso em: 7 jun. 2018.

Glossário

Foro privilegiado: direito de algumas pessoas que ocupam cargos públicos de não serem julgadas pela justiça comum, mas terem um julgamento especial.

Restaurada: reconstruída, recuperada.

Emana: origina-se, vem de.

Mandato eletivo: mandato conquistado pelo voto.

Revoga: anula, torna sem efeito.

ANTES DO ESTUDO DOS TEXTOS

1. Se não tem certeza de ter compreendido bem os textos, leia-os novamente.
2. Procure identificar as ideias apresentadas nos textos e reflita: você concorda com elas? Por quê?
3. Ao responder às questões a seguir, procure empregar o que já aprendeu ao ler outros textos e seja preciso em suas respostas.

ESTUDO DOS TEXTOS

DE OLHO NAS CARACTERÍSTICAS DO GÊNERO

1. De acordo com o texto A, o que indica que a ideia apresentada pelo engenheiro vai chegar ao Senado para análise?

2. Ao apresentar a ideia, o autor apresenta também argumentos que a justificam. Que argumentos são esses?

    • Você concorda com esses argumentos? Por quê? Você acrescentaria outros argumentos aos apresentados? Qual ou quais?

3. O texto revela que o autor da ideia apresentada estudou a Constituição Federal antes de propor a sua ideia. Identifique os trechos do texto que justificam isso.

    • Por que ele fez esse estudo?

4. Qual a sua opinião sobre a ideia apresentada pelo engenheiro? Justifique.

5. A quem a ideia apresentada por ele pode interessar? Por quê?

    • A quem essa ideia pode não parecer interessante? Por quê?

6. Você já teve uma ideia que pudesse virar uma lei? Que ideia era essa e como ela surgiu? Relate aos seus colegas e ouça as ideias relatadas por eles.

O GÊNERO EM FOCO: IDEIA LEGISLATIVA

Como você analisou, a **ideia legislativa** é uma proposta que possibilita o surgimento de um projeto de lei. Trata-se de uma ideia de interesse público, que apresenta argumentos consistentes e visa ao bem-estar da sociedade. Não há limites para o número de ideias que podem ser apresentadas pelos cidadãos.

A ideia legislativa é publicada no portal do Senado Federal (no espaço destinado ao *e-Cidadania*) para apreciação durante 4 meses, depois de passar por uma triagem (verificação do conteúdo por uma equipe). Se, nesse período, a ideia atinge 20.000 votos de apoio, é enviada à comissão de Direitos Humanos e Legislação Participativa (CDH) e formalizada como Sugestão Legislativa, nos termos do art. 6º, parágrafo único, da Resolução nº 19 de 2015 e do art. 102-E do Regimento Interno do Senado.

Portal criado pelo Senado Federal com o objetivo de estimular e possibilitar a participação dos cidadãos nas atividades legislativas, orçamentárias, de fiscalização e de representação do Senado.

Cidadãos comuns podem escrever projetos de lei?

Sim! Cidadãos comuns, sem mandatos legislativos, podem apresentar projetos de lei para serem votados; são os Projetos de Lei de Iniciativa Popular. A proposta deverá ser assinada por 1% do eleitorado nacional, com representatividade em pelo menos cinco estados brasileiros. Isso é um direito garantido pela Constituição Federal (art. 61, § 2º). Além disso, eles podem colaborar com um banco de ideias. Se a ideia apresentada for votada, poderá ser transformada ou aproveitada em um projeto de lei.

Como você pode ver, uma ideia legislativa circula, praticamente, no âmbito do Senado Federal, pois ela já nasce no portal do Senado, mesmo se criada por um cidadão que não seja um parlamentar. Por isso, é muito importante que os cidadãos naveguem por *sites* federais e busquem pelas propostas apresentadas nesses portais. Do mesmo modo, é importante que o proponente (aquele que propõe uma ideia legislativa) a divulgue largamente, para que receba o apoio necessário.

Uma ideia legislativa não tem um formato muito rígido, porém o portal apresenta dois campos que devem ser preenchidos textualmente (ou seja, em palavras) pelo autor da ideia. Um primeiro que funciona como uma argumentação sobre a lei, indicando sua relevância, seus benefícios ou restrição de benefícios (quando for o caso), a população atendida etc. E um segundo que é a apresentação da ideia, propriamente, geralmente relacionando-a a leis já existentes que dialogam com ela.

A linguagem usada na ideia legislativa é sempre formal, e há algumas restrições sobre o que e como dizer. Por exemplo, não são aceitas ideias que:

- tratem de assuntos que não sejam políticos, legislativos e de atuação do Senado Federal;
- contenham declarações agressivas, pornográficas, pedófilas, racistas, violentas, ou ofensivas à honra, à vida privada, à imagem, à intimidade pessoal e familiar, à ordem pública, à moral, aos bons costumes ou à Constituição;
- sejam repetidas pelo mesmo usuário, incompreensíveis ou não estejam em português.
- contenham dados pessoais que não sejam solicitados no cadastro (CPF, RG, número de telefone, endereço etc.), referências a outras pessoas ou a páginas da internet.

Observe que o terceiro item, indiretamente, alerta para a importância da revisão textual, verificando, principalmente, a clareza da ideia apresentada, pois ela precisa ser integralmente compreendida por quem a lê, sem margem para dúvidas ou duplo sentido.

A **ideia legislativa** é o passo inicial para a criação de um projeto de lei. É um texto argumentativo breve que apresenta uma ideia de interesse público.

SAIBA +

Outra forma de participação da sociedade no processo de elaboração legislativa é por meio da Comissão de Legislação Participativa (CLP), da Câmara dos Deputados, criada em 2001 para aproximar a sociedade e o Poder Legislativo. Ela recebe propostas (sugestões de leis, projetos de leis ordinária ou complementar) das sociedades civis organizadas, como ONGs, sindicatos, associações etc. Mas o cidadão também pode apresentar contribuição individual, por meio de ideias que serão incorporadas a um Banco de Ideias da comissão.

ORGANIZAR O CONHECIMENTO

O QUE VOCÊ JÁ SABE?

Agora, você já é capaz de…	Sim	Não	Mais ou menos
… explicar como e por quem as leis são criadas em nosso país?	☐	☐	☐
… reconhecer a importância da participação individual no processo político do país?	☐	☐	☐
… identificar os argumentos apresentados na ideia legislativa?	☐	☐	☐
… perceber qual linguagem é a adequada a esse gênero e quais são as restrições sobre o que escrever?	☐	☐	☐

> Se você marcou **não** ou **mais ou menos**, retome a leitura do tópico **O gênero em foco: ideia legislativa**.

- Junte-se a um colega e montem o esquema a seguir, no caderno, respondendo às questões. Ao final, vocês terão um resumo com as principais características da ideia legislativa. Se quiserem, incluam outras características ao resumo esquemático.

Ideia legislativa
- Defina ideia legislativa.
- Como a linguagem é caracterizada?
- Qual é seu contexto de circulação?

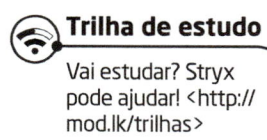

Trilha de estudo
Vai estudar? Stryx pode ajudar! <http://mod.lk/trilhas>

PRODUÇÃO DE TEXTO

IDEIA LEGISLATIVA

O que você vai produzir

Você vai produzir uma ideia legislativa, que poderá ser postada no portal do Senado Federal para apreciação dos internautas e votação. Se receber mais de 20.000 votos de apoio em um período determinado, sua ideia poderá se tornar um projeto de lei.

<https://www12.senado.leg.br/ecidadania/principalideia>

NA HORA DE PRODUZIR

1. Siga as orientações apresentadas nesta seção. Seu texto deve ser coerente com a proposta.
2. Lembre-se de que você já leu e analisou textos do gênero que vai produzir. Se for o caso, retome o **Estudo do texto**.
3. Diante da folha em branco, persista. Nenhum texto fica pronto na primeira versão.

PLANEJE SEU TEXTO

1. Converse com seus colegas sobre questões sociais que preocupam vocês. Essas questões podem estar relacionadas à sua comunidade mais imediata ou à população do país de um modo geral. Se necessário, realizem uma enquete com o restante da escola, para verificar qual tema seria relevante à comunidade escolar.
2. Façam uma lista dos problemas levantados e fixem-na em um local da sala em que todos possam ver.
3. Vote na questão que mais despertou seu interesse e reúna-se com outros colegas que possuem o mesmo interesse que você.
4. Em grupo, pesquisem sobre a questão social escolhida. Leiam notícias e outros artigos sobre o tema, para que você e seus colegas possam se embasar e construir argumentos para a proposição de uma ideia legislativa.
5. Verifiquem no *site* do Senado Federal se há alguma ideia semelhante para votação. No caso de já existir, vejam se a proposta é a mesma que foi pensada pelo grupo. Em alguns casos, vários projetos de lei ou ideias legislativas são organizados em um único e mais completo texto ou se transformam em uma emenda de lei já existente.
6. Apresente suas ideias ao grupo e ouça as ideias dos demais. Discutam sobre elas até chegarem a uma decisão.
7. Deem um título para o projeto.
8. Vejam em que área ele se encaixa:
   - Saúde
   - Educação
   - Cultura
   - Bem-estar social
   - Meio ambiente
   - Transporte
   - Acessibilidade
   - Direitos humanos
   - Outras áreas

ATITUDES PARA A VIDA

Prefeitura sanciona lei que cria Parque Municipal do Minhocão

Com a lei, a Companhia de Engenharia de Tráfego (CET) fará mudanças graduais no trânsito de veículos no elevado. Em 30 dias, o Minhocão passará a ser fechado aos sábados durante o dia inteiro, assim como já acontece aos domingos e feriados. [...]

Também está previsto na lei que o Poder Público "incentivará atividades culturais, esportivas e de lazer no Elevado João Goulart, por parte da comunidade e de entidades da sociedade civil [...]."

Prefeitura de São Paulo. Disponível em: <http://mod.lk/tvr92>. Acesso em: 17 maio 2018.

Projeto de lei propõe criação da "avenida do lazer"

Segundo o projeto, ocorrerá o fechamento da Avenida João Marcolino Costa (Beira Rio) entre 08h00 min e 16h00 sempre no último domingo de cada mês.

Câmara de Vereadores de Santo Amaro da Imperatriz. Disponível em: <http://mod.lk/lnt68>. Acesso em: 17 maio 2018.

Avenida Paulista aos domingos vira calçadão democrático

Como a via mais famosa da cidade ganhou novos ares e hoje recebe 30.000 pessoas durante o fechamento para carros aos finais de semana.

Veja São Paulo. Disponível em: <http://mod.lk/pfqh1>. Acesso em: 17 maio 2018.

---

1. As perguntas a seguir estão relacionadas à fotografia.
   a) Descreva o que você vê. O que as pessoas parecem estar fazendo?
   b) Você acha que esse lugar funciona dessa maneira todos os dias? Por quê?

2. Considerando os trechos das notícias, você acha que medidas como as que os títulos apresentam podem transformar a realidade das pessoas? Por quê?

3. Na seção anterior, você viu que ideias legislativas e projetos de lei precedem as leis. Em sua opinião, os três títulos de notícias apresentados referem-se a projetos que viraram leis? Compartilhe suas impressões com os colegas.

4. Quais das atitudes indicadas a seguir você relacionaria à imagem e aos títulos de notícias apresentados? Justifique suas escolhas.

	Persistir
	Controlar a impulsividade
	Escutar os outros com atenção e empatia
	Pensar com flexibilidade
	Esforçar-se por exatidão e precisão
	Questionar e levantar problemas
	Aplicar conhecimentos prévios a novas situações
	Pensar e comunicar-se com clareza
	Imaginar, criar e inovar
	Assumir riscos com responsabilidade
	Pensar de maneira interdependente

5. Agora compartilhe suas escolhas com um colega. Vocês escolheram as mesmas atitudes? O que vocês levaram em conta ao fazerem suas escolhas?

> Para nos comunicarmos bem é importante não apenas organizar de maneira clara o que queremos dizer, mas, especialmente, controlar nossa impulsividade no momento de falar. Para isso é preciso calma, atenção e capacidade para ouvir, pois essas três características geram empatia entre as partes envolvidas na comunicação, tornando-a mais eficiente.

6. Seu grupo utilizou algumas das atitudes indicadas acima ao produzir sua ideia legislativa na seção anterior? Em que momento? Explique por que foi importante aplicar essas atitudes nas situações mencionadas.

> Uma ideia é fruto de relações que fazemos entre o que já conhecemos, aprendizagens que já tivemos e desejos que queremos realizar. Para escrever um bom texto é importante organizar o pensamento e comunicar-se com clareza.

7. Sua turma produziu ideias legislativas relevantes para a sociedade? Por quê? E que atitudes você relacionaria a esses projetos?

ATITUDES PARA A VIDA

8. Se as ideias legislativas apresentadas por vocês se tornassem leis, você acha que a sociedade se beneficiaria delas? Se sim, como fazer com que mais cidadãos conheçam esses meios de atuação na sociedade?

AUTOAVALIAÇÃO

Na segunda coluna (item 1) da tabela abaixo, marque com um X as atitudes que foram mais mobilizadas por você na produção de texto desta unidade.

Na terceira coluna (item 2), descreva a forma como você mobilizou cada uma das atitudes marcadas. Por exemplo: *Escutar os outros com atenção e empatia*: *procurei estar atento à opinião dos outros e entender o ponto de vista deles.*

Use o campo *Observações/Melhorias* para anotar o que você acha que, em relação às atitudes, pode ser melhorado tanto nos trabalhos a serem desenvolvidos nas próximas unidades como em outros momentos de seu cotidiano.

Atitudes para a vida	1. Atitudes mobilizadas	2. Descreva a forma como mobilizou a atitude assinalada
Persistir		
Controlar a impulsividade		
Escutar os outros com atenção e empatia		
Pensar com flexibilidade		
Esforçar-se por exatidão e precisão		
Questionar e levantar problemas		
Aplicar conhecimentos prévios a novas situações		
Pensar e comunicar-se com clareza		
Imaginar, criar e inovar		
Assumir riscos com responsabilidade		
Pensar de maneira interdependente		
Observações/Melhorias		

PARA SE PREPARAR PARA A PRÓXIMA UNIDADE

Na próxima unidade, você vai se aprofundar em dois gêneros que transbordam metáforas e outras figuras de linguagem: a prosa poética e a paródia. Para ajudá-lo a se preparar para este estudo, separamos alguns *links*. Dê uma olhada!

1 Os recursos poéticos podem ser aplicados em textos verbais e não verbais, explorando cores, imagens, sons e figuras de linguagem. Assista ao curta-metragem *Alike*, de Daniel Martínez Lara e Rafa Méndez, e tente identificar esses recursos: <http://mod.lk/y3wsl>.

2 A poesia pode estar em qualquer lugar a nossa volta! A poeta Marina Mara demonstra esse fato por meio do *PoemApp*, um aplicativo que mapeia bibliotecas, saraus, eventos, atos e autores relacionados à produção poética das cidades brasileiras. Confira: <http://mod.lk/rdixg>.

3 As paródias também podem servir como instrumento de denúncia. O texto de dois estudantes cariocas viralizou nas redes sociais e se tornou notícia. Acesse: <http://mod.lk/a4z3g>.

O poema parodiado *Canção do exílio*, de Gonçalves Dias, pode ser conferido aqui: <http://mod.lk/oxggt>.

4 Regência verbal e regência nominal

Este objeto digital aborda um conteúdo indispensável para quem deseja se comunicar com clareza: regência verbal e regência nominal. Acesse: <http://mod.lk/yatpm>.

O QUE VOCÊ JÁ SABE?

Até este momento, você seria capaz de...	Sim	Não	Mais ou menos
... identificar o uso de recursos poéticos em diferentes gêneros?	☐	☐	☐
... reconhecer as características de uma paródia?	☐	☐	☐
... identificar o uso de diferentes figuras de linguagem em textos poéticos (metáfora, antítese, comparação etc.)?	☐	☐	☐

De acordo com o conteúdo do objeto digital *Regência verbal e regência nominal*, você seria capaz de...	Sim	Não	Mais ou menos
... entender que são as relações entre os substantivos, adjetivos ou advérbios com os seus complementos que determinam a regência nominal?	☐	☐	☐
... perceber que a regência verbal é o modo como os verbos se ligam aos seus complementos e adjuntos?	☐	☐	☐
... reconhecer o que caracteriza uma regência como direta ou indireta?	☐	☐	☐

Busque em livros, revistas e *sites* por diferentes gêneros (verbais ou não verbais) que apresentem recursos poéticos. Textos em prosa, obras de arte, anúncios publicitários... procure poesia onde ela estiver! Depois, compartilhe com os colegas o que você encontrou e quais foram suas impressões sobre o texto.

UNIDADE 5
NO RUMO DA POESIA

ESTUDO DA IMAGEM

- Observe a obra *Mar do Japão*, de Luiz Zerbini, e responda às questões a seguir.
  a) Que impressões essa obra transmite a você?
  b) Você diria que ela expressa a ideia de mar? Por quê?
  c) Essa é uma obra poética? Troque ideias com os colegas.

ZERBINI, Luiz. *Mar do Japão*, 2010. Acrílica sobre tela, 393 cm × 290 cm.

EM FOCO NESTA UNIDADE

- Prosa poética
- Figuras de linguagem
- Regência verbal e regência nominal
- Produção: paródia de poema

LEITURA

CONTEXTO

Quando, nos textos em prosa (romances, contos, novelas, crônicas, reportagens etc.), são utilizados recursos da linguagem poética, como rimas e musicalidade, ocorre a chamada prosa poética. Esse estilo teve início no século XIX, na França, com os poemas em prosa de Charles Baudelaire e Arthur Rimbaud.

Você vai ler a seguir um conto de Marina Colasanti, que apresenta características da prosa poética.

ANTES DE LER

1. De acordo com o título do texto, o que você acha que vai ser contado nele?

2. Como você leu no boxe Contexto, esse é um texto em prosa poética. Que elementos você acredita que ele apresente para ser classificado dessa forma?

No rumo da estrela

Já não havia nenhuma razão para continuarem vivendo na ilha. Morto o pai, assim decidiram os sete irmãos.

Logo, centenas de aves **esvoejaram** em círculos e gritos, tocadas de seus ninhos pelo machado que estremecia os troncos. Centenas de coelhos se esconderam nas tocas, fugindo das armadilhas em que outros coelhos se debatiam.

E um longo barco foi surgindo na praia, o esqueleto de madeira deitado sobre a areia, costelas para cima, aos poucos recoberto pelos couros de coelho que os irmãos emendavam.

— Esperaremos a lua cheia — disse o mais velho dos sete, depois que os remos foram lixados. Mas, faltando ainda completar-se o tempo, cuidaram os outros de embarcar as poucas coisas que levariam. Água nos jarros, frutas nos cestos, carnes e peixes em camas de sal.

Glossário

Esvoejaram: movimentaram as asas para erguer voo.

140

Tudo estava pronto quando, na escura costura da noite com o mar, uma enorme lua começou a brotar e, aos poucos, achatada sob o peso do céu, foi subindo, cada vez mais clara.

— Você, que é o menor e o mais leve, ficará no leme — disse o mais velho dos irmãos ao mais moço, enquanto empurravam o barco para a água. E apontando no céu uma estrela tão clara quanto a lua, mandou que nela **cravasse** a **proa**, sem nunca abandoná-la com os olhos.

— Só assim chegaremos em terra firme — acrescentou. Vencidas as primeiras marolas, varada a arrebentação, vai o barco sobre o líquido espelho. Plaf, plaf, mergulham os remos dos seis irmãos, encrespando o brilho sem parti-lo. E o sétimo atrás, em silêncio.

Vai o barco, sempre em frente. Não há trilhas no mar. O reto caminho desenhado pela mão que segura o leme só aparece na esteira, depois que o barco passa. E logo se apaga.

Mas de olhos postos na estrela, o rapaz sabe onde vai.

De dia, quando o sol queima e a luz ofusca, os irmãos dormem deitados no fundo do barco. De noite remam. Uma, duas, muitas noites.

Noite a noite, roçando no céu, a lua gasta sua curva, se afina. Quanto menor a lua, mais intensa brilha a estrela para o moço.

Mais intensa e mais bonita. Mais bonita e mais olhada. Mais olhada e mais amada.

Nos olhos dele, só ela se reflete. Na noite dele, só ela se ilumina.

Vai o barco onde ela chama. Outra noite. E mais noites.

— Tão distante de mim! — suspira o moço, confundindo seu lamento com o beijo da água contra o casco. — Tão difícil de alcançar!

Inutilmente procura na escuridão caminhos que o levem à estrela, tenta varar com a proa a rota secreta do céu, romper a linha que no horizonte os separa.

Glossário

Cravasse: fixasse.

Proa: parte dianteira de embarcação.

Gastou-se de todo a lua. Agora, só a estrela cintila.

Plaf, plaf, mergulham os remos dos seis irmãos. Mas nessa noite mais negra que as outras, um sopro vem gemendo sobre a água. É o vento. O mar, cansado de ser plano como um campo, incha-se em dunas e morros, ergue as costas, estica os dedos brancos de espuma.

Foge o barco, ou é levado? Remam os irmãos, ou agarram-se aos remos? O barco salta, gira, corcoveia, para no alto de uma onda, despenca, e novamente se empina. As madeiras rangem, a tempestade relincha.

Os olhos do moço, ardidos de sal, perderam a estrela. Sem rumo, ele a procura entre as nuvens, no céu tão revolto quanto o mar. E já não sabe o que é acima, ou abaixo.

Rompe-se a noite. Um raio salta. O moço cobre os olhos com a mão. Mas quando a abaixa, lá está de novo sua alegria, clara e limpa estrela brilhando numa garganta de céu.

O arcabouço do barco geme na subida. Como árvore imensa, a onda abre sua copa. Mais e mais sobem os irmãos no seu ninho de couro, até chegarem ao alto, onde a espuma brilha, quase nuvem. Nunca o moço esteve tão perto da amada. Nunca lhe pareceu tão bonita como agora. Pela primeira vez, a mão esquece o leme. Ele se levanta, quase alcançando-a, braços estendidos, tornozelos enlaçados de mar. E tem a impressão de que ela se debruça, levando-o além da escuridão, além do vento, além da tempestade.

Perdido o timoneiro, para sempre navegam os irmãos sem possibilidade de chegar. Longe está a terra firme. Longe, lá longe, as estrelas.

MARINA COLASANTI. *Entre a espada e a rosa*. São Paulo: Melhoramentos, 2010. p. 35-37.

Biografia

Marina Colasanti nasceu na Eritreia, em 1937, quando esse país era colônia italiana, e veio para o Brasil em 1948. Artista plástica, jornalista e escritora, publicou seu primeiro livro em 1968. Escreve poesias, crônicas e contos e já ganhou importantes prêmios literários.

A escritora em 2010.

Glossário

Arcabouço: madeirame; armação do barco.

Timoneiro: aquele que controla o leme de uma embarcação.

ESTUDO DO TEXTO

ANTES DO ESTUDO DO TEXTO

1. Se não tem certeza de ter compreendido bem o texto, leia-o novamente.
2. Ao responder às questões a seguir, procure empregar o que já aprendeu ao ler outros textos e seja preciso em suas respostas.

COMPREENSÃO DO TEXTO

1. Em sua opinião, esse texto foi construído apenas com a intenção de contar uma história ou com a intenção também de emocionar o leitor? Justifique sua resposta.

2. Escreva, em poucas palavras, um resumo da história.

3. Na primeira frase do texto, não é revelado o sujeito a que se refere a locução verbal "continuarem vivendo". O leitor só vai saber de quem se trata na frase seguinte. O segundo parágrafo também não revela explicitamente o que está ocorrendo – conta apenas os efeitos que isso provoca. O que estava acontecendo?

4. Do modo como está construída a frase "Quanto menor a lua, mais intensa brilha a estrela para o moço", é possível saber se é a estrela que brilha mais intensa para o moço ou se é o moço que a vê brilhar assim para ele? Explique essa construção no texto.

5. A intensidade do brilho da estrela é proporcional ao crescimento do amor do moço por ela. Que tipo de frase é usado para expressar essa correspondência?

6. O irmão mais novo tenta "romper a linha que no horizonte os separa" [ele da estrela].

    a) Como se pode relacionar a frase em destaque com o sentimento de confusão em que o moço se encontra?

    b) Os outros seis persistem em sua tarefa noites e noites. Como isso é mostrado?

    c) As várias estruturas que se repetem no texto conferem a ele um ritmo especial. A repetição da frase "Vai o barco", por exemplo, parece funcionar como um refrão: "[...] vai o barco sobre o líquido espelho"; "Vai o barco, sempre em frente"; "Vai o barco onde ela chama". Quando o mar se agita, o refrão muda, expressando a incerteza do próprio narrador em relação ao rumo do barco. Em que frase o refrão se transforma?

7. Releia o trecho a seguir.

> "O arcabouço do barco geme na subida. Como árvore imensa, a onda abre sua copa. Mais e mais sobem os irmãos no seu ninho de couro, até chegarem ao alto, onde a espuma brilha, quase nuvem."

- Por que o barco é comparado a um ninho?

8. Na imagem "tornozelos enlaçados de mar", parece haver a ideia de prisão ao mesmo tempo firme e frágil. Como essa imagem se explica no texto?

DE OLHO NA CONSTRUÇÃO DOS SENTIDOS

1. Releia o parágrafo a seguir.

> "Tudo estava pronto quando, na escura costura da noite com o mar, uma enorme lua começou a brotar e, aos poucos, achatada sob o peso do céu, foi subindo, cada vez mais clara."

a) Que metáfora é usada para fazer referência ao horizonte?

> A **metáfora** ocorre quando, para se referir a um objeto ou a uma qualidade dele, usa-se uma palavra que se refere a outro objeto ou qualidade que tem semelhança com o primeiro.

b) O verbo **brotar** está empregado em seu sentido próprio ou em sentido figurado? Que significado tem no parágrafo?

> De acordo com o contexto e a intenção de quem escreve, as palavras podem ser empregadas em sentido **denotativo** (**literal**) ou em sentido **conotativo** (**figurado**). O emprego de palavras em sentido conotativo é um recurso bastante utilizado para a construção de imagens, principalmente em poemas.

c) Observe que a rima entre palavras com "som" final fechado (*escura/costura*) caminha para a rima entre palavras de sonoridade aberta (*mar/brotar*) para produzir o efeito do fenômeno descrito no final do parágrafo. Que efeito é esse?

2. Que metáfora é empregada no texto para fazer referência à mudança de fase da lua, da cheia para a minguante?

> A **metáfora** é uma criação subjetiva, isto é, depende das intenções e da imaginação do autor. Às vezes, o sentido dela é mais evidente. Mas há metáforas sobre as quais podemos fazer muitas suposições.

3. Observe a sonoridade do trecho a seguir, produzida pela aliteração.

> "Vencidas as primeiras marolas, varada a arrebentação, vai o barco sobre o líquido espelho. Plaf, plaf, mergulham os remos dos seis irmãos, encrespando o brilho sem parti-lo. E o sétimo atrás, em silêncio."

- Considerando a cena descrita, que efeito produz a repetição dos sons /v/, /s/ e /r/ e dos encontros consonantais e dígrafos?

> **Aliteração** é a repetição de fonemas iguais ou semelhantes em palavras próximas, provocando um efeito sonoro sugestivo.

4. Um efeito semelhante ao da aliteração, a **assonância**, pode ser criado por meio da repetição de sons vocálicos. É o que ocorre com /ar/, nestes versos de Fernando Pessoa.

> "Sob o **azular** do **luar**...
> E ouve-se no **ar** a **expirar** —"

FERNANDO PESSOA. Ficções do interlúdio. In: Maria Aliete Galhoz (Org.). *Fernando Pessoa*: obra poética. 3. ed. 17. reimpr. Rio de Janeiro: Nova Aguilar, 1999. p. 134. (Fragmento).

> **Assonância** é a repetição de sons vocálicos; o que ocorre predominantemente na sílaba tônica da palavra.

- Observe a sonoridade produzida pela assonância das palavras destacadas no trecho a seguir.

> "Inutilmente **procura** na **escuridão** caminhos que o levem à estrela, tenta varar com a **proa** a **rota secreta** do céu, **romper** a linha que no **horizonte** os **separa**."

a) Que sons vocálicos se repetem?

b) Considerando a cena descrita, que efeito produz a repetição do som /r/ e dos sons vocálicos?

5. Releia este trecho e observe as expressões destacadas.

> "**Plaf, plaf**, mergulham os remos dos seis irmãos. Mas nessa noite mais negra que as outras, um sopro vem gemendo sobre a água. É o vento. O mar, cansado de ser **plano como um campo**, incha-se em dunas e morros, ergue as costas, **estica os dedos brancos de espumas**."

- Quais expressões representam as figuras abaixo?

   a) Metáfora   b) Comparação   c) Onomatopeia

> A **comparação** é um dos recursos para a criação de imagens. Ela consiste em aproximar duas ideias, dois seres ou dois objetos a partir de uma característica que lhes seja comum ou superior.
>
> A **onomatopeia** consiste na formação de uma nova palavra por meio da imitação de sons. São comuns as onomatopeias que traduzem as vozes dos animais e os sons das coisas.

6. Identifique nos trechos a seguir as características humanas que foram atribuídas a objetos ou fenômenos da natureza. Justifique sua resposta.

   a) "E um longo barco foi surgindo na praia, o esqueleto de madeira deitado sobre a areia, costelas para cima, aos poucos recoberto pelos couros de coelho que os irmãos emendavam."

   b) "— Tão distante de mim! — suspira o moço, confundindo seu lamento com o beijo da água contra o casco."

> **Personificação** ou **prosopopeia** é a atribuição de qualidades ou ações humanas a animais, objetos, fenômenos da natureza ou conceitos abstratos.

7. Ao produzir um texto, podemos repetir uma palavra ou um grupo de palavras no início de duas ou mais frases (ou versos, se for um poema), a fim de enfatizar o termo repetido. A esse recurso chamamos de **anáfora**. Observe.

A porta indiferente

Abre, porta!
Abre, porta!
A criança chora e a porta não se abre. A criança grita e a porta não se abre.
Até então, não havia obstáculo que a criança não conhecesse. Agora, ela já está berrando e a porta não atende, a porta nem dá sinal. E não vem nem mãe, nem tia, nem criada, nem ninguém. Como é que a porta faz isso?
[...]

ANÍBAL MACHADO. *João Ternura*. 10. ed. Rio de Janeiro: José Olympio, 2004. p. 39. (Fragmento).

- As construções "Abre, porta!" e "A criança" no início das frases enfatizam o desejo da criança de abrir a porta.

    a) Localize no conto "No rumo da estrela" um parágrafo em que a anáfora é utilizada.

    b) Que efeito essa repetição cria no texto?

> **Anáfora** é a repetição enfática de uma ou mais palavras no início de frases ou de versos.

8. Releia este trecho e observe a expressão destacada.

    > "**Perdido o timoneiro**, para sempre navegam os irmãos sem possibilidade de chegar. Longe está a terra firme. Longe, lá longe, as estrelas."

    a) Que outro termo poderia ser usado para substituir a palavra sublinhada?

    b) Em sua opinião, por que a autora usou essa expressão?

> **Eufemismo** é a substituição de uma expressão desagradável, chocante, por outra menos agressiva. Essa figura está muito presente na linguagem cotidiana, em expressões como:
>
> *O senhor Gomes **passou desta para melhor**.* (morreu)
>
> *O príncipe era **desprovido de beleza**.* (feio)
>
> *Cuidado: neste bairro há muitos **amigos do alheio**.* (ladrões)
>
> É importante não confundir eufemismo com ironia. Na ironia, uma palavra ou expressão usada em um contexto específico, visando satirizar determinada situação, transmite o oposto daquilo que realmente se pretende dizer.

9. Leia o trecho a seguir e identifique a **ironia** presente.

    > [...] traduziu um poema latino com tanta clareza e fidelidade, que o poema original ficou sendo muito mais inteligível aos ignorantes de latim [...].
    >
    > Camilo Castelo Branco. *A queda de um anjo*. Biblioteca Digital, Porto Editora, p. 38-39. (Coleção Clássicos da Literatura Portuguesa). Disponível em: <http://mod.lk/5gfxm>. Acesso em: 18 maio 2018. (Fragmento).

> **Ironia** é o efeito resultante do emprego de uma palavra ou expressão fora do seu uso habitual, de modo que ela ganha sentido oposto e produz um humor sutil. Essa figura está muito presente na linguagem cotidiana, em expressões como:
>
> *Ele é tão arrumadinho que vestiu a camiseta do avesso.*
>
> *Nossa! Que pontualidade! Faz duas horas que estou esperando você.*
>
> *Quem foi o cuidadoso que deixou a porta da rua aberta?*

Glossário

Inteligível: que se compreende bem, que é fácil de entender; claro, compreensível.

Lembre-se

Encontramos algumas figuras de linguagem não apenas em textos poéticos, mas também na linguagem cotidiana e nos mais diversos gêneros textuais.

10. A associação de ideias contrárias caracteriza uma figura de linguagem conhecida como *antítese*.

> **Antítese** é a combinação de palavras ou expressões de sentidos opostos na mesma frase ou no mesmo verso, ou em frases ou versos próximos.
>
> Às vezes, a antítese é confundida com outra figura de linguagem: o paradoxo. No paradoxo, a combinação de ideias de sentidos opostos acaba provocando uma contradição.

a) Identifique a antítese presente neste trecho.

> "De dia, quando o sol queima e a luz ofusca, os irmãos dormem deitados no fundo do barco. De noite remam. Uma, duas, muitas noites."

b) Que efeito esse confronto de ideias opostas cria no texto?

11. Leia estes versos da poetisa portuguesa Florbela Espanca (1894-1930).

Fanatismo

Minh'alma, de sonhar-te, anda perdida
Meus olhos andam cegos de te ver!
Não és sequer razão de meu viver,
Pois que tu és já toda a minha vida!
[...]

FLORBELA ESPANCA. Disponível em: <http://mod.lk/wpvsh>. Acesso em: 18 maio 2018. (Fragmento).

Florbela Espanca, pelo ilustrador Hugo Araújo.

- Qual desses versos apresenta uma ideia que, se tomada no sentido literal, seria impossível?

> **Paradoxo** é o emprego de ideias e expressões de sentidos opostos de modo a provocar uma contradição.

Figuras de linguagem II
O audiovisual apresenta uma síntese das figuras de linguagem estudadas nesta unidade.

O GÊNERO EM FOCO: PROSA POÉTICA

A prosa poética rompe com as definições tradicionais de poema e prosa. Embora utilize linhas e parágrafos em vez de versos e estrofes, a prosa poética, a fim de proporcionar expressividade ao texto, trabalha imagens sugestivas e subjetivas por meio de diferentes recursos da linguagem poética. Esses recursos são as figuras de linguagem: comparações, metáforas, sinestesias, assonâncias, aliterações, hipérboles, inversões, repetições e exploração da sonoridade e do ritmo das palavras e frases.

Lembre-se

O texto "No rumo da estrela", embora empregue recursos característicos da linguagem poética, é um conto, gênero narrativo da esfera literária ficcional. Comparado a um romance ou a uma novela, o conto tem extensão bem menor e enredo menos complexo, com poucos ou apenas um conflito.

ORGANIZAR O CONHECIMENTO

O QUE VOCÊ JÁ SABE?

Agora, você já é capaz de...	Sim	Não	Mais ou menos
... caracterizar prosa poética?	☐	☐	☐
... identificar o uso de diferentes figuras de linguagem em textos poéticos (metáfora, antítese, comparação etc.)?	☐	☐	☐

Se você marcou não ou mais ou menos, retome a leitura de O gênero em foco: prosa poética.

Se você marcou não ou mais ou menos, revise o tópico De olho na construção de sentidos.

- Junte-se a um colega e montem no caderno o esquema a seguir, substituindo as perguntas pelas respectivas respostas. Ao final, vocês terão um resumo com as principais características da prosa poética. Se quiserem, incluam outras características ao resumo esquemático.

Prosa poética
- Quais são as principais características desse gênero textual?
- Utiliza o sentido conotativo ou denotativo como recurso para construção de imagens?

Agora vocês vão copiar este outro esquema, completando-o com exemplos de cada figura de linguagem.

Figuras de linguagem
- Aliteração:
- Anáfora:
- Antítese:
- Assonância:
- Comparação:
- Eufemismo:
- Ironia:
- Metáfora:
- Onomatopeia:
- Paradoxo:
- Personificação (ou prosopopeia):

E POR FALAR NISSO...

Em um texto poético, as imagens criadas – por meio da escolha de palavras, ritmo e encadeamento dado a elas, e pela forma como são alinhadas – transmitem uma mensagem e despertam no leitor sensações. Da mesma forma, uma pintura pode ser repleta de sentidos e expressar sentimentos.

A tela a seguir, *Noite estrelada sobre o Ródano*, foi realizada pelo pintor holandês Vincent van Gogh (1853-1890), nos últimos anos de sua vida. O artista sofria de transtornos mentais, e suas pinturas transmitem o que ele sentia e desejava que os outros sentissem.

VAN GOGH, Vincent. *Noite estrelada sobre o Ródano*. 1888.
Óleo sobre tela, 72,5 cm × 92 cm.

1. O que mais chama sua atenção no quadro? Por quê?
2. Que sentimentos e sensações ele desperta em você?
3. Que cores predominam nessa pintura? Essas cores têm algum significado especial para você? Por quê?
4. Que trecho (ou trechos) do conto "No rumo da estrela" você associaria a esse quadro? Converse sobre isso com seus colegas.

149

ESTUDO DA LÍNGUA: ANÁLISE E REFLEXÃO

COMO VOCÊ PODE ESTUDAR

1. **Estudo da língua** não é uma seção para decorar, mas para questionar e levantar problemas.
2. O trabalho com os conhecimentos linguísticos requer persistência. Leia e releia os textos e exemplos, discuta, converse.

REGÊNCIA VERBAL E REGÊNCIA NOMINAL

REGÊNCIA VERBAL

1. **Releia um trecho do texto de Marina Colasanti.**

   > "Nunca o moço esteve tão perto da amada. Nunca lhe pareceu tão bonita como agora. Pela primeira vez, a mão esquece o leme."

   a) Indique a transitividade e os complementos dos verbos *parecer* e *esquecer* no trecho citado.

   b) Leia estas frases atentando para a transitividade e o sentido dos verbos.

   Parece *que o moço está bem perto da amada.*

   *O moço se **esqueceu** da amada.*

   • Que diferença existe no uso dos verbos *parecer* e *esquecer* em comparação com a resposta dada no item anterior?

Lembre-se

O verbo é:
- **intransitivo** quando não precisa de complemento: *Joana **sorriu**.*
- **transitivo direto** quando precisa de complemento e este vem ligado a ele diretamente, sem preposição (**objeto direto**): *Joana **comprou um livro**.*
- **transitivo indireto** quando precisa de complemento e este vem ligado a ele por meio de preposição (**objeto indireto**): *Joana **gosta de Pedro**.*
- **transitivo direto e indireto** quando tem um complemento ligado a ele diretamente e outro por meio de preposição: *Joana **deu o livro a Pedro**.*

A transitividade do verbo depende do contexto. Em diferentes situações, o mesmo verbo pode ser intransitivo, transitivo direto, transitivo indireto, transitivo direto e indireto.

2. Leia o texto a seguir.

> ### Pequenos notáveis
>
> *Conheça os peixes criptobênticos!*
>
> Corais das mais diferentes formas, peixes grandes coloridos e tubarões cinzentos: essa é a imagem que a maioria das pessoas tem dos recifes de corais. De fato, esses ecossistemas **abrigam** diversas formas de vida marinha. Porém, muitas das espécies que **vivem** nos recifes de corais são pouco notadas até mesmo por mergulhadores experientes e atentos. Esse é o caso dos peixes criptobênticos!
>
> Pois é, o nome é longo e esquisito, mas a origem da palavra **diz** muito sobre essas espécies. "Cripto" significa oculto ou escondido e "bentônico" **se refere** a espécies que vivem junto ao fundo dos mares ou de rios. Portanto, peixes criptobênticos são espécies de peixes pouco visíveis que vivem bem próximo ao fundo do mar.
>
> [...]

Ciência Hoje das Crianças. Disponível em: <http://mod.lk/5i5dk>.
Acesso em: 18 maio 2018. (Fragmento).

a) Classifique os verbos destacados em transitivos ou intransitivos.

b) Quais são os complementos dos verbos transitivos? Qual dos complementos é acompanhado por preposição?

c) Compare estas frases.

*Você **provocou** uma terrível confusão.*

*Meu cachorro **provocou** o gato do vizinho para a briga.*

- Qual é o sentido do verbo *provocar* em cada caso? É possível relacionar a mudança na transitividade verbal à mudança de sentido?

REGÊNCIA VERBAL

Definir se um verbo deve ligar-se diretamente a seu complemento (como transitivo direto) ou por meio de preposição (como transitivo indireto) e as diferenças de sentido que, em geral, estão relacionadas a isso são questões que dizem respeito à **regência verbal**.

> A relação entre os verbos e seus complementos recebe o nome de **regência verbal**. Quando o verbo é empregado como transitivo direto, tem **regência direta**; quando é empregado como transitivo indireto, tem **regência indireta**.

As regras de regência verbal determinam se o verbo, quando usado com determinado sentido, deve ter regência direta ou indireta e, também, no caso de regência indireta, qual ou quais preposições devem ser usadas.

Até mesmo os verbos intransitivos estão sujeitos a essas regras de regência. Alguns deles, como *ir*, *vir* e *chegar*, pedem adjunto adverbial de lugar; esses adjuntos, em geral, vêm representados por locução adverbial iniciada por preposição, e a escolha dessa preposição também é uma questão de regência verbal.

> A relação entre alguns verbos intransitivos (como *ir* e *chegar*) e seus adjuntos também é chamada de **regência verbal**:
> *Fomos **ao** mercado.*
> *Os viajantes já chegaram **aos** Estados Unidos.*

ALGUMAS REGÊNCIAS VERBAIS QUE PROVOCAM DÚVIDA

Em situações informais, a regência prevista pela gramática normativa para verbos como *assistir*, *chegar*, *esquecer*, *ir*, *pagar* e *preferir* nem sempre é obedecida, pois o uso tornou muito mais frequente falar "assistir o filme" do que "assistir ao filme". Veja outros exemplos.

Queria assistir o jogo desde o começo, mas cheguei atrasado no estádio.

Você esqueceu de fechar a porta.

Vamos na lanchonete depois da aula?

Fique tranquila: já paguei o pipoqueiro.

Prefiro jornais do que revistas.

Em contextos formais, porém, seja em uma apresentação oral ou em uma prova, em que as normas urbanas de prestígio devem ser usadas, é necessário obedecer às regras previstas pela gramática normativa.

Para conhecer a regência de alguns verbos, veja o quadro a seguir.

Regência de alguns verbos segundo a gramática normativa
Agradar
• É transitivo direto quando significa "acariciar", "afagar": ***Agradei** bastante o cachorrinho.*   • É transitivo indireto no sentido de "contentar", "satisfazer": *As críticas não **agradaram ao** deputado.*
Aspirar
• É transitivo direto quando significa "sorver", "respirar": *Afrouxou a gravata e **aspirou o** ar.*   • É transitivo indireto no sentido de "pretender", "desejar". Nesse caso, o objeto indireto vem introduzido pela preposição *a* (ou *por*), não admitindo a substituição pela forma pronominal *lhe* (ou *lhes*), mas somente por *a ele(s)* ou *a ela(s)*: ***Aspiramos a** uma formação de boa qualidade. (Aspiramos **a ela**.)*

Assistir

- É transitivo indireto no sentido de "estar presente", "presenciar". Com esse significado, o objeto indireto deve ser introduzido pela preposição *a*. Se for expresso por pronome de 3ª pessoa, exigirá a forma *a ele(s)* ou *a ela(s)*, e não *lhe(s)*: **Assisti a** *alguns ensaios. (Assisti* **a eles***.)*
- É transitivo indireto no sentido de "favorecer", "caber (direito ou razão) a alguém". Nesse caso, pode construir-se com a forma pronominal *lhe(s)*: **Assiste ao** *moderador de um debate o direito de intervir. (O direito* **lhe** *assiste.)*
- Usa-se indiferentemente como transitivo direto ou indireto nos sentidos de "acompanhar", "ajudar", "prestar assistência", "socorrer": *Os voluntários* **assistiram os** *desabrigados pela chuva. O médico* **assistiu ao** *doente.*

Chegar

- Verbo intransitivo que exige a preposição *a* quando existe indicação de lugar: *Os candidatos* **chegaram ao** *local do exame muito nervosos.*

Ensinar

- Constrói-se com objeto direto de coisa e indireto de pessoa (ensinar algo a alguém): *Nós* **lhe** *(objeto indireto)* **ensinamos umas técnicas** *(objeto direto).*
- Nos sentidos de "adestrar", "educar", usa-se com objeto direto: *A experiência* **o ensinaria***.*

Esquecer / Lembrar

- Quando pronominais, isto é, acompanhados de pronome oblíquo correspondente à pessoa do sujeito, exigem complemento indireto, introduzido pela preposição *de*: **Esqueceu-se da** *agenda. Ainda* **me lembro da** *velha história.*
- Quando usados sem o pronome oblíquo, têm regência direta: **Esquecemos as** *anotações sobre a mesa.* **Lembrei a** *senha de repente.*

Implicar

- No sentido de "acarretar", "ter como consequência" ou "tornar necessário", tem regência direta: *A reforma da quadra de esportes* **implicou** *despesas inesperadas.*
- Nos demais sentidos, tem regência indireta e pode ser pronominal: *Você vive* **implicando com** *seu irmão. Ao tentar separar a briga, acabou* **implicando-se no** *caso.*

Ir

- Verbo intransitivo que exige a preposição *a* ou *para* quando há indicação de lugar (adjunto adverbial): **Vou à** *academia de ginástica porque gosto.* **Foi para** *o local combinado.*

Namorar

- É transitivo direto e exige, portanto, um objeto direto sem preposição: *Pedro namora Cecília*.
- Pode ser também intransitivo, sem complemento: *Álvaro gosta de* **namorar***.*

Obedecer / Desobedecer

- São transitivos indiretos: *O jornalista* **obedeceu às** *regras da direção. A criança* **desobedeceu às** *ordens do pai.*

Preferir

- Constrói-se com objeto direto e indireto, este último regido pela preposição *a*. Não admite modificadores, como *mais, muito mais, mil vezes* etc.: **Prefiro** *jornais* **a** *revistas.*

153

Responder
No sentido de "dar resposta", "dizer ou escrever em resposta", emprega-se geralmente: • com objeto indireto em relação à pergunta: *Todos **responderam às** perguntas feitas.* • com objeto direto para exprimir a resposta: ***Respondi** algo inesperado.*
Visar

• É transitivo direto no sentido de "mirar"; "pôr visto (em documento)": *O arqueiro **visou** o alvo com segurança. O funcionário **visava os** passaportes.*
• No sentido de "ter em vista", "ter por objetivo", constrói-se de duas maneiras:
   • com objeto indireto introduzido pela preposição *a*: *Aquela fundação não **visava a** lucros.*
   • com objeto direto (geralmente quando este é um verbo no infinitivo): *A reunião **visou** esclarecer possíveis dúvidas.*

Verbos e maestros

O termo *regência* nos faz lembrar um maestro regendo uma orquestra. E, de fato, nos dois casos (verbo e maestro) existe um ponto em comum: uma relação de interdependência entre o regente e os regidos. No caso da orquestra, o regente (o maestro) precisa orientar bem os regidos (os músicos), e estes precisam seguir as instruções para que a execução da música fique perfeita. De modo semelhante, na regência verbal deve haver harmonia entre o termo regente (o verbo) e o termo regido (o complemento). Substantivos, adjetivos e advérbios também regem complementos, como você verá mais adiante.

O maestro indiano Zubin Mehta rege, no Teatro Municipal de São Paulo, a Orquestra Sinfônica de Heliópolis, composta pelos moradores de uma das maiores favelas da América Latina (agosto de 2012).

Sentido e regência

Você já sabe que muitos verbos têm regências diferentes conforme o sentido que expressam. É interessante notar que, em geral, os sentidos relacionados a aspectos mais físicos e sensoriais têm regência direta, enquanto os sentidos mais metafóricos (simbólicos) têm regência indireta. Exemplo: **agradar o** cachorrinho (contato direto) × **agradar ao** deputado (sentido metafórico).

ACONTECE NA LÍNGUA

Na linguagem informal, é comum o emprego do verbo *namorar* acompanhado da preposição *com*. Veja esta tirinha.

NÍQUEL NÁUSEA   **FERNANDO GONSALES**

No segundo quadrinho, a regência do verbo *namorar* não é a recomendada pela norma culta, mas é muito frequente na fala e nas tirinhas.

REGÊNCIA NOMINAL

● Leia mais um trecho do texto "Pequenos notáveis".

> Esses peixes são praticamente **invisíveis** aos nossos olhos por serem bastante pequenos, com poucos centímetros de comprimento.

Ciência Hoje das Crianças. Disponível em: <http://mod.lk/5i5dk>. Acesso em: 18 maio 2018. (Fragmento).

a) A que classe gramatical pertence a palavra destacada?

b) O sentido dessa palavra na frase não está completo. Que expressão complementa o seu sentido?

c) Do ponto de vista sintático, essa expressão exerce, na frase, a função de complemento nominal. Recorde o que você já estudou sobre esse termo da oração, leve em conta o que acabou de observar e explique por que esse termo é chamado de complemento nominal.

d) A que classe gramatical pertence a palavra que introduz o complemento nominal?

REGÊNCIA NOMINAL

Assim como acontece com os verbos, também os substantivos, os adjetivos e os advérbios precisam, às vezes, de um complemento. A diferença é que, no caso dos verbos, esse complemento (o objeto) pode vir ligado a eles diretamente, mas, no caso dos substantivos, adjetivos e advérbios, ele sempre vem ligado por preposição.

> A relação do substantivo, adjetivo ou advérbio com seus complementos recebe o nome de **regência nominal**.

Às vezes, a preposição empregada para introduzir o complemento nominal pode alterar o sentido da oração. Compare, por exemplo, estas construções:

*Fechamos um acordo **com** os times rivais.*

*Fechamos um acordo **entre os** times rivais.*

Na primeira frase, aqueles que falam fizeram parte do acordo; na segunda, eles apenas mediaram esse acordo.

REGÊNCIAS MAIS COMUNS

Veja as preposições que geralmente são exigidas pelos substantivos e adjetivos para introduzir seu complemento.

Regência de alguns nomes conforme a gramática normativa		
Adjetivos		**Substantivos**
acessível *a* acostumado *a, com* adequado *a* alheio *a* amoroso *com* ansioso *por, para* atento *a* compatível *com, entre* contemporâneo *a, de* contrário *a* cuidadoso *com* curioso *com, de, por* digno *de* entendido *em* equivalente *a* essencial *a, para* favorável *a, para*	fiel *a* grato *a, por* hábil *em, para* indiferente *a* intolerante *a, com, para com* leal *a, para com* nocivo *a* obediente *a* oposto *a* orgulhoso *com, de, por* parecido *a, com* perito *em* preferível *a* propício *a, para* próximo *de, a* responsável *por* simpático *a* superior *a* útil *para* vazio *de*	acordo *com, entre* admiração *a, por* amor *a, por* antipatia *a, por* atenção *a, com, em, para* aversão *a, por* capacidade *de, para* desrespeito *a, por* disposição *a, para* horror *a, de, por* influência *sobre* obediência *a* ódio *a, de, contra* opinião *sobre, a respeito de* respeito *por, a, com, para com* queixa *contra, de* simpatia *a, por, para com* tensão *entre* união *com, entre*

PREPOSIÇÃO *DE* + VERBO NO INFINITIVO

Quando o complemento nominal é introduzido pela preposição *de* e o termo que o segue é sujeito de um verbo no infinitivo, a gramática normativa recomenda que não se faça a contração da preposição com esse termo.

sujeito do verbo *faltar*

Na hipótese de ele faltar, cancelaremos a reunião.

preposição exigida pelo substantivo *hipótese*

sujeito do verbo *estar*

O fato de o estádio não estar pronto justifica o adiamento do jogo.

preposição exigida pelo substantivo *fato*

REGÊNCIA DOS ADVÉRBIOS

Advérbios terminados em **-mente** derivados de adjetivos seguem, em geral, a mesma regência dos adjetivos que lhes deram origem.

***Diferentemente dos** peixes, os anfíbios possuem pálpebras.*

Muitas vezes, o complemento dos advérbios pode ser introduzido também por locuções prepositivas como *em* (ou *com*) *relação a*:

*Aja **responsavelmente em (com) relação ao** meio ambiente.*

ORGANIZAR O CONHECIMENTO

O QUE VOCÊ JÁ SABE?

Agora, você é capaz de...	Sim	Não	Mais ou menos
... reconhecer que a regência verbal é o modo como os verbos se ligam aos seus complementos e adjuntos?	☐	☐	☐
... caracterizar uma regência como direta ou indireta?	☐	☐	☐
... perceber que são as relações entre os substantivos, adjetivos ou advérbios com os seus complementos que determinam a regência nominal?	☐	☐	☐

Se você marcou **não** ou **mais ou menos**, retome a leitura de **Regência verbal**.

Se você marcou **não** ou **mais ou menos**, retome o item **Regência nominal**.

Regência verbal
- É a relação entre os verbos e seus complementos.
- Quando o verbo é empregado como transitivo direto, tem **regência direta**.
- Quando o verbo é empregado como transitivo indireto, tem **regência indireta**.

Regência nominal
- É a relação do substantivo, adjetivo ou advérbio com seus complementos.

Regência dos advérbios
- Advérbios terminados em **-mente** derivados de adjetivos seguem, em geral, a mesma regência dos adjetivos que lhes deram origem.

ATIVIDADES

1. Leia o anúncio a seguir.

> Sabemos brincar, alegrar e amar.
> **Só precisamos de um lar feliz.**
>
> Tudo o que fazemos é por amor aos cachorros, é isso que nos move. No Brasil, milhões de cães vivem nas ruas e 70% deles acabam em abrigos. Infelizmente, 90% destes nunca encontraram um lar.
> **Pedigree** acredita que todo cachorro merece um lar feliz e quer mudar esta realidade.
> Ajude-nos a ajudá-los. Participe da campanha **Adotar é tudo de bom 2011**.
>
> www.adotaretudodebom.com.br

Disponível em: <http://mod.lk/7zbkv>. Acesso em: 18 maio 2018.

a) Qual é o objetivo do anúncio?

b) Na frase "Só precisamos de um lar feliz.", o verbo *precisar* é transitivo direto ou transitivo indireto? Explique.

c) Como se classifica o complemento desse verbo?

2. Reescreva as frases substituindo os verbos destacados pelos dos parênteses. Faça as adaptações necessárias.

a) Os brasileiros **frequentam** muito os estádios de futebol. (ir)

b) Ela e a irmã **desejam** uma vida tranquila. (aspirar)

c) **Gosto** mais dos seriados do que das novelas. (preferir)

d) Ainda não **vi** o filme que ganhou o Oscar. (assistir)

3. Leia a tira e responda às perguntas a seguir.

GARFIELD JIM DAVIS

— A que você está assistindo? / Sei lá!
— Quem é o apresentador? / Sei lá!
— Qual é o enredo? / Estou vendo televisão! Pare de me fazer pensar!

a) Por meio do humor, a tira do Garfield faz uma crítica à televisão de modo geral. Qual é essa crítica?

b) A regência do verbo *assistir*, no primeiro quadrinho, está de acordo com a gramática normativa? Por quê?

c) Em sua opinião, a reprodução da fala da personagem Jon na tira está natural? Justifique sua resposta.

4. Leia o fragmento inicial do conto "A repartição dos pães", de Clarice Lispector.

> Era sábado e estávamos convidados para o almoço de obrigação. Mas cada um de nós gostava demais do sábado para gastá-lo com quem não queríamos. Cada um fora alguma vez feliz e ficara com a marca do desejo. Eu, eu queria tudo. E nós ali presos, como se nosso trem tivesse descarrilado e fôssemos obrigados a pousar entre estranhos.
>
> Ninguém ali me queria, eu não queria a ninguém. Quanto a meu sábado — que fora da janela se balançava em acácias e sombras — eu preferia, a gastá-lo mal, fechá-lo na mão dura, onde eu o amarfanhava como a um lenço. À espera do almoço, bebíamos sem prazer, à saúde do ressentimento: amanhã já seria domingo. [...]

CLARICE LISPECTOR. *Felicidade clandestina*: contos. Rio de Janeiro: Rocco Digital, 2013. p. 97. (Fragmento).

a) Levante hipóteses: na casa de quem seria o "almoço de obrigação" a que a narradora se refere?

b) Reveja estas diferentes ocorrências do verbo *querer* no texto. O sentido é o mesmo nos dois casos? Explique.

> "Cada um fora alguma vez feliz e ficara com a marca do desejo. Eu, eu **queria** tudo."
> "Ninguém ali me queria, eu não **queria** a ninguém."

c) Qual é a regência do verbo *querer* em cada uma dessas duas ocorrências?

d) Transcreva no caderno a frase em que foi usado o verbo *preferir*. Quais são, nesse caso, seus complementos direto e indireto?

e) Com base nessa construção com o verbo *preferir*, deduza qual foi o comportamento da narradora durante o almoço.

5. Reescreva as frases e complete-as com a preposição exigida pelos substantivos, adjetivos ou advérbios destacados.

a) O adolescente pôs os fones de ouvido e permaneceu lá quieto, **alheio** ✦ tudo.

b) Alain Prost foi **contemporâneo** ✦ Ayrton Senna na Fórmula 1.

c) O juiz decidiu **favoravelmente** ✦ réu.

d) Frutas frescas são **preferíveis** ✦ sucos industrializados.

e) Pessoalmente, sou **simpático** ✦ sua ideia.

6. Leia o trecho a seguir.

Estresse, poluição e falta de sono podem piorar a acne

A acne é uma doença da glândula sebácea, que passa a produzir mais sebo. Ele deixa um ambiente mais favorável à contaminação pelas bactérias presentes na pele e a acne se forma.

G1. Disponível em: <http://mod.lk/m8odm>. Acesso em: 18 maio 2018. (Fragmento).

a) Observe a manchete. O complemento do substantivo *falta* poderia ser eliminado? Por quê?

b) No primeiro parágrafo, há outra palavra que exige um complemento. Qual é ela e que preposição introduz esse complemento?

LEITURA E PRODUÇÃO DE TEXTO

A PRODUÇÃO EM FOCO

- Nesta unidade, você vai elaborar uma paródia. Durante a leitura dos próximos textos, fique atento:
  a) ao modo como o eu lírico de cada poema registra o nome da amada;
  b) às características e aos sentimentos do eu lírico e de seu interlocutor;
  c) aos aspectos formais do poema (divisão em estrofes, rimas, sonoridade, repetições etc.);
  d) à construção de sentidos no texto.

Glossário

Tênue: pouco espesso; delgado, fino.

CONTEXTO

Você vai ler a seguir dois poemas que falam de amor: um de Fagundes Varela e outro de Carlos Drummond de Andrade, importantes poetas do Brasil. O primeiro poema é romântico; o segundo, moderno. Essa diferença é percebida pelo modo como os autores tratam o assunto. Fagundes Varela escreve de maneira apaixonada, sentimental e exagerada; Drummond, de um modo quase brincalhão, faz uma paródia do poema de Varela, ou seja, retoma o tema desse poema e satiriza o sentimentalismo exagerado.

Texto A

As letras

Na **tênue** casca de verde arbusto
    Gravei teu nome, depois parti;
Foram-se os anos, foram-se os meses,
    Foram-se os dias, acho-me aqui.

Mas ai! o arbusto se fez tão alto,
    Teu nome erguendo, que mais não vi!
E nessas letras que aos céus subiam
    Meus belos sonhos de amor perdi.

FAGUNDES VARELA. *Cantos do ermo e da cidade*. Rio de Janeiro: B. L. Garnier, 1880. p. 113.

Biografia

O poeta romântico **Fagundes Varela** (1841-1875), patrono na Academia Brasileira de Letras, nasceu em São João Marcos, atualmente Rio Claro (RJ). Embora marcados pela angústia, solidão e sofrimento, seus versos apresentam o sentimento amoroso, a natureza e suas belezas, o patriotismo, a religiosidade, os problemas sociais. Publicou vários livros, entre eles *Cantos e fantasias* (1865), cujo poema "Cântico do calvário" é dedicado ao filho que morreu com três meses de idade.

O poeta por M. J. Garnier (s. d.).

Texto B

Sentimental

Ponho-me a escrever teu nome
com letras de macarrão.
No prato, a sopa esfria, cheia de escamas
e debruçados na mesa todos contemplam
esse romântico trabalho.

Desgraçadamente falta uma letra.
Uma letra somente
para acabar teu nome!

— Está sonhando? Olhe que a sopa esfria.
Eu estava sonhando...
E há em todas as consciências este cartaz amarelo:
"Neste país é proibido sonhar."

CARLOS DRUMMOND DE ANDRADE.
Alguma poesia. In: *Poesia completa*.
Rio de Janeiro: Nova Aguillar, 2003. p. 16.

Poemas de amor... ou não!

Conheça o que outros grandes poetas têm a dizer sobre o amor e outros demônios.

Biografia

Poeta, contista, cronista, tradutor, **Carlos Drummond de Andrade** (1902-1987) nasceu em Itabira de Mato Dentro (MG). Lançou seu primeiro livro, *Alguma poesia*, em 1930. Em seus versos, às vezes com humor e ironia, outras com muita emoção, retrata as grandes preocupações de seu tempo. É considerado um dos mais importantes poetas modernos do Brasil.

Drummond em foto de 1988.

ANTES DO ESTUDO DOS TEXTOS

1. Se não tem certeza de ter compreendido bem os textos, leia-os novamente.
2. Ao responder às questões a seguir, procure empregar o que já aprendeu ao ler outros textos e seja preciso em suas respostas.

ESTUDO DOS TEXTOS

DE OLHO NAS CARACTERÍSTICAS DO GÊNERO

SOBRE O TEXTO A

1. O eu lírico faz referência a um hábito comum entre os jovens apaixonados. Que hábito é esse?

2. Explique com suas palavras estes versos.

   "Foram-se os anos, foram-se os meses,
   Foram-se os dias, acho-me aqui."

3. Que versos expressam o desencanto do eu lírico e a impossibilidade de rever sua amada?

4. Releia estes versos.

   "E nessas letras que aos céus subiam
   Meus belos sonhos de amor perdi."

   - Como o eu lírico associa as letras entalhadas no arbusto à saudade que sente de sua amada?

5. Para o eu lírico o amor é possível ou é um sonho?

SOBRE O TEXTO B

1. Releia estes versos e responda.

   "e debruçados na mesa todos contemplam
   esse romântico trabalho."

   a) Quem são "todos"?
   b) Qual é o "romântico trabalho"?
   c) Quem está fazendo esse "romântico trabalho"?
   d) Por que o eu lírico considera esse trabalho romântico?
   e) Qual é a reação das pessoas em relação a esse fazer do eu lírico? Que palavra do texto revela isso?

2. Escrever o nome com macarrão estava complicado.
   a) Transcreva do poema o trecho que revela isso.
   b) Que sentimento o eu lírico demonstra nesse trecho?
   c) Que palavra do texto mostra esse sentimento?
   d) Quem interrompe o trabalho do eu lírico e por quê?

3. Qual alternativa exprime melhor a ideia provocada pela interrupção?
   a) Felizmente alguém me avisou que a sopa ia esfriar; preciso parar de perder tempo com bobagens sentimentais.
   b) Infelizmente as pessoas estão muito mais preocupadas com a vida prática do que com sonhos e sentimentos.

4. Releia este trecho do poema e responda.

   "Eu estava sonhando...
   E há em todas as consciências este cartaz amarelo:
   'Neste país é proibido sonhar'."

   a) Provavelmente, o poema estaria ambientado em uma sala de jantar. Porém, o cartaz não diz sala, mas país. Por que o autor usou esse termo?
   b) Depois de ter o sonho interrompido, o eu lírico usa um tom mais crítico. O que o poema critica?
   c) Explique o que você entende por "cartaz amarelo".

SOBRE OS TEXTOS A E B

1. Escreva o que há em comum entre os poemas.
   a) Em relação ao assunto.
   b) Em relação ao eu lírico.

2. Compare a forma e o tema nos dois poemas apontando as diferenças.

3. Escreva o que cada poema revela:
   a) sobre o eu lírico.
   b) sobre a pessoa amada.

4. Associe cada item abaixo ao texto A, ou ao B, ou a ambos.
   a) O distanciamento do real.
   b) Uma cena do cotidiano.
   c) Uma crítica ao mundo prático, sem sonhos.
   d) Um desabafo sentimental.

O GÊNERO EM FOCO: PARÓDIA

No poema "Sentimental", Carlos Drummond, de um jeito bem-humorado e descontraído, faz uma paródia do poema "As letras", de Fagundes Varela.

Paródia é um texto escrito a partir de outro, geralmente com a mesma estrutura, mas com conteúdos diferentes. A paródia pode ser uma crítica ou uma imitação cômica de uma obra séria: na maioria das vezes remete a textos de autores consagrados na literatura.

Há paródias que são construídas a partir de poemas, músicas, contos, fábulas e até de livros. E, ainda, as criadas na publicidade, na pintura e no cinema.

Ao criar sua paródia, Carlos Drummond faz uma observação irônica dos fatos; satiriza o amor romântico, o sentimentalismo exagerado e a paixão impossível presentes no poema de Fagundes Varela. Isso já pode ser observado logo nos primeiros versos quando, para lembrar seu amor, o poeta constrói seu texto a partir de uma situação concreta: o eu lírico usa letrinhas de sopa de macarrão (um registro efêmero, que logo desaparecerá assim que a sopa for ingerida). Essa construção se opõe à de Varela, em que o eu lírico registra seu amor na casca de uma árvore, na esperança de que seja eterno. Compare.

"Ponho-me a escrever teu nome
com letras de macarrão.
No prato, a sopa esfria, cheia de escamas
e debruçados na mesa todos contemplam
esse romântico trabalho."

"Sentimental", Drummond.

"Na tênue casca de verde arbusto
Gravei teu nome, depois parti;"

"As letras", Varela.

Drummond transforma a ideia de desesperança, das ilusões, dos sonhos e desejos perdidos expressos de forma dramática por Fagundes Varela em algo corriqueiro. Traz o sonho do amor ideal para o convívio cotidiano, para a realidade presente. Ao concluir o poema com uma crítica social — "Neste país é proibido sonhar." —, uma referência aos problemas políticos da época, estende esse sentimento a todas as relações, como um modo de interagir com o mundo. Observe.

"— Está sonhando? Olhe que a sopa esfria.
Eu estava sonhando...
E há em todas as consciências este cartaz
                                    amarelo:
'Neste país é proibido sonhar.'"

"Sentimental", Drummond.

"Mas ai! o arbusto se fez tão alto,
Teu nome erguendo, que mais não vi!
E nessas letras que aos céus subiam
Meus belos sonhos de amor perdi."

"As letras", Varela.

Como você pôde observar, a paródia de Drummond manteve a ideia original do poema de Varela, mas, a fim de mostrar o que poderia ser dito — que o amor é assim mesmo, que o amor não é eterno, que nem sempre é sofrimento —, o autor usou ironias, entre outros recursos (o uso de versos brancos, sem rimas, por exemplo), para criticar e se posicionar diante desse tema.

ORGANIZAR O CONHECIMENTO

O QUE VOCÊ JÁ SABE?

Agora, você já é capaz de...	Sim	Não	Mais ou menos
... reconhecer as características de uma paródia?	☐	☐	☐
... identificar a partir de quê as paródias são construídas?	☐	☐	☐

Se você marcou não ou mais ou menos, retome a leitura do tópico O gênero em foco: paródia.

- A imagem a seguir é uma paródia da obra *O grito*, criada em 1893 pelo escritor norueguês Edvard Munch. Junte-se a um colega e troquem ideias por que ela pode ser considerada uma paródia a partir das características desse gênero textual. Por fim, elaborem um esquema com os aspectos levantados por vocês.

NNLSHOP/SHUTTERSTOCK

Conheça mais sobre a obra O grito e seu autor acessando o site <http://mod.lk/dwwy9>.

Trilha de estudo
Vai estudar? Stryx pode ajudar! <http://mod.lk/trilhas>

Reprodução proibida. Art.184 do Código Penal e Lei 9.610 de 19 de fevereiro de 1998.

PRODUÇÃO DE TEXTO

PARÓDIA DE POEMA

O que você vai produzir

A partir do poema "As letras", ou do poema "Sentimental", ou de outro que preferir, você vai escrever uma paródia de amor para ser recitada para os colegas de outra turma.

NA HORA DE PRODUZIR

1. Siga as orientações apresentadas nesta seção. Seu texto deve ser coerente com a proposta.
2. Lembre-se de que você já leu e analisou textos do gênero que vai produzir. Se for o caso, retome o **Estudo do texto**.
3. Diante da folha em branco, persista. Nenhum texto fica pronto na primeira versão.

PLANEJE E DESENVOLVA SUA PARÓDIA

1. Considere inicialmente os seguintes aspectos.
    a) Selecione o poema que você vai parodiar. Essa escolha irá determinar a ideia de amor que você vai criticar ou satirizar.
    b) Imagine um amor que você tenha vivido ou esteja vivendo ou, ainda, que tenha desejo de viver. Você pode também pensar na história de amor vivida por alguém que você conhece.
    c) Defina o eu lírico do poema: como ele é, o que está sentindo: ele é romântico, sentimental, sonhador? Ou é realista, sensato e tem espírito prático?
    d) Defina para quem você vai dirigir seu poema: uma pessoa em especial ou leitores em geral.

2. Solte a imaginação e escreva seu texto.
    a) A princípio, escreva livremente, sem se preocupar com a forma definitiva do poema. Sinta-se à vontade para expressar seus sentimentos
    b) Organize a divisão em versos e estrofes e, se for o caso, considere as sílabas poéticas e o esquema de rimas. Você pode escolher também escrever de forma livre, sem rimas e na métrica irregular.

3. Considere as orientações a seguir.
    a) Lembre-se de que você está fazendo uma paródia: verifique se os versos apresentam humor, se são críticos, irônicos.
    b) Observe também se o tema original foi mantido.
    c) Reescreva o poema quantas vezes achar necessário e dê um título a ele.

AVALIE E APRESENTE SUA PARÓDIA

1. Verifique se você cumpriu cada um dos aspectos mencionados a seguir. Faça as alterações necessárias e passe o texto a limpo.

Aspectos importantes em relação à proposta e ao sentido do texto
Paródia
1. Expressa sensações e sentimentos em relação ao tema escolhido?
2. Está organizada em versos?
3. Apresenta humor, crítica em relação ao texto parodiado?
4. O eu lírico está claro? E o interlocutor (se houver)?
5. O novo texto manteve a ideia do texto original?
Aspectos importantes em relação à ortografia, à pontuação e às demais normas gramaticais
1. Está livre de problemas de pontuação e de ortografia?
2. As regências verbal e nominal estão corretas?

2. Antes de apresentar seu poema, observe as orientações abaixo.
    a) Você poderá decorar seu texto ou lê-lo para os colegas. É importante que sua interpretação tenha emoção e expressividade.
    b) Marque os termos que deverão ser recitados com mais força (como as repetições e as rimas) e em que momentos deverão ser feitas as pausas. Depois, ensaie a leitura várias vezes em voz alta.
    c) Fique atento ao ritmo do poema: observe quais sílabas merecem entonação mais forte e empregue as pausas e as pontuações adequadamente.

ATITUDES PARA A VIDA

O bom leitor consegue relacionar informações e conhecimentos que já possui e com isso ser criativo: criar novos entendimentos e novas percepções sobre o mundo e sobre si mesmo. Assim, para nos tornarmos melhores leitores, precisamos buscar sempre ampliar nosso conhecimento de mundo.

Leia atentamente os trechos a seguir, observe a imagem e depois responda às questões propostas.

"A leitura é um dos componentes da construção do desenvolvimento porque permite à criança e ao jovem a possibilidade de descobrir não apenas quem é, mas também quem quer e pode ser. Onde quer viver e como quer viver. A leitura dá acesso à informação e ao conhecimento, contribui para a construção do pensamento crítico, da argumentação, da capacidade de análise e da possibilidade de ir além. Muitas vezes é se conscientizar e mergulhar em universos muito diferentes da nossa própria realidade. É despertar, sobretudo, a criatividade e a imaginação, um poderoso alicerce para sonharmos e, mais adiante, realizarmos."

MARCELA PORTO. "Leitura: passaporte para um novo Brasil. Fazer do Brasil um país de leitores é condição para fazê-lo um país desenvolvido". Disponível em: <http://mod.lk/4aide>. Acesso em: 27 jul. 2018.

"A leitura faz do homem um ser completo, a conversa faz dele um ser preparado, e a escrita o torna preciso".

FRANCIS BACON (1561-1626).

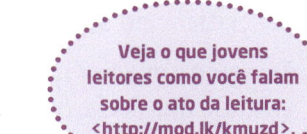

> Veja o que jovens leitores como você falam sobre o ato da leitura: <http://mod.lk/kmuzd>.

1. Os trechos citados são de épocas bem diferentes e destacam a importância da leitura. Você concorda com as ideias defendidas pelos autores? Por quê?
2. Como você relacionaria a imagem apresentada aos textos citados?
3. Você já leu algum livro, texto ou poema que tenha lhe surpreendido a ponto de sentir que se transformou ou repensou algo a partir dele? Que experiências de leitura foram importantes para você?

> Quanto mais informações temos, conseguimos estabelecer melhores relações e ampliar nosso entendimento. Quanto mais relações conseguimos estabelecer entre informações e conhecimentos já adquiridos, melhores leitores seremos.

4. Observe o título da matéria da qual foi extraído o primeiro trecho. No contexto marcado pelas redes sociais e aplicativos de comunicação instantânea, qual a importância de se aprimorar a leitura e a interpretação de textos?

5. Dentre as atitudes relacionadas abaixo, em sua opinião, quais vêm à sua mente ao pensar no poder transformador da leitura? Justifique suas escolhas.

	Persistir
	Controlar a impulsividade
	Escutar os outros com atenção e empatia
	Pensar com flexibilidade
	Esforçar-se por exatidão e precisão
	Questionar e levantar problemas
	Aplicar conhecimentos prévios a novas situações
	Pensar e comunicar-se com clareza
	Imaginar, criar e inovar
	Assumir riscos com responsabilidade
	Pensar de maneira interdependente

Quando uma pessoa é flexível, geralmente não acredita que apenas o que ela sabe ou pensa é certo ou verdadeiro. Pessoas flexíveis respeitam o que os outros têm a dizer, colocam sua opinião de forma respeitosa e não veem problema em mudar de perspectiva quando recebem novas opiniões em relação a um fato ou situação. Você se considera uma pessoa flexível?

6. Compartilhe suas escolhas com seus colegas e ouça a deles. Você acha que eles têm razão na escolha que fizeram? Você repensou alguma de suas escolhas a partir da opinião deles?

7. Nesta unidade, você aprendeu o que é uma paródia. Em sua opinião, por que, para produzir uma paródia, é preciso ser um bom leitor? Justifique sua resposta.

8. Na seção anterior, você produziu uma paródia de um poema. Quais atitudes indicadas acima foram fundamentais para você criá-la? E para apresentá-la aos seus colegas? Por quê?

9. Se as atitudes que você utilizou fossem empregadas no dia a dia pelas demais pessoas da sua comunidade escolar, você acha que isso poderia contribuir com a melhoria das relações pessoais? Se sim, como fazer para que isso se torne realidade?

ATITUDES PARA A VIDA

AUTOAVALIAÇÃO

Na segunda coluna (item 1) da tabela abaixo, marque com um X as atitudes que foram mais mobilizadas por você na produção de texto desta unidade.

Na terceira coluna (item 2), descreva a forma como você mobilizou cada uma das atitudes marcadas. Por exemplo: *Aplicar conhecimentos prévios a novas situações*: consegui associar informações e conhecimentos já adquiridos a situações e contextos novos.

Use o campo *Observações/Melhorias* para anotar o que pode ser melhorado tanto nos trabalhos a serem desenvolvidos nas próximas unidades como em outros momentos de seu cotidiano.

Atitudes para a vida	1. Atitudes mobilizadas	2. Descreva a forma como mobilizou a atitude assinalada
Persistir		
Controlar a impulsividade		
Escutar os outros com atenção e empatia		
Pensar com flexibilidade		
Esforçar-se por exatidão e precisão		
Questionar e levantar problemas		
Aplicar conhecimentos prévios a novas situações		
Pensar e comunicar-se com clareza		
Imaginar, criar e inovar		
Assumir riscos com responsabilidade		
Pensar de maneira interdependente		
Observações/Melhorias		

LEITURA DA HORA

"Era de vidro o seu olho esquerdo", assim o narrador-personagem inicia a história da qual foi extraído o trecho reproduzido a seguir. O narrador é um adulto que volta à infância e relembra os momentos de companheirismo e cumplicidade entre ele e seu avô. Em linguagem poética, o texto rompe as fronteiras do tempo e expõe episódios guardados na memória de seu narrador. São reflexões de uma criança marcando a vida de um adulto. Uma história que mistura realidade e fantasia.

O olho de vidro do meu avô

Era de vidro o seu olho esquerdo. De vidro azul-claro e parecia envernizado por uma eterna noite. Meu avô via a vida pela metade, eu cismava, sem fazer meias perguntas. Tudo para ele se resumia em um meio-mundo. Mas via a vida por inteiro, eu sabia. Seu olhar, muitas vezes, era parado como se tudo estivesse num mesmo ponto. E estava. Ele nos doava um sorriso leve com meio canto da boca, como se zombando de nós. O pensamento vê o mundo melhor que os olhos, eu tentava justificar. O pensamento atravessa as cascas e alcança o miolo das coisas. Os olhos só acariciam as superfícies. Quem toca o bem dentro de nós é a imaginação.

***

LEITURA

CONTEXTO

Malala ficou conhecida mundialmente por lutar pelo direito à educação nos países asiáticos, sobretudo a educação de meninas. Por defender essa causa, a ativista, aos 14 anos, sofreu em 2012 um ataque do Talibã e levou um tiro na cabeça. A brutalidade dessa tentativa de assassinato, por motivos políticos, contra uma criança, chocou o mundo.

Em 2013, Malala publicou, com a ajuda da jornalista Christina Lamb, o livro *Eu sou Malala: a história da garota que defendeu o direito à educação e foi baleada pelo Talibã*, no qual conta sua história, que representa a história de milhares de meninas paquistanesas. Leia um trecho a seguir.

Eu sou Malala

[...]

Um belo uniforme novo está pendurado na porta do meu quarto, verde-garrafa em vez de azul-real, de uma escola onde ninguém nem sonha em ser atacado por ir à aula ou em alguém explodir o prédio. Em abril eu já estava suficientemente recuperada para começar a ir à escola em **Birmingham**. É maravilhoso fazer isso sem precisar sentir medo, como eu sentia em **Mingora**, sempre olhando em volta a caminho da escola, apavorada com a possibilidade de um talibã aparecer de repente.

É uma boa escola. Muitas disciplinas são as mesmas que eu aprendia lá no vale, mas aqui os professores usam PowerPoint e computadores em vez de giz e quadro-negro. Há algumas matérias diferentes — música, arte, informática, economia doméstica (em que aprendemos a cozinhar) — e temos laboratório de ciências, o que é raro no Paquistão. Mesmo que eu tenha acertado apenas 40% das questões na prova de física, ela ainda é a minha matéria predileta. Adoro aprender sobre Newton e os princípios básicos que regem o universo.

Mas, como acontece com minha mãe, ando muito sozinha. É hora de fazer boas amizades, como eu tinha em casa. Aqui, as meninas me tratam de maneira diferente. Me veem como "Malala, a ativista dos direitos das meninas". Na Escola Khushal eu era simplesmente Malala, a mesma garota de juntas flexíveis que eles sempre conheceram, que adorava contar piadas e fazer desenhos para explicar as coisas. Ah, e que estava sempre brigando com seu irmão e melhor amigo! Acho que toda classe tem uma menina bem-comportada, uma menina muito inteligente ou gênio, uma menina muito popular, uma menina linda, uma menina um pouco tímida, uma menina notória… mas aqui ainda não descobri quem é quem. [...]

Meu mundo mudou muito. Nas prateleiras da nossa sala há prêmios do mundo inteiro — Estados Unidos, Índia, França, Espanha, Itália, Áustria, e muitos outros lugares. Fui até indicada para o **prêmio Nobel da Paz**, a pessoa mais jovem de todos os tempos. Quando ganhava prêmios pelo meu trabalho na escola, eu ficava feliz, pois trabalhava duro para merecê-los.

ANTES DE LER

1. De acordo com o título do texto, quem faz o relato?

2. Considere o título do livro de onde foi extraído o texto e responda: como você imagina que sejam os fatos relatados?

3. Por que o relato de uma adolescente de 16 anos teria sido publicado por uma importante editora?

Glossário

Birmingham: cidade da Inglaterra.

Mingora: cidade do Paquistão.

Prêmio Nobel da Paz: um dos cinco prêmios criados por Alfred Nobel para distinguir quem tenha realizado importante ação pela fraternidade entre as nações, pelo fim das guerras e pela promoção da paz. (Malala recebeu esse prêmio em 2014, juntamente com Kailash Satyarthi, ativista indiano pelos direitos das crianças.)

Mas esses outros prêmios são diferentes. Sou grata por eles, mas só me lembram quanto ainda falta fazer para atingir a meta de educação para todo menino e toda menina. Não quero ser lembrada como a "menina que foi baleada pelo Talibã" mas como "a menina que lutou pela educação". Essa é a causa para a qual estou dedicando minha vida.

Passei meu aniversário de dezesseis anos em Nova York, onde falei nas Nações Unidas. Ficar de pé ali e me dirigir a uma audiência naquele enorme salão, onde tantos líderes mundiais já discursaram, foi assustador, mas eu sabia o que queria falar. "Esta é a sua chance, Malala", disse a mim mesma. Havia apenas quatrocentas pessoas sentadas ali, mas imaginei milhões. Não escrevi o discurso tendo em mente apenas os delegados da ONU; escrevi para cada pessoa que possa fazer alguma diferença. Queria atingir as pessoas que vivem na miséria, as crianças forçadas a trabalhar e aquelas que sofrem com o terrorismo e a falta de educação. No fundo do meu coração eu esperava alcançar toda criança que pudesse ganhar coragem com as minhas palavras e se levantar por seus direitos.

Usei um dos xales brancos de Benazir Bhutto sobre meu *shalwar kamiz* predileto, e conclamei os líderes mundiais a prover educação gratuita para todas as crianças do mundo. "Que possamos pegar nossos livros e canetas", eu disse. "São as nossas armas mais poderosas. Uma criança, um professor, um livro e uma caneta podem mudar o mundo." Só fiquei sabendo como meu discurso foi recebido quando a audiência me aplaudiu de pé. Minha mãe estava em lágrimas e meu pai disse que eu tinha me tornado a filha de todo mundo.

[...]

Sei que vou voltar ao Paquistão, mas sempre que digo a meu pai que quero ir para casa, ele acha desculpas. "Não, Jani, seu tratamento ainda não acabou", ele diz, ou: "Estas escolas são boas. Você deveria ficar aqui e acumular conhecimento para poder usar suas palavras poderosamente".

Glossário

Talibã: Milícia islâmica sunita que surgiu nos anos 1980, no Afeganistão, durante a luta contra a intervenção soviética, e que atua no país com o objetivo de estabelecer um Estado organizado segundo os preceitos do islã.

Nações Unidas: modo de se referir à Organização das Nações Unidas.

ONU: sigla de Organização das Nações Unidas, organismo internacional fundado em 1945, após a Segunda Guerra Mundial, com o objetivo de facilitar as relações entre os países e promover a paz mundial.

Terrorismo: uma forma violenta de manifestar discordância, coagir e inibir ações por meio da prática de ações de terror.

Benazir Bhutto: paquistanesa que foi primeira-ministra por duas vezes; a primeira mulher chefe de governo de um Estado muçulmano moderno.

Shalwar kamiz: roupa tradicional do Sul da Ásia e Ásia Central, composta de calça e túnica longa, geralmente bem colorida.

Conclamei: clamei, pedi em conjunto.

Em 11 de outubro de 2012, manifestantes paquistaneses protestam em Quetta contra o atentado sofrido por Malala Yousafzai.

Ele tem razão. Quero aprender a usar a arma do conhecimento. Aí serei capaz de lutar mais efetivamente por minha causa. [...]

Meninas continuam a ser mortas e escolas, explodidas. Em março de 2013 houve um ataque a uma escola de moças em Karachi que havíamos visitado. Uma bomba e uma granada foram lançadas no *playground*, justamente na hora em que começaria uma cerimônia de entrega de prêmios. O diretor-geral, Abdur Rashid, foi morto, e oito crianças entre cinco e dez anos ficaram feridas. Outra, de oito anos, tornou-se deficiente. Quando minha mãe ouviu a notícia, começou a chorar. "Quando nossas crianças estão dormindo, não tocamos num só fio de cabelo delas. Mas há pessoas com armas que atiram e jogam bombas. Eles não se importam que as vítimas sejam crianças." O ataque mais chocante aconteceu em junho, na cidade de Quetta, quando um homem-bomba explodiu um ônibus que levava quarenta alunas para um colégio feminino. Catorze morreram. As feridas foram seguidas pelos terroristas até o hospital, onde algumas enfermeiras foram baleadas.

Não é só o Talibã que mata crianças. Às vezes são ataques de **drones**, às vezes a fome. E às vezes é a própria família. Em junho, duas meninas da minha idade foram assassinadas em Gilgit, que fica um pouco ao norte do Swat, por terem postado um vídeo *on-line* em que apareciam dançando na chuva com seus vestidos e **hijabs**. Tudo indica que um meio-irmão as matou.

Atualmente, o Swat é mais pacífico do que outros lugares, mas ainda há militares por toda parte, quatro anos depois de supostamente terem expulsado o Talibã. [...] O vale, que um dia foi um paraíso para os turistas, agora é visto como um local a temer. Estrangeiros que querem nos visitar precisam obter um certificado de não objeção das autoridades, em Islamabad. Hotéis e lojas de artesanato estão vazios. Vai demorar até que os turistas retornem.

Durante o último ano estive em muitos lugares, mas meu vale continua sendo o mais lindo do mundo. Não sei quando vou vê-lo de novo, mas sei que vou. Eu me pergunto o que aconteceu com o caroço de manga que plantei no nosso jardim no **Ramadã**. Imagino se alguém o está regando, para que um dia as futuras gerações possam apreciar a fruta.

[...] Paz em todo lar, toda rua, toda aldeia, todo país — esse é o meu sonho. Educação para toda criança do mundo. Sentar numa cadeira e ler livros com todas as minhas amigas, em uma escola, é um direito meu. Ver todo ser humano com um sorriso de felicidade é o meu desejo.

Eu sou Malala. Meu mundo mudou, mas eu não.

MALALA YOUSAFZAI COM CHRISTINA LAMB. *Eu sou Malala*: a história da garota que defendeu o direito à educação e foi baleada pelo Talibã. Trad.: Caroline Chang, Denise Bottmann, George Schlesinger e Luciano Vieira Machado. São Paulo: Companhia das Letras, 2013. p. 320-327. (Fragmento).

Biografia

Malala, em 2013, aos 16 anos.

Malala nasceu em Mingora, Paquistão, em 1997. Vivia na região do Vale do Swat, no norte do país, hoje sob o domínio do Talibã. Por seu ativismo em defesa do direito das meninas à educação, recebeu vários prêmios. Após o atentado que sofreu em 2012, quando tinha apenas 14 anos, foi acolhida pelo governo da Inglaterra, onde vive com sua família.

Biografia

A jornalista inglesa, coautora do livro *Eu sou Malala*, em 2005.

Christina Lamb nasceu em 1966, na Inglaterra. Atualmente, vive em Londres e em Portugal com o marido e o filho e trabalha para o jornal *Sunday Times*. É correspondente de guerra. Seu trabalho, desde 1987, tem sido sobre o Paquistão e o Afeganistão. É autora de cinco livros e já recebeu vários prêmios.

Glossário

Drones: pequenos veículos aéreos não tripulados, usados para espionagem, ataques, pesquisas etc.

Hijabs: espécie de lenços ou véus para cobrir a cabeça de mulheres muçulmanas.

Ramadã: nono mês do calendário islâmico, durante o qual os muçulmanos praticam o jejum ritual; trata-se de uma época de renovação da fé e prática de caridade.

ESTUDO DO TEXTO

ANTES DO ESTUDO DO TEXTO

1. Se não tem certeza de ter compreendido bem o texto, leia-o novamente.
2. Procure identificar as ideias apresentadas no texto e reflita: você concorda com elas? Por quê?
3. Ao responder às questões a seguir, procure empregar o que já aprendeu ao ler outros textos e seja preciso em suas respostas.

COMPREENSÃO DO TEXTO

1. De que trata o texto que você leu?
2. Em sua opinião, o título *Eu sou Malala* apresenta adequadamente o que está no relato? Por quê?
3. No texto, Malala faz um paralelo entre sua vida escolar no presente e em passado recente. Quais são as comparações que a menina faz?
4. Ao contar a própria história, Malala relata fatos históricos de seu país. Em sua opinião, esses fatos são importantes para que o leitor entenda quem é essa autora? Por quê?
5. Malala vivenciou duas realidades completamente diferentes que provocaram sentimentos também diferentes.
    a) Que sentimentos ela vivenciou na Inglaterra?
    b) Apesar das ameaças do Talibã, a ativista tinha vontade de voltar para sua terra natal? Por quê?
    c) Segundo Malala, como ela era vista na escola inglesa? Copie, no caderno, o trecho do texto que mostra isso.
    d) E em sua escola paquistanesa, como ela era vista? Copie, no caderno, o trecho do texto em que essa informação aparece.
    e) Em sua opinião, como Malala se sentia por ser vista de modo diferente pelas meninas inglesas?
6. Releia este trecho.

   > "Passei meu aniversário de dezesseis anos em Nova York, onde falei nas Nações Unidas. Ficar de pé ali e me dirigir a uma audiência naquele enorme salão, onde tantos líderes mundiais já discursaram, foi assustador, mas eu sabia o que queria falar. 'Esta é a sua chance, Malala', disse a mim mesma. Havia apenas quatrocentas pessoas sentadas ali, mas imaginei milhões."

    a) Por que Malala considerou assustadora a experiência de falar na ONU?
    b) Como Malala encarou essa experiência?
    c) Para a ativista, as quatrocentas pessoas que ouviam seu discurso pareciam milhões. Por que ela pensou assim?
7. Malala descreve a roupa que vestiu para se apresentar à ONU, destacando que usou um dos xales brancos de Benazir Bhutto.
    - O que representa esse ato no contexto em que Malala estava?
8. No texto, Malala fala de seus ideais.
    a) O que você acha dos ideais de Malala, das ideias que ela defende?
    b) Ao contrariar a ordem que o Talibã procurava estabelecer em seu país, Malala sabia que tanto ela como sua família corriam riscos. Você acha que ela se arrependeu dessas ações depois do atentado? Por quê?

9. O último parágrafo do texto pode ser considerado uma resposta de Malala aos responsáveis pelo atentado? Por quê?

DE OLHO NA CONSTRUÇÃO DOS SENTIDOS

1. Observe os destaques nos trechos citados. Depois, responda às questões.

> Fui **até** indicada para o prêmio Nobel da Paz, a pessoa mais jovem de todos os tempos.

> Me veem como **"Malala, a ativista dos direitos das meninas"**.

a) No primeiro trecho, o uso da palavra *até* demonstra que a menina encarou a indicação com naturalidade, surpresa, preocupação ou tristeza?

b) No segundo, as aspas (" ") têm o objetivo de destacar uma ideia ou apresentar um termo em sentido figurado?

2. Releia este outro trecho.

> "O ataque mais chocante aconteceu em junho, na cidade de Quetta, quando um homem-bomba explodiu um ônibus que levava **quarenta** alunas para um colégio feminino. **Catorze** morreram. As **feridas** foram seguidas pelos terroristas até o hospital, onde **algumas** enfermeiras foram **baleadas**."

• Entre as palavras destacadas, quais se referem a *alunas* e quais se referem a *enfermeiras*?

3. Explique o uso dos travessões e dos parênteses no seguinte trecho do texto.

> "[...] Há algumas matérias diferentes — música, arte, informática, economia doméstica (em que aprendemos a cozinhar) — e temos laboratório de ciências, o que é raro no Paquistão."

4. Releia este outro trecho.

> "Mesmo que eu tenha acertado apenas **40%** das questões na prova de física, ela ainda é a minha matéria predileta."

a) Quanto Malala acertou na prova de física? Isso é muito ou é pouco, considerando a prova inteira?

b) Malala empregou o termo *apenas* para referir-se ao resultado de sua prova. Por que ela teria a expectativa de acertar mais questões?

AUTOBIOGRAFIA

1. Releia um dos trechos do texto escrito por Malala.

   > "Usei um dos xales brancos de Benazir Bhutto sobre meu *shalwar kamiz* predileto [...]. 'Que possamos pegar nossos livros e canetas', eu disse. 'São as nossas armas mais poderosas. Uma criança, um professor, um livro e uma caneta podem mudar o mundo.' Só fiquei sabendo como meu discurso foi recebido quando a audiência me aplaudiu de pé. Minha mãe estava em lágrimas e meu pai disse que eu tinha me tornado a filha de todo mundo."

   a) Malala escreveu na 1ª pessoa ou na 3ª pessoa, no singular ou no plural? Quais palavras ou expressões do trecho comprovam isso?

   b) Em alguns momentos, ela escreveu também na 1ª pessoa do plural. Que palavras do trecho acima comprovam essa afirmação? Explique o porquê desse uso.

2. Releia o primeiro parágrafo do texto "Eu sou Malala" e faça o que se pede a seguir.

   a) Transcreva desse parágrafo duas palavras que indiquem que no texto são relatadas experiências da própria autora.

   b) Copie trechos que indiquem manifestação das emoções da autora.

3. No texto, além da voz de Malala, existem outras "vozes", ideias de outras pessoas, como aparece no trecho a seguir.

   > "Sei que vou voltar ao Paquistão, mas sempre que digo a meu pai que quero ir para casa, ele acha desculpas. 'Não, Jani, seu tratamento ainda não acabou', ele diz, ou: 'Estas escolas são boas. Você deveria ficar aqui e acumular conhecimento para poder usar suas palavras poderosamente'."

   a) Quem, além de Malala, fala nesse trecho?

   b) Que sinal foi usado para indicar a fala dessa pessoa? De que outra forma isso poderia ser sinalizado?

O GÊNERO EM FOCO: AUTOBIOGRAFIA

O texto que você leu é uma autobiografia.

> A **autobiografia** é um gênero textual em que uma pessoa faz um relato de acontecimentos relevantes de sua vida. Em geral, o autor é alguém cujas realizações são de interesse público e, por isso, as experiências dessa pessoa despertam o interesse dos leitores. A autobiografia pode ser considerada um relato pessoal, assim como o diário, embora apresente características diferentes desse gênero.

De modo geral, a autobiografia apresenta os fatos em **ordem cronológica**. Predominam nesse gênero o pretérito perfeito e o mais-que-perfeito do indicativo. É comum também que seja estabelecida no texto autobiográfico uma relação entre o passado e o presente, assim como faz Malala ao comparar sua experiência na escola na Inglaterra e em sua terra natal.

Outra característica do texto autobiográfico são as **marcas de autoria**. É possível identificar o uso predominante da 1ª pessoa do singular (**eu**), assim como a **subjetividade** (manifestação dos sentimentos, opiniões ou emoções do autor). No texto que você leu, Malala não só apresenta os fatos, mas ainda fala do que pensa e sente sobre eles.

O diário e a autobiografia são gêneros que têm semelhanças, mas são produzidos com intenções comunicativas muito diferentes. O diário íntimo não é escrito para ser lido, mas para servir como um registro pessoal de experiências.

A autobiografia de Malala, por sua vez, foi escrita com a intenção de divulgar acontecimentos e também pontos de vista e ideais da autora. O que organiza o texto não são as datas, como ocorre nos diários, mas a sequência dos acontecimentos e a relevância que a autora escolheu atribuir a eles.

As autobiografias são destinadas ao público em geral e, por isso, predomina nesse texto o emprego das normas urbanas de prestígio.

ORGANIZAR O CONHECIMENTO

1. Sob orientação do professor, reúna-se com alguns colegas. Vocês vão pesquisar textos autobiográficos. Cada grupo deve escolher um autor que atue em diferentes segmentos: ciência, entretenimento, filosofia, política etc.

   a) Verifiquem quais são as características desses textos: se são escritos em 1ª pessoa, se o autor expressa sentimentos e emoções, se são empregadas as normas urbanas de prestígio, se outras vozes aparecem no texto.

   b) Verifiquem que tipo de informações esses autores apresentam sobre o contexto e procurem entender por que eles decidiram mencionar esses fatos.

O QUE VOCÊ JÁ SABE?

Agora, você já é capaz de...	Sim	Não	Mais ou menos
... reconhecer que os acontecimentos da autobiografia foram vividos pelo autor?	☐	☐	☐
... perceber que a autobiografia é, em geral, escrita na 1ª pessoa do singular e com verbos no passado?	☐	☐	☐
... identificar que as experiências do autor da autobiografia são de interesse público?	☐	☐	☐

Se você marcou não ou mais ou menos em algum caso, retome a leitura de O gênero em foco: autobiografia.

2. Copie o esquema a seguir, no caderno, substituindo as questões pelas respectivas respostas. Ao final, você terá um resumo com as principais características da autobiografia.

Autobiografia
- Defina autobiografia.
- Que pessoa do discurso e que tempo verbal são predominantes?
- Qual o público-alvo e o registro utilizado nesse gênero?

E POR FALAR NISSO...

A obra da artista mexicana Frida Kahlo (1907-1954) está entre as mais representativas do século XX. Frida expôs sua experiência de vida e eternizou a própria imagem em diversos autorretratos. "Pinto a mim mesma porque sou sozinha e porque sou o assunto que conheço melhor", dizia a pintora. No quadro a seguir, ela se retratou duplamente. Observe:

KAHLO, Frida. *As duas Fridas*, 1939. Óleo sobre tela. 173,5 cm × 173 cm. Realizada quando Frida se separou de seu companheiro, o pintor Diego Rivera, esta obra revela o sofrimento e a esperança de superação da artista. A Frida da esquerda tem o coração ferido e recebe apoio da Frida da direita.

● Reúna-se com alguns colegas da turma e observem atentamente os elementos da tela de Frida Kahlo, procurando refletir e conversar sobre as questões a seguir.

a) A artista retratou-se de dois modos muito diferentes, mas fez os corações das duas figuras ligados entre si. O que você acha que isso poderia simbolizar?

b) Vítima de poliomielite e de um grave acidente na juventude, Frida colocou em muitas das suas obras imagens de dor física e tristeza. Observando *As duas Fridas* é possível encontrar elementos que nos fazem pensar também na busca da coragem para vencermos nossos problemas. Que elemento(s) da tela sugere(m) essa ideia de superação?

c) Frida demonstrou através da pintura um desejo de superação de suas limitações físicas e de seus sofrimentos. Para você, que outras atividades artísticas poderiam servir de veículo para compartilhar experiências individuais marcantes? Compartilhe ideias com seus colegas.

ESTUDO DA LÍNGUA: ANÁLISE E REFLEXÃO

COMO VOCÊ PODE ESTUDAR

1. **Estudo da língua** não é uma seção para decorar, mas para questionar e levantar problemas.
2. O trabalho com os conhecimentos linguísticos requer persistência. Leia e releia os textos e exemplos, discuta, converse.

VOZES VERBAIS

1. O trecho A, a seguir, foi retirado do texto "Eu sou Malala", que você leu no início da unidade. O trecho B é uma reescrita desse mesmo trecho. Leia-os para responder às questões.

   Trecho A

   "[...] aqui os professores usam PowerPoint e computadores em vez de giz e quadro-negro."

   Trecho B

   PowerPoint e computadores são usados aqui pelos professores em vez de giz e quadro-negro.

   a) No trecho A, qual é o sujeito e qual é o objeto?
   b) No trecho B, qual é o sujeito?
   c) Você percebeu alguma diferença de sentido entre as frases?

2. Releia o trecho a seguir, também retirado do texto "Eu sou Malala".

   "Uma criança, um professor, um livro e uma caneta podem mudar o mundo."

   a) Qual é o sujeito e qual é o objeto desse trecho?
   b) Reescreva o trecho de tal modo que o sujeito seja *o mundo*.
   c) Em qual oração *o mundo* tem maior destaque: no trecho retirado do texto ou no trecho que você reescreveu? Justifique sua resposta.

3. Leia um trecho do livro *Contos do baobá: 4 contos da África Ocidental*.

   [...] Tanto faz, o fato é que ele quase **se deu** mal quando encontrou um espertalhão cuja fama desconhecia...

   MATÉ. *Contos do baobá*: 4 contos da África Ocidental. São Paulo: Global, 2017. p. 30 (Fragmento).

   • Nesse trecho, note que o sujeito *ele* é afetado pelo processo verbal destacado. Em qual das orações a seguir isso também ocorre? Por quê?

   I. Ela se deu um livro de aniversário.
   II. Ela deu um livro de aniversário para o filho.

VOZES VERBAIS

Na questão 1, você viu duas versões da mesma oração. Embora tenham significado semelhante, nessas orações são atribuídos papéis diferentes ao sujeito. A responsável por essa diferença é o que chamamos de voz verbal.

> **Voz verbal** é o nome que damos à forma que o predicado assume para atribuir determinado papel ao sujeito da oração.

Existem três vozes verbais na língua portuguesa: a ativa, a passiva e a reflexiva. Você vai estudar cada uma e conhecer alguns exemplos.

VOZ ATIVA E VOZ PASSIVA

> A **voz ativa** é a mais frequentemente usada. Em geral, quando a oração está nessa voz, o sujeito é agente, isto é, pratica o processo expresso pelo verbo.

Veja este exemplo:

Eu plantei um caroço de manga.
- Eu → sujeito agente
- plantei → núcleo do predicado verbal
- um caroço de manga → objeto direto

> A **voz passiva** é empregada quando se quer dar maior importância à pessoa ou coisa afetada pelo processo do que àquela que o desencadeou. A pessoa ou coisa afetada pelo processo é chamada de **sujeito paciente**.

Um caroço de manga foi plantado por mim.
- Um caroço de manga → sujeito paciente
- foi plantado → núcleo do predicado

A voz passiva só é possível com **verbos transitivos diretos** (ou diretos e indiretos), uma vez que, para sua construção, é necessário que haja uma pessoa ou coisa afetada pelo processo verbal (o objeto direto da voz ativa). Essa pessoa ou coisa passará a ser, na construção com a voz passiva, o sujeito paciente.

Uma das maneiras de construir a voz passiva é usando uma locução verbal formada por verbo *ser* + particípio: *é plantado*, *foi plantado*, *será plantado*.

Nos exemplos que acabamos de analisar, o termo que era objeto direto do verbo na voz ativa (**um caroço de manga**) passa a ser na segunda frase o sujeito paciente do verbo na voz passiva. E o sujeito do verbo na voz ativa (**eu**) continua presente na construção com a voz passiva, passando a funcionar na segunda frase como agente da passiva (**por mim**).

> **Agente da passiva** é o termo da oração que representa aquele ou aquilo que desencadeia o processo verbal quando o verbo se encontra na voz passiva. Em geral, é introduzido pela preposição *por* ou por suas contrações *pelo(s)*, *pela(s)*.

Transitividade verbal e voz passiva

Para comprovar, na prática, que é impossível passar para a voz passiva orações com verbos transitivos indiretos, intransitivos ou de ligação, tente fazer essa transformação nas orações a seguir.
- *Os novos alunos precisam de atenção.* (verbo transitivo indireto)
- *A professora sorriu.* (verbo intransitivo)
- *O menino estava apavorado.* (verbo de ligação)

Observando esses exemplos, podemos concluir que, na passagem de locuções verbais para a voz passiva:

- a **última forma verbal** da locução que expressa a voz passiva é sempre um **particípio** (*lido*), que corresponde ao verbo principal da ativa;
- a **flexão** de modo e tempo do verbo auxiliar da locução, na ativa, passa para o **primeiro verbo** da locução na passiva (***está** lendo* → ***está** sendo lido*);
- quando a locução da voz passiva tem **três verbos**, o segundo deles pode estar no **infinitivo** (*vai **ser** lido*), no **gerúndio** (*está **sendo** lido*) ou no **particípio** (*tivesse **sido** lido*).

ACONTECE NA LÍNGUA

O filme foi assistido?

Na linguagem informal, é comum que certos verbos transitivos indiretos sejam passados para a voz passiva. Por exemplo:

Muitas pessoas assistiram ao filme.

O filme foi assistido por muitas pessoas.

Isso ocorre porque, em situações informais, as pessoas também não usam a preposição na voz ativa (dizendo "assistir **o** filme", em vez de "assistir **ao** filme"), portanto estão acostumadas a tratar o complemento do verbo como objeto direto.

VOZ REFLEXIVA

Observe estes exemplos:

*Paulo **vestiu-se** apressadamente.*
*Joana **alegrou-se** com a chegada do filho.*
*O copo **espatifou-se**.*
*Bia e seu amigo **abraçaram-se** com saudade.*

Os verbos destacados nos exemplos acima estão na voz reflexiva, a terceira do sistema de vozes verbais da língua portuguesa.

A **voz reflexiva** indica que o sujeito é afetado pelo processo verbal.

Às vezes, o sujeito pode ser aquele que inicia e controla o processo, como ocorre em *Paulo vestiu-se apressadamente*.

Outras vezes, o processo pode ser deflagrado por um agente externo (*Joana alegrou-se com a chegada do filho*) ou estar fora do controle do sujeito (*O copo espatifou-se*).

Quando o sujeito é composto (tem mais de um núcleo), a construção reflexiva pode indicar reciprocidade, como ocorre em *Bia e seu amigo abraçaram-se com saudade*.

A voz reflexiva é indicada pelo acréscimo de um **pronome oblíquo** antes ou depois do verbo. Esse pronome deve concordar com a pessoa do discurso a que se refere o sujeito (por exemplo, 1ª pessoa: *me, nos*; 3ª pessoa: *se*).

Verbos pronominais

Muitas vezes, usamos a voz reflexiva não porque queremos destacar que o sujeito é afetado pelo processo verbal, mas simplesmente porque o verbo exige o pronome oblíquo. Esse tipo de verbo é chamado de **pronominal**. Exemplos:

*Ele se **arrependeu** pelas atitudes do passado.*

***Atenha-se** ao que lhe foi solicitado, sim?*

*Não posso **me queixar** da vida.*

***Comportem-se** diante dos convidados!*

*Nós **nos orgulhamos** de nossa família.*

ORGANIZAR O CONHECIMENTO

O QUE VOCÊ JÁ SABE?

Agora, você já é capaz de...	Sim	Não	Mais ou menos
... perceber que o sujeito da oração estabelece relação com a ação expressa pelo verbo?	☐	☐	☐
... identificar as formas em que as vozes verbais se apresentam: ativa, passiva ou reflexiva?	☐	☐	☐

Se você marcou não ou mais ou menos, retome a leitura do tópico **Vozes verbais**.

Se você marcou não ou mais ou menos, retome a leitura do tópico **Voz ativa e voz passiva**.

● Junte-se a um colega e, no caderno, copiem e completem o esquema a seguir.

Vozes verbais

- **Voz passiva:** é usada quando se quer dar ênfase à pessoa ou coisa afetada pelo processo verbal.
  - Analítica: verbo ▧ + ▧.
  - Sintética: pronome ▧ junto ao verbo.

- **Voz ativa:** é a mais frequente. Em geral, o ▧ pratica a ação expressa pelo verbo.

- **Voz reflexiva:** indica que o sujeito é afetado pelo processo verbal. Quando o sujeito é ▧, pode indicar reciprocidade.

ATIVIDADES

ATITUDES PARA A VIDA

Ao responder às questões, busque exatidão e precisão para garantir que você entendeu o que estudou.

1. Leia a tira.

URBANO, O APOSENTADO — Antônio Silvério

Quadrinho 1: PESQUISAS MOSTRAM QUE O **SORVETE** FOI INVENTADO HÁ CERCA DE 3 MIL ANOS.
Quadrinho 2: NO INÍCIO ERA FEITO COM NEVE, SUCO DE FRUTA E MEL.
Quadrinho 3: O HOMEM-ALMANAQUE ATACOU NOVAMENTE!

a) Qual dos seguintes sentidos da palavra *almanaque* aplica-se ao contexto em que ela aparece na tira?

> **1.** calendário com os dias e os meses do ano, os feriados, as luas, as festas etc.; folhinha
>
> **2.** folheto ou livro que, além do calendário do ano, traz diversas indicações úteis, poesias, trechos literários, anedotas, curiosidades etc.
>
> **3.** edição especial, mais volumosa, de revistas (esp. de histórias em quadrinhos), de publicação esporádica ou periódica
>
> **4.** anuário genealógico e diplomático que contém as genealogias das famílias reinantes e principescas, além de outras informações
>
> *Grande dicionário eletrônico Houaiss da língua portuguesa.* 2. ed. Rio de Janeiro: Instituto Antônio Houaiss, 2018.

b) Por que a personagem Urbano se intitula "o Homem-Almanaque"?

c) Nos primeiros dois balões da tira, o sujeito *o sorvete* (oculto no segundo caso) é agente ou paciente? Explique.

d) Que voz verbal foi usada para marcar essa condição do sujeito *o sorvete*?

e) Existe um agente da passiva nas orações sobre o sorvete? Explique por que esse agente da passiva foi (ou não) colocado.

2. Reescreva na voz passiva o trecho da notícia a seguir. Justifique sua escolha.

> O Departamento Municipal de Proteção e Defesa dos Direitos do Consumidor (Procon Fortaleza) acatou o plano da Empresa Brasileira de Correios e Telégrafos (ECT) para ressarcir os consumidores prejudicados pelo incêndio ocorrido no último dia 13 de fevereiro, na Central de Distribuição.
>
> *Diário do Nordeste.* Disponível em: <http://mod.lk/wivn7>. Acesso em: 25 jul. 2018. (Fragmento).

3. Leia as quatro manchetes a seguir.

Texto A

Gabriel García Márquez é homenageado com doodle do Google

Disponível em: <http://mod.lk/prdsb>.
Acesso em: 25 jul. 2018.

Texto B

Rua é usada para depósito de lixo e entulho em Divinópolis

Disponível em: <http://mod.lk/d08ef>.
Acesso em: 25 jul. 2018.

Texto C

Museu da História de Medicina apresenta exposição sobre a segunda médica a atuar no Rio Grande do Sul

Disponível em: <http://mod.lk/5nr0z>.
Acesso em: 25 jul. 2018.

Texto D

Bairro da periferia se sente esquecido

Disponível em: <http://mod.lk/ppkpd>.
Acesso em: 25 jul. 2018.

a) Em que vozes verbais estão os verbos ou as locuções verbais?

b) A escolha das vozes identificadas nos textos A, B e C foi determinada pela necessidade de enfatizar qual elemento em cada caso? Explique sua resposta.

c) Explique a voz utilizada no texto D.

ATIVIDADES

4. Leia o boxe abaixo e, no caderno, indique se as frases seguintes estão na voz passiva ou na voz reflexiva. Justifique.

> **ATENÇÃO!**
>
> Tome cuidado para não confundir a **voz passiva sintética** com a **voz reflexiva**. Um verbo na passiva sintética pode sempre ser passado para a passiva analítica, mas um verbo na voz reflexiva, não. Compare:
>
> *Perdeu-se um guarda-chuva.* → *Um guarda-chuva **foi perdido**.*
>
> *A avó **zangou-se** com o neto.* → *A avó **foi zangada** com o neto.*

a) O marinheiro cortou-se quando puxava a âncora.

b) Cortaram-se os subsídios para o trigo.

c) Na reunião, levantou-se até a questão dos preços da cantina.

d) Camila levantou-se e não quis mais ler.

5. Observe esta capa de livro:

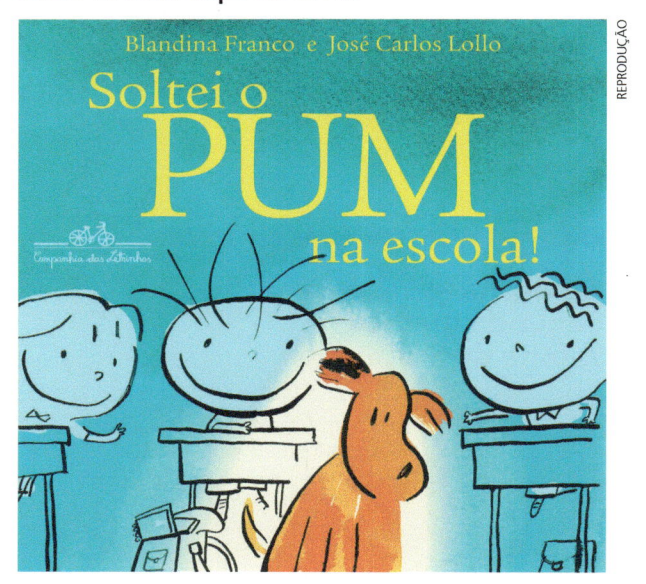

Blandina Franco e José Carlos Lollo — Soltei o PUM na escola! (Companhia das Letrinhas)

a) Relacione os elementos visuais da capa com o título do livro e responda: quem deve ser o Pum?

b) O título do livro, como você pode notar, está na voz ativa. Transforme-o na voz passiva analítica e, em seguida, na voz passiva sintética.

c) Agora, imagine que, além do Pum, foi solto na escola o Amendoim, um gato. Como ficaria esse título, tanto na voz ativa, como na voz passiva analítica?

d) No item **c**, o que aconteceu com a flexão do verbo na voz passiva analítica?

192

6. Leia estas frases.

   I. A mãe maquia-se e penteia-se em frente do espelho.
   II. O sorvete derreteu-se antes que pudéssemos tomá-lo.
   III. Acho que o motorista se perdeu.
   IV. Pedro e Bianca telefonam-se todos os dias.

   a) Qual é a pessoa ou coisa afetada pelo processo que cada verbo destacado expressa?

   b) Em qual das frases o pronome *se* indica reciprocidade, isto é, poderia ser trocado pela expressão *um ao outro*?

   c) Quanto ao significado, em quais das frases o sujeito inicia e controla a ação expressa pelo verbo destacado?

   d) Troque os sujeitos *a mãe* e *o motorista* por *minha avó e eu* e por *eu*, respectivamente, e reescreva as frases no caderno.

   e) O que você observou em relação ao pronome *se*?

7. Compare duas orações: uma está com verbo na voz passiva sintética e outra tem sujeito indeterminado.

   I. Dorme-se melhor após ouvir uma música calma.
   II. Nesta cama tão confortável, dorme-se um sono tranquilo e revigorante.

   a) Qual dessas orações está na voz passiva sintética? Justifique sua resposta.

   b) Apesar de terem estruturas diferentes e uma classificação sintática também distinta, as construções das orações A e B têm algo em comum. Copie, no caderno, a opção que aponta a semelhança entre elas.

   • As duas apresentam um sujeito paciente, isto é, que sofre o processo expresso pelo verbo.
   • Nos dois casos, não se pode ou não se quer revelar a identidade daquele que pratica o processo expresso pelo verbo.
   • Em ambos os casos, o objeto vem obrigatoriamente após o verbo.

8. Leia o anúncio abaixo.

Lixo e esgotos são lançados diretamente nos rios brasileiros. Os mesmos de onde é captada a água do seu chá.
Ajude a mudar esta situação.
Acesse www.aguaonline.com.br

Instituto Brasileiro de Estudos e Ações de **Saneamento Ambiental**

Glossário

Mais questões no livro digital

Saneamento ambiental: conjunto de ações voltadas à preservação do ambiente e, portanto, da qualidade de vida das populações que o habitam. Inclui medidas relacionadas à captação e ao tratamento da água, destinação do lixo e combate à poluição.

a) O anúncio pretende sensibilizar o leitor para uma questão de interesse coletivo. Qual é ela?

b) A foto produzida para o anúncio é adequada para provocar essa sensibilização? Por quê?

c) O anúncio sugere que o leitor acesse um *site* para obter informações. Que tipo de informação você esperaria encontrar no *site* indicado?

d) Duas das orações que formam o texto principal do anúncio estão na voz passiva. Quais são elas?

e) Nas orações identificadas no item **d**, por que os redatores omitiram o agente da passiva em cada caso?

TESTE SEUS CONHECIMENTOS

> Para responder à questão a seguir, é importante que você tenha compreendido as características das vozes verbais, principalmente no que se refere à transposição de vozes (ativa para passiva e vice-versa) e a correlação entre os tempos e modos verbais.
>
> O texto a seguir é a base para sua resposta; portanto, leia-o com bastante atenção. Após a leitura, responda às perguntas que acompanham cada uma das alternativas e, por fim, assinale a correta, ou seja, aquela cuja resposta seja **SIM**.

(Unesp)

Leia o excerto do livro *Violência urbana*, de Paulo Sérgio Pinheiro e Guilherme Assis de Almeida, para responder à questão.

De dia, ande na rua com cuidado, olhos bem abertos. Evite falar com estranhos. À noite, não saia para caminhar, principalmente se estiver sozinho e seu bairro for deserto. Quando estacionar, tranque bem as portas do carro [...]. De madrugada, não pare em sinal vermelho. Se for assaltado, não reaja – entregue tudo.

É provável que você já esteja exausto de ler e ouvir várias dessas recomendações. Faz tempo que a ideia de integrar uma comunidade e sentir-se confiante e seguro por ser parte de um coletivo deixou de ser um sentimento comum aos habitantes das grandes cidades brasileiras. As noções de segurança e de vida comunitária foram substituídas pelo sentimento de insegurança e pelo isolamento que o medo impõe. O outro deixa de ser visto como parceiro ou parceira em potencial; o desconhecido é encarado como ameaça. O sentimento de insegurança transforma e desfigura a vida em nossas cidades. De lugares de encontro, troca, comunidade, participação coletiva, as moradias e os espaços públicos transformam-se em palco do horror, do pânico e do medo.

A violência urbana subverte e desvirtua a função das cidades, drena recursos públicos já escassos, ceifa vidas – especialmente as dos jovens e dos mais pobres –, dilacera famílias, modificando nossas existências dramaticamente para pior. De potenciais cidadãos, passamos a ser consumidores do medo. O que fazer diante desse quadro de insegurança e pânico, denunciado diariamente pelos jornais e alardeado pela mídia eletrônica? Qual tarefa impõe-se aos cidadãos, na democracia e no Estado de direito?

PINHEIRO, Paulo Sérgio e ALMEIDA, Guilherme Assis de. *Violência urbana*. São Paulo: Publifolha, 2003.

O trecho "As noções de segurança e de vida comunitária foram substituídas pelo sentimento de insegurança e pelo isolamento que o medo impõe." (2º parágrafo) foi construído na voz passiva. Ao se adaptar tal trecho para a voz ativa, a locução verbal *foram substituídas* assume a seguinte forma:

a) substitui.

> A forma verbal *substitui* apresenta a mesma flexão de tempo que o verbo auxiliar da locução *foram substituídas*?

b) substituíram.

> A forma verbal *substituíram* concorda com o sujeito da voz ativa e tem a mesma flexão do verbo auxiliar da locução verbal *foram substituídas*?

c) substituiriam.

> Na locução verbal *foram substituídas*, o verbo auxiliar *foram* está flexionado no futuro do pretérito do modo indicativo, assim como o verbo *substituiriam*?

d) substituiu.

> O sujeito da voz ativa está no singular e estabelece concordância com a forma verbal *substituiu*?

e) substituem.

> O verbo auxiliar da locução verbal *foram substituídas* apresenta a mesma flexão de tempo que o verbo *substituem*?

LEITURA E PRODUÇÃO DE TEXTO

A PRODUÇÃO EM FOCO

- Nesta unidade, você vai escrever sobre uma experiência que viveu. Antes, leia o texto ao lado, prestando atenção:
  a) aos fatos marcantes relatados no trecho;
  b) às ações e às impressões de quem os relata;
  c) ao tempo e ao lugar relacionados aos fatos.

CONTEXTO

Você vai ler a seguir um texto autobiográfico de Stephen Hawking, um dos cientistas mais famosos do planeta, pois, além de ter feito grandes descobertas sobre o universo, soube, de fato, se comunicar com especialistas e também com pessoas leigas.

Stephen Hawking escreveu vários artigos e livros para explicar os mistérios do universo. Entre eles, destaca-se o livro *Uma breve história do tempo*, publicado no final da década de 1980, que vendeu milhares de exemplares.

No texto que você vai ler, extraído do livro *Minha breve história*, Hawking conta sobre outro universo: sua história, desde a infância em Londres, Inglaterra, até o reconhecimento científico internacional como um dos mais brilhantes cosmologistas de nossos tempos.

Sem fronteiras

Quando eu tinha vinte e um anos e contraí **esclerose lateral amiotrófica**, achei muito injusto. Por que aquilo tinha de acontecer comigo? Na época, pensei que minha vida tivesse terminado e que nunca concretizaria o potencial que acreditava possuir. Mas hoje, cinquenta anos depois, estou bastante satisfeito com minha vida, fui casado duas vezes e tenho três filhos lindos e bem-sucedidos. Tive sucesso na minha carreira científica: acho que a maioria dos físicos teóricos concordaria que a minha previsão de emissão quântica de **buracos negros** está correta, embora ela ainda não tenha me valido um Prêmio Nobel, porque é muito difícil de verificá-la experimentalmente. Por outro lado, ganhei o ainda mais valioso **Fundamental Physics Prize**, que me foi dado pela importância teórica da descoberta, apesar de ela não ter sido confirmada por experimentos.

Minha deficiência não foi um obstáculo sério no meu trabalho científico. Inclusive, acho que de certa forma foi uma vantagem: não tive de dar palestras ou aulas a estudantes de graduação, nem precisei participar de tediosos comitês que consomem muito tempo. Dessa forma, pude me dedicar por completo à pesquisa.

Para os meus colegas de trabalho, sou apenas mais um físico, mas, para o público em geral, me tornei possivelmente o cientista mais famoso do mundo. Isso se deve em parte ao fato de que, com exceção de **Einstein**, cientistas não são astros de *rock* conhecidos por todos, e em parte porque me encaixo no estereótipo do gênio deficiente. Não posso me disfarçar com uma peruca e óculos escuros — a cadeira de rodas me denuncia.

Glossário

Esclerose lateral amiotrófica: rara doença degenerativa que afeta a medula espinhal e atrofia os músculos.

Buracos negros: segundo o *Dicionário Houaiss*, "região do espaço-tempo dotada de um campo gravitacional de tal modo intenso que dela nada pode fugir, inclusive a radiação eletromagnética".

Fundamental Physics Prize: prêmio destinado a físicos envolvidos em pesquisas fundamentais; é conhecido como o Nobel Russo.

Einstein (1879-1955): físico teórico alemão, radicado nos Estados Unidos, que desenvolveu a teoria da relatividade geral, um dos pilares da física moderna.

Ser famoso e facilmente reconhecível tem seus prós e contras. Os contras são o fato de que pode ser difícil fazer coisas comuns, como ir às compras sem ser importunado por pessoas querendo tirar fotos, e de que no passado a imprensa se interessou de maneira pouco saudável pela minha vida pessoal. Mas os contras são mais do que compensados pelos prós. As pessoas parecem genuinamente felizes em me ver. Tive a maior audiência da minha vida quando apresentei os Jogos Paralímpicos em Londres, em 2012.

Tive e tenho uma vida completa e prazerosa. Acredito que pessoas com deficiências devem se concentrar nas coisas que a desvantagem não as impede de fazer, e não lamentar as que são incapazes de realizar. No meu caso, consegui fazer quase tudo o que queria. Viajei bastante. Visitei a **União Soviética** sete vezes. Da primeira vez, fui com um grêmio estudantil em que um dos membros, um batista, queria distribuir Bíblias em russo e nos pediu para entrar com elas clandestinamente. Conseguimos fazer isso sem sermos pegos, mas, quando chegou a hora de irmos embora, as autoridades já tinham nos descoberto e nos detiveram por um tempo. Porém, nos acusar de contrabandear Bíblias teria causado um incidente internacional, além de publicidade desfavorável, de forma que nos liberaram após algumas horas. As outras seis visitas foram para encontrar com cientistas russos que na época não tinham autorização para vir ao ocidente. Com o fim da União Soviética, em 1990, muitos dos melhores cientistas trocaram-na pelo ocidente, de modo que não vou à Rússia desde então.

Também visitei o Japão seis vezes, a China três vezes, e todos os continentes, incluindo a Antártica, com exceção da Austrália. Conheci os presidentes de Coreia do Sul, China, Índia, Irlanda, Chile e Estados Unidos. Dei palestras no Grande Salão do Povo em Pequim e na Casa Branca. Estive debaixo do mar em submarino, no céu em um balão e num voo com gravidade zero, e marquei de ir ao espaço com a empresa Virgin Galactic.

Meus primeiros trabalhos mostraram que a relatividade geral clássica **colapsava** nas **singularidades** do *Big Bang* e dos buracos negros. Minhas pesquisas posteriores mostraram como a **teoria quântica** pode prever o que acontece no começo e no fim do tempo. Tem sido um período glorioso para se viver e fazer pesquisa no campo da física teórica. Fico feliz se acrescentei algo ao nosso conhecimento do universo.

STEPHEN HAWKING. *Minha breve história*. Trad.: Alexandre Raposo, Julia Sobral Campos e Maria Carmelita Dias. Rio de Janeiro: Intrínseca, 2013. p. 135-140. (Fragmento).

Stephen Hawking teve uma participação especial em um episódio da série de TV estadunidense *The Big Bang Theory*, gravado em março de 2012. Na foto, o cientista aparece ao lado do ator Jim Parsons, que interpreta um físico no programa.

Glossário

União Soviética: União das Repúblicas Socialistas Soviéticas (URSS); Estado formado em 1922 por 15 países, que foi extinto em 1991. Atualmente, esses países são independentes.

Colapsava: entrava em colapso.

Singularidades: particularidades.

Big Bang: explosão cósmica que pode ter dado origem ao universo.

Teoria quântica: teoria voltada para o estudo dos sistemas que têm dimensões próximas da escala atômica.

Biografia

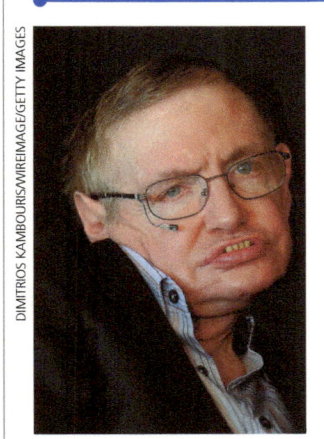

O físico britânico em 2010.

Stephen Hawking nasceu em Oxford, Inglaterra, em 1942. Cursou física na Universidade de Oxford e consagrou-se como um dos maiores cientistas do século, vindo a falecer em 2018. Sua vida já foi contada em documentários e filmes, entre eles o premiado *A teoria de tudo* (Reino Unido, 2015. Direção: James Marsh).

Hawking

Assista a um trecho do documentário no livro digital ou no Portal Aribá.

ESTUDO DO TEXTO

ANTES DO ESTUDO DO TEXTO

1. Se não tem certeza de ter compreendido bem o texto, leia-o novamente.
2. Procure identificar as ideias apresentadas no texto e reflita: você concorda com elas? Por quê?
3. Ao responder às questões, procure empregar o que já aprendeu ao ler outros textos e seja preciso em suas respostas.

Trilha de estudo
Vai estudar? Stryx pode ajudar!
<http://mod.lk/trilhas>

DE OLHO NAS CARACTERÍSTICAS DO GÊNERO

1. No texto que você acabou de ler, o que justifica o título "Sem fronteiras"?
2. Qual é o tema central desse texto?
3. Stephen Hawking compara os prós e os contras de ser famoso. Qual é a conclusão dele sobre a fama?
4. Como o cientista avalia as limitações impostas pela doença em relação ao trabalho que ele desenvolveu?
5. Releia o trecho a seguir.

> "[...] Na época, pensei que minha vida tivesse terminado e que nunca concretizaria o potencial que acreditava possuir. Mas hoje, cinquenta anos depois, estou bastante satisfeito com minha vida, fui casado duas vezes e tenho três filhos lindos e bem-sucedidos. Tive sucesso na minha carreira científica [...]."

a) Que termos ou palavras desse parágrafo indicam que o autor está falando dele mesmo?
b) Das palavras que você usou para responder à questão acima, quais são verbos? Eles estão conjugados na 1ª ou na 3ª pessoa do singular?

PRODUÇÃO DE TEXTO

AUTOBIOGRAFIA

NA HORA DE PRODUZIR

1. Siga as orientações apresentadas nesta seção.
2. Lembre-se de que você já leu e analisou textos do gênero que vai produzir. Se for o caso, retome o **Estudo do texto**.
3. Diante da folha em branco, persista. Nenhum texto fica pronto na primeira versão.

O que você vai produzir

Você vai escrever um capítulo de sua autobiografia. Embora você tenha ainda vivido poucos anos, certamente tem algumas experiências interessantes para compartilhar.

PLANEJE SEU TEXTO

1. Pense em fatos marcantes que você tenha vivenciado ou presenciado e selecione momentos de sua vida que considera interessantes para um leitor de sua idade. Por exemplo: um acontecimento com sua família, uma experiência com seus amigos, ou algo vivenciado na escola (o primeiro dia de aula, a chegada de um novo colega ou professor, a superação de alguma dificuldade etc.).
2. Reflita sobre as experiências vividas. Pense principalmente em suas ações, mas também resgate sentimentos, expectativas e sensações relacionados a essas experiências.
3. Pense em como esse fato se relaciona com sua vida hoje em dia. Em seu texto, será importante associar o passado com o presente.

ELABORE A AUTOBIOGRAFIA

1. Escreva o capítulo de sua autobiografia considerando suas reflexões.

2. Comece sua produção de texto situando o lugar e o tempo dos fatos relatados para o leitor. Para isso, utilize marcadores temporais como "no fim das férias", "antes do primeiro dia de aula", "na última noite antes da volta às aulas" etc.

3. Como as experiências relatadas são anteriores ao momento da produção do texto, você vai precisar utilizar verbos no passado ao longo do texto. Utilize verbos e pronomes na 1ª pessoa do singular ou do plural.

4. Apresente suas ações e seus sentimentos, sensações e emoções.

5. Se você introduzir as falas de outras pessoas, marque-as com aspas ou travessão, para que não se misturem à sua voz no texto.

6. Finalmente, procure mostrar ao leitor os efeitos e as consequências das experiências relatadas contando o que você aprendeu com elas. Não se esqueça de criar um título para seu texto.

AVALIE E REVISE A PRODUÇÃO

1. Releia o texto considerando os critérios do quadro a seguir.

Aspectos importantes em relação à proposta e ao sentido do texto
Autobiografia
1. Apresenta dados autobiográficos com o uso predominante da 1ª pessoa do singular?
2. Apresenta boa marcação do tempo ao longo da sequência narrativa, com o uso de verbos e outros marcadores temporais?
3. Desenvolve ações no passado e mantém uma relação do passado com o presente?
4. Contém impressões (sentimentos, emoções, reflexões) das experiências relatadas ao longo do texto?
5. Está escrito em uma linguagem mais informal e cotidiana, mas de acordo com as normas urbanas de prestígio?
6. Indica as falas de outras pessoas com aspas ou travessão (se houver outras falas de outras personagens)?
Aspectos importantes em relação à ortografia, à pontuação e demais normas gramaticais
1. Está livre de problemas de ortografia?
2. Foi feito o uso adequado dos tempos e modos verbais?
3. Fez bom uso da pontuação?

2. Revise seu texto com base na avaliação do quadro, reescrevendo o que for necessário.

3. Passe seu texto a limpo.

ATITUDES PARA A VIDA

Observe as imagens a seguir, leia o texto que as acompanha e, depois, responda às perguntas.

"Entre e experimente calçar os sapatos e se colocar no lugar de outra pessoa"

O Museu da Empatia está em São Paulo

A proposta é que os visitantes experimentem se colocar no lugar de pessoas que passaram por episódios difíceis na vida, como lutos e preconceitos.

Os visitantes terão a chance de andar por dez minutos com os sapatos de um dos 25 brasileiros que compartilharam suas histórias de vida, enquanto escutam pelo fone de ouvido o depoimento da pessoa a quem eles pertenceram.

Disponível em: <http://mod.lk/su1rx>. Acesso em 22 jul. 2018.

1. As imagens acima são de uma instalação artística. Você sabe o que é isso? Levando em conta o texto lido e as imagens, tente descrevê-la.

2. Em sua opinião, qual é a proposta da instalação "Caminhando em seus sapatos..."? Sobre o que ela fala?

A palavra **empatia** refere-se ao sentimento que temos quando somos tocados por algo que aconteceu a outra pessoa. Para treinar a empatia, que tal fazer um exercício? Quando você fizer algo para alguém, tente se perguntar, antes de fazê-lo, se você gostaria que alguém fizesse isso com você. Quando ficamos mais atentos às nossas ações e mais atentos ao mundo que nos rodeia, desenvolvemos cada vez mais a nossa empatia.

3. O que você achou dessa instalação? Você já experienciou algo parecido? Como foi? Você gostaria de visitar uma instalação assim?

4. Das atitudes relacionadas abaixo, quais vêm à sua mente ao pensar na instalação "Caminhando em seus sapatos..."?

	Persistir
	Controlar a impulsividade
	Escutar os outros com atenção e empatia
	Pensar com flexibilidade
	Esforçar-se por exatidão e precisão
	Questionar e levantar problemas
	Aplicar conhecimentos prévios a novas situações
	Pensar e comunicar-se com clareza
	Imaginar, criar e inovar
	Assumir riscos com responsabilidade
	Pensar de maneira interdependente

5. Por que você fez essas escolhas?

6. Seus colegas assinalaram as mesmas atitudes que você? Você acha que eles têm razão nas escolhas que fizeram? Conversem sobre as respostas que deram.

7. Ao produzir sua autobiografia, você expressou algumas das atitudes mencionadas acima? Quais e em que momentos? Por que foi importante aplicá-las?

Quando escutamos o relato de vida de alguém, sua história e as dificuldades que precisou enfrentar, podemos tentar nos colocar em seu lugar. Para escutar as outras pessoas, é importante se desprender de preconceitos e ser respeitoso com a história de cada uma delas. Um mundo em que haja mais empatia e respeito é, sem dúvida, um mundo mais livre de preconceitos.

ATITUDES PARA A VIDA

8. Propostas como "Caminhando em seus sapatos..." podem propiciar uma reflexão sobre a importância da empatia e do respeito à história das pessoas e à diversidade. Em sua escola, as pessoas costumam "andar umas com os sapatos das outras"? O que fazer para que isso se torne cada vez mais realidade?

AUTOAVALIAÇÃO

Na segunda coluna (item 1) da tabela abaixo, marque com um X as atitudes que foram mais mobilizadas por você na produção de texto desta unidade.

Na terceira coluna (item 2), descreva a forma como você mobilizou cada uma das atitudes marcadas e seu desempenho quanto a elas. Por exemplo: *Escutar os outros com atenção e empatia: procurei estar atento à opinião dos colegas e respeitar o ponto de vista deles*.

Use o o campo *Observações/Melhorias* para anotar o que pode ser melhorado tanto nos trabalhos a serem desenvolvidos nas próximas unidades quanto em outros momentos de seu cotidiano.

Atitudes para a vida	1. Atitudes mobilizadas	2. Descreva a forma como mobilizou a atitude assinalada
Persistir		
Controlar a impulsividade		
Escutar os outros com atenção e empatia		
Pensar com flexibilidade		
Esforçar-se por exatidão e precisão		
Questionar e levantar problemas		
Aplicar conhecimentos prévios a novas situações		
Pensar e comunicar-se com clareza		
Imaginar, criar e inovar		
Assumir riscos com responsabilidade		
Pensar de maneira interdependente		
Observações/Melhorias		

LEITURA DA HORA

O texto a seguir é um pequeno trecho da obra *Longa caminhada até a liberdade*, autobiografia de Nelson Mandela, o primeiro presidente negro da África do Sul, de 1994 a 1999. Trata-se da história de uma vida marcada pela luta contra o preconceito e a opressão da maioria negra da população sul-africana. Antes de ser eleito, em 1994, Mandela ficou preso por 27 anos, devido à sua luta pela liberdade e pela paz em seu país. Com esta leitura, você verá qual é o conceito de liberdade defendido por ele. Nelson Mandela deixou o poder em 1999 e seguiu trabalhando ativamente pelos direitos humanos e contra o racismo. Faleceu em dezembro de 2013, em sua residência em Joanesburgo.

Liberdade

Não nasci com fome de liberdade. Nasci livre — livre em todas as formas que eu conhecia. Livre para correr pelos campos perto da choupana da minha mãe, livre para nadar no riacho límpido que atravessava a minha aldeia, livre para assar milho sob as estrelas e cavalgar os amplos lombos dos touros vagarosos. Desde que eu obedecesse meu pai e respeitasse a tradição da minha tribo, eu não era incomodado pelas leis dos homens ou de Deus.

Foi apenas quando comecei a aprender que a minha liberdade da infância era uma ilusão, quando descobri ainda jovem que a minha liberdade já havia sido tirada de mim, que comecei a sentir fome dela. Primeiramente, ainda estudante, eu queria liberdade apenas para mim mesmo, as liberdades transitórias de poder ficar fora de casa à noite, de ler o que bem quisesse e ir para onde bem entendesse. Mais tarde, como um homem jovem em Johannesburgo, ansiei pelas liberdades básicas e honradas de realizar o meu potencial, de ganhar o meu sustento, de me casar e ter uma família — a liberdade de não ser obstruído em uma vida na legitimidade.

Mas, então, lentamente vi que não apenas eu não era livre, mas os meus irmãos e irmãs não eram livres. Vi que não era apenas a minha liberdade que havia sido cerceada, mas a liberdade de todos aqueles que tinham a mesma aparência que eu. Isso foi quando entrei para o Congresso Nacional Africano, e foi quando a fome pela minha própria liberdade tornou-se a fome maior pela liberdade do meu povo. Foi este desejo pela liberdade do meu povo viver suas vidas com dignidade e amor próprio que animou a minha vida, que transformou um jovem amedrontado em um jovem ousado, que impeliu um advogado respeitador da lei a se tornar um

LEITURA DA HORA

criminoso, que transformou um marido com muito amor pela família em um homem sem lar, que forçou um homem amante da vida a viver como um monge. Não sou mais virtuoso ou altruísta que qualquer outro homem, mas descobri que não podia nem mesmo desfrutar as liberdades medíocres e limitadas que me davam quando eu sabia que o meu povo não estava livre. A liberdade é indivisível, correntes prendendo qualquer pessoa do meu povo eram correntes prendendo todos eles, correntes prendendo todo o meu povo eram correntes me prendendo.

Foi durante aqueles longos e solitários anos que a minha fome pela liberdade do meu povo tornou-se uma fome pela liberdade de todos os povos, brancos e negros. Eu sabia tão bem quanto sabia qualquer coisa que o opressor tem que ser libertado tanto quanto o oprimido. Um homem que tira a liberdade de outro homem é um prisioneiro do ódio, ele está preso por detrás das grades do preconceito e da pobreza de espírito. Não sou verdadeiramente livre se estou tirando a liberdade de outra pessoa, tão certamente quanto não estou livre quando a minha liberdade é tirada de mim. O oprimido e o opressor igualmente têm sua humanidade roubada.

Quando saí da prisão, esta era a minha missão, libertar os oprimidos e o opressor. Alguns dizem que isso foi atingido agora. Mas eu sei que não é o caso. A verdade é que ainda não estamos livres; meramente conseguimos a liberdade de sermos livres, o direito de não sermos oprimidos. Ainda não demos o passo final da nossa jornada, mas o primeiro passo em uma estrada mais longa e ainda mais difícil. Pois para ser livre não basta abandonar as correntes, mas viver de uma forma que respeite e aumente a liberdade dos outros. A verdadeira prova da nossa devoção à liberdade está apenas começando.

Percorri aquela longa estrada até a liberdade. Tentei não esmorecer; dei passos em falso pelo caminho. Mas descobri o segredo que depois de escalarmos uma grande colina, descobrimos apenas que há muitas outras colinas a escalar. Dei uma pausa agora para descansar um pouco, para apreciar a vista gloriosa ao meu redor, para relembrar a distância que percorri. Mas posso descansar apenas por um instante, pois com a liberdade vêm responsabilidades, e não me atrevo em me demorar, pois minha longa caminhada ainda não terminou.

NELSON MANDELA. *Longa caminhada até a liberdade*. Trad.: Paulo Roberto Maciel Santos. Curitiba: Nossa Cultura, 2012. p. 762-764. (Fragmento).

PARA SE PREPARAR PARA A PRÓXIMA UNIDADE

Na próxima unidade, você vai analisar textos da esfera jornalística (reportagem e artigo de opinião) sobre um tema pertinente: igualdade de gêneros. Antes, dê uma olhada em alguns *links* que selecionamos para você.

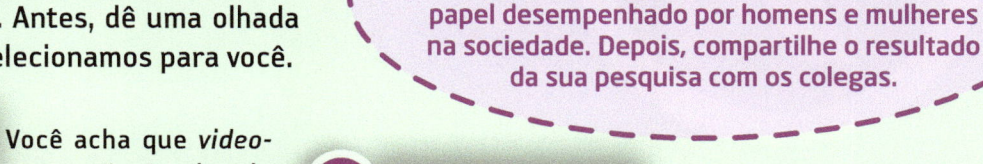

> Pesquise, em jornais, revistas ou *sites*, reportagens ou artigos de opinião que tratem da desigualdade de gênero ou do papel desempenhado por homens e mulheres na sociedade. Depois, compartilhe o resultado da sua pesquisa com os colegas.

1 Você acha que *videogame* não é coisa de menina? Então confira o canal de Julie Minegirl e tire suas conclusões: <http://mod.lk/0xc5u>.

2 Assista a esses depoimentos de meninas que curtem *games* falando sobre preconceito e superação: <http://mod.lk/kuo71>.

3 Confira essa reportagem sobre o interesse de meninas em *games*: <http://mod.lk/9aayr>.

4 O filósofo Mario Sergio Cortella afirma: "O contrário do machismo não é o feminismo; o contrário do machismo é a inteligência". Confira: <http://mod.lk/97xre>.

5 **Período composto por coordenação**

Este objeto digital apresenta conteúdo sobre período composto por coordenação. Acesse: <http://mod.lk/repxa>.

O QUE VOCÊ JÁ SABE?

Até esse momento, você seria capaz de...	Sim	Não	Mais ou menos
... reconhecer que a reportagem aborda um fato de forma ampla e aprofundada?	☐	☐	☐
... diferenciar reportagem de um texto de opinião?	☐	☐	☐
... identificar o ponto de vista expresso em um texto argumentativo?	☐	☐	☐
... detectar diferentes tipos de argumento para sustentar um ponto de vista?	☐	☐	☐
De acordo com o conteúdo do objeto digital *Período composto por coordenação*, você seria capaz de...	**Sim**	**Não**	**Mais ou menos**
... perceber que as orações coordenadas apresentam independência sintática e semântica em um período composto?	☐	☐	☐
... constatar que não há conjunção nas orações coordenadas assindéticas?	☐	☐	☐
... reconhecer que as orações coordenadas sindéticas são introduzidas por uma conjunção?	☐	☐	☐

UNIDADE 7

ELAS TÊM PODER

EM FOCO NESTA UNIDADE

- Reportagem; artigo de opinião
- Orações coordenadas
- Produções: reportagem baseada em entrevista; artigo de opinião

Em 2018, a seleção brasileira de futebol feminino venceu pela sétima vez a Copa América, torneio realizado desde 1991.

ESTUDO DA IMAGEM

- A imagem desta página mostra a comemoração da seleção brasileira de futebol feminino na Copa América realizada no Chile em 2018. Converse com seus colegas:

    a) O que vocês sabem sobre esse assunto?

    b) Vocês têm conhecimento da relevância do time brasileiro no futebol feminino?

    c) Vocês acham que a mídia oferece o mesmo espaço para falar do futebol feminino e do futebol masculino? Por quê?

LEITURA E PRODUÇÃO DE TEXTO

ANTES DE LER

- Leia o título da reportagem, observe as imagens do texto e troque ideias com os colegas sobre as questões a seguir.
  a) Que tipos de atitude machista você imagina que as mulheres enfrentam ao jogar *on-line*?
  b) O que as pessoas entrevistadas têm em comum?

CONTEXTO

Em anos anteriores você estudou gêneros jornalísticos como a reportagem e a entrevista. Esses dois gêneros estão estreitamente relacionados, já que, para produzir uma reportagem, quase sempre é necessário entrevistar várias pessoas. O texto a seguir é uma reportagem feita com base em entrevistas com mulheres que enfrentam o machismo nos jogos *on-line*.

O que as mulheres fazem para driblar o machismo em *games online*?

Trocar o nick, bloquear jogadores e mandar bem em todas as partidas são algumas das estratégias delas para poder jogar em paz.

Por Bruno Araujo, G1
06/02/2018 06h00   Atualizado 06/02/2018 06h00

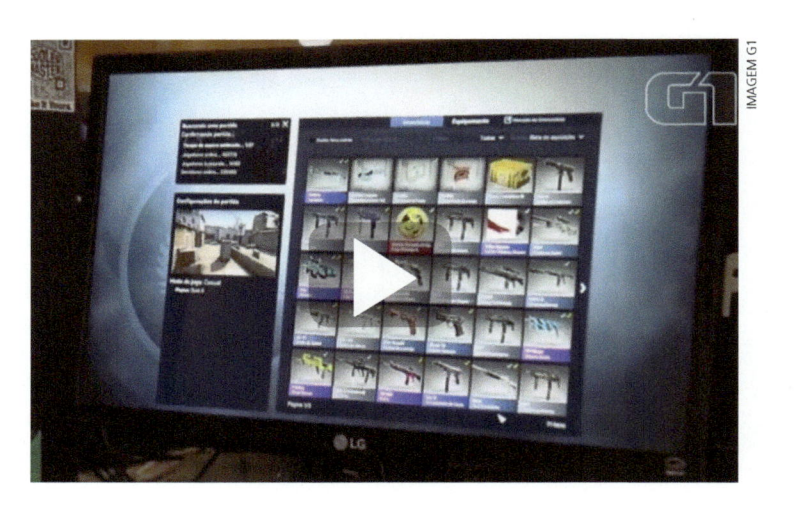

Trocar de "nickname", ignorar ou bloquear uma avalanche de jogadores desrespeitosos e ter a obrigação de mandar bem em todas as partidas. Essas são algumas das condições adicionais que as mulheres enfrentam para tentar jogar em paz e driblar o machismo que prevalece, de maneira bem ofensiva e às claras, em *games online*.

O *G1* conversou sobre o assunto com jogadoras de "Counter-Strike: Global Offensive", "League of Legends" e outros títulos na Campus Party 2018, evento de tecnologia que aconteceu em São Paulo até domingo (4). **Assista ao vídeo acima**.

Elas afirmam que a realidade feminina em *games online* pode ser resumida em duas reações extremas por parte dos homens:

- A desqualificação da habilidade e do próprio direito de jogar, com espaço para xingamentos e recados como "seu lugar é na cozinha";
- O tratamento meloso, em tom de paquera, como se toda mulher estivesse em um *game online* para arranjar um parceiro e não para simplesmente jogar.

A questão também foi tema de uma campanha que viralizou na internet. Em defesa do direito da mulher poder usar o "nickname" (ou apelido) que quiser em partidas *online* sem ser incomodada, a ONG Wonder Women Tech convidou homens a jogarem com nomes femininos e filmarem as reações de outros jogadores. [...]

1.

A *designer* Helena Simões, de 30 anos, jogou por muito tempo o *game* "Ragnarök Online", RPG que foi fenômeno nos anos 2000. Ela começou usando um apelido e um personagem do sexo feminino, mas o assédio era tão comum que acabou abdicando da sua representação em troca de uma neutra, que não trazia tanto incômodo.

"É só revelar que você é mulher que começa o 'sai daqui', 'não sabe jogar', 'noob', 'vai estragar a equipe'", ela diz.

"Uns perguntavam da onde eu era, se tinha namorado, coisas que não têm nada a ver com o jogo. Outros falavam que eu só conseguia pontos porque me davam itens. Eles duvidam de você o tempo todo. Se você ganha é por sorte, não pelo seu mérito. É muito difícil", conta.

2.

As amigas Fernanda Magliocchi e Giovana Aguiaro gostam de jogar "League" of Legends juntas, mas enfrentam preconceito mesmo jogando bem.

Mesmo quando mandam bem nas partidas, as mulheres são alvo de preconceito e agressões. "Se você joga bem a partida e alguém te adiciona (na lista de amigos), ninguém nunca fala que você é mulher", afirma a estudante Fernanda Magliocchi, 19. "Sempre acham que sou homem", ela diz.

"Já chegam (falando) 'e aí, *man*?'", brinca a amiga Giovana Aguiaro, 20, que lamenta o comportamento de alguns jogadores. "Já me perguntaram se tinha internet em cima do fogão."

A comissária de voo Camila Oliveira, de 22 anos, começou a jogar "Counter-Strike: Global Offensive" por causa do marido e acabou descobrindo no *game* um *hobby* próprio. Ela conta que tenta usar os comentários negativos que aparecem para se animar e provar que tem habilidade.

"Já me mandaram calar a boca, falaram palavras de baixo calão. Quando a partida é rankeada, já aconteceu de rapazes saírem só por ver que tinha uma menina no jogo", ela diz.

"Mas isso não me desmotivou em momento algum. Ao invés disso, me motivou a me tornar melhor nos jogos. A matar mais no 'CS' e demonstrar mais estratégia no 'Dota 2'."

3.

Mulheres jogando no computador ou no *videogame*: um cenário comum na Campus Party 2018.

Cada jogadora tem um relato próprio, mas todas concordam que o caminho para um ambiente mais igualitário é a conscientização de que os *games online* foram feitos para todos. Elas dizem que as últimas gerações ainda cresceram pensando que *videogame* é "coisa de menino", mas o melhor é repensar essa ideia. **Mesmo porque as mulheres já são maioria no Brasil entre os jogadores.**

"Eu gosto de ser real nas minhas redes sociais", diz Camila Oliveira. "Eu quero demonstrar quem eu sou, e não esconder isso de ninguém. Porque eu não tenho vergonha de quem eu sou."

"A mentalidade precisa mudar. E isso vai começar com a educação. Eu, por exemplo, vou educar meu filho de uma maneira diferente. Começando na base, isso vai mudar não só o mundo dos *games*, mas a sociedade em geral", afirma a comissária de voo.

"Se as meninas também aprenderem que é coisa delas, que jogo é 'coisa de menina' e não importa qual jogo, elas vão crescer com essa mentalidade, e os meninos também. Aprendendo que jogo é coisa de qualquer pessoa", diz Helena Simões.

G1. Disponível em: <http://mod.lk/yslwh>. Acesso em: 13 jun. 2018.

ESTUDO DO TEXTO

ANTES DO ESTUDO DO TEXTO

1. Se não tem certeza de ter compreendido bem o texto, leia-o novamente.
2. Procure identificar as ideias apresentadas no texto e reflita: você concorda com elas? Por quê?
3. Ao responder às questões a seguir, procure empregar o que já aprendeu ao ler outros textos e seja preciso em suas respostas.

COMPREENSÃO DO TEXTO

1. Em relação às entrevistas feitas para a reportagem, responda:
   a) Qual é o perfil das mulheres que aparecem na reportagem e o que motivou o repórter a entrevistá-las?
   b) Onde ocorreram as entrevistas?

2. Nas redações dos jornais e *sites* noticiosos, a produção de notícias, reportagens e outras matérias é dividida por **editorias**. Cada editoria fica a cargo de um responsável (o editor) e sua equipe, e cada uma aborda temas e fatos específicos.

- Observe, abaixo, as várias editorias que compõem o *site* de notícias G1 e levante uma hipótese: em qual delas a reportagem em estudo pode ter sido publicada?

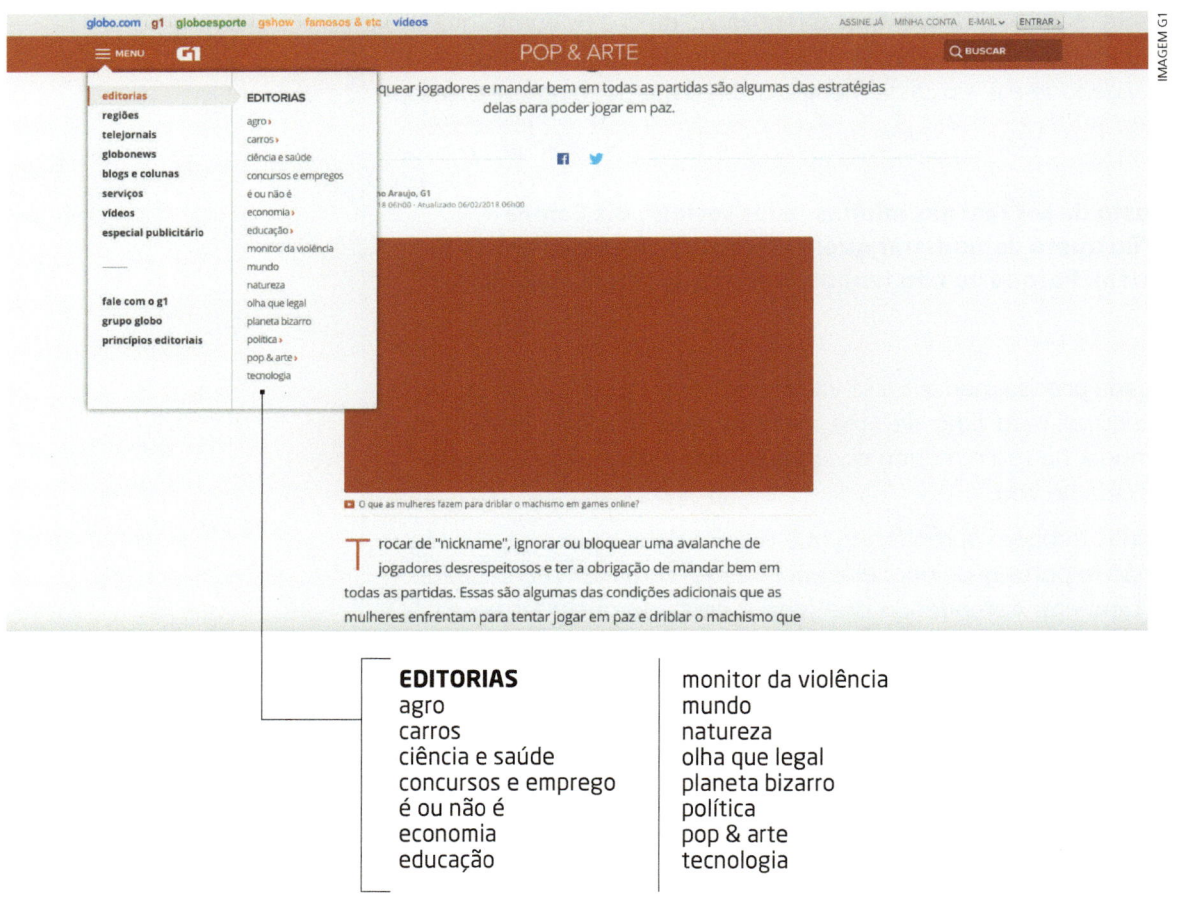

EDITORIAS
agro
carros
ciência e saúde
concursos e emprego
é ou não é
economia
educação
monitor da violência
mundo
natureza
olha que legal
planeta bizarro
política
pop & arte
tecnologia

3. Segundo o texto, as mulheres tomam algumas atitudes para evitar a intimidação: trocam de *nickname*, bloqueiam jogadores desrespeitosos e "mandam bem" nos jogos.

   a) Em quais relatos o repórter se baseou para fazer a afirmação acima?

   b) Dessas atitudes, qual você considera a mais eficiente? Por quê?

   c) Há alguma outra que você tomaria, se estivesse no lugar das jogadoras?

4. De acordo com a introdução da reportagem, a realidade feminina no mundo dos *games* pode ser resumida em duas reações extremas por parte dos homens: a desqualificação da habilidade e do próprio direito de jogar o tratamento meloso, em tom de paquera.

- Copie trechos dos depoimentos que exemplifiquem cada uma dessas reações. Os trechos podem estar na forma de **discurso direto** (reprodução literal das palavras das entrevistadas) ou **indireto** (a "voz" do repórter reproduzindo a fala delas). Copie pelo menos dois trechos para cada reação e identifique quem deu o depoimento.

5. Que informações a introdução da reportagem fornece?

6. Em que parte da reportagem são apresentadas possíveis razões para as atitudes machistas durante os jogos? Quais são essas razões?

DE OLHO NA CONSTRUÇÃO DOS SENTIDOS

1. Releia o primeiro parágrafo da introdução:

   > "Trocar de 'nickname', ignorar ou bloquear uma avalanche de jogadores desrespeitosos e ter a obrigação de mandar bem em todas as partidas. Essas são algumas das condições **adicionais** que as mulheres enfrentam para tentar jogar em paz e driblar o machismo que prevalece, de maneira bem ofensiva e às claras, em *games online*."

   a) Explique o significado do adjetivo *adicionais* no contexto acima.

   b) Por que as mulheres enfrentam condições adicionais para jogar?

2. Pesquise o significado das palavras destacadas nos trechos a seguir, levando em conta o contexto em que estão inseridas.

   a) "Ela começou usando um apelido e um personagem do sexo feminino, mas o assédio era tão comum que acabou **abdicando** da sua representação em troca de uma neutra [...]."

   b) "É só revelar que você é mulher que começa o 'sai daqui', 'não sabe jogar', '**noob**', 'vai estragar a equipe'."

A REPORTAGEM

1. Qual dos esquemas a seguir reflete melhor a forma como a reportagem em estudo foi organizada?

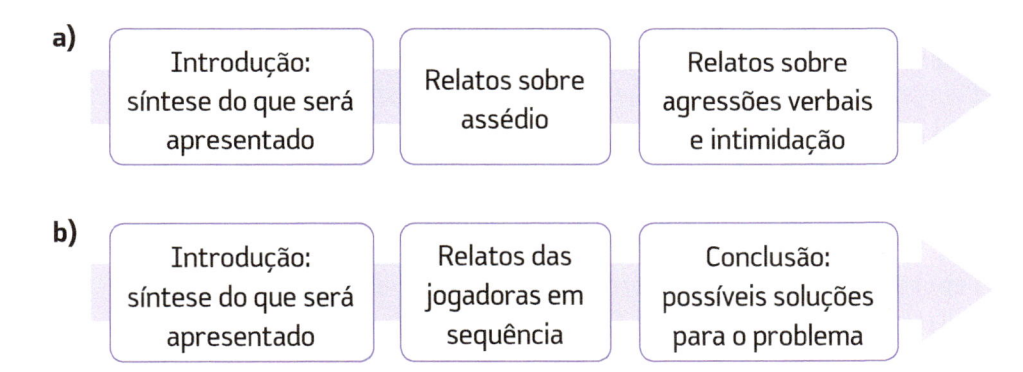

   a) Introdução: síntese do que será apresentado → Relatos sobre assédio → Relatos sobre agressões verbais e intimidação →

   b) Introdução: síntese do que será apresentado → Relatos das jogadoras em sequência → Conclusão: possíveis soluções para o problema →

2. Essa reportagem está dividida em blocos de texto numerados de 1 a 3.

   a) Releia a reportagem e, levando em conta o conteúdo dos blocos de texto, indique em qual deles (1, 2 ou 3) deve ser inserido cada um dos seguintes subtítulos:

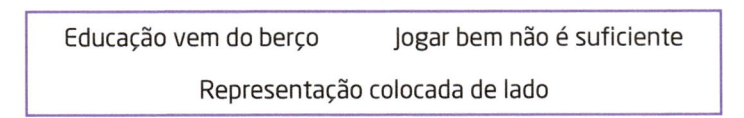

   > Educação vem do berço   Jogar bem não é suficiente
   > Representação colocada de lado

   b) Agora, conclua: qual é a função dos subtítulos em uma reportagem?

3. **Olho** é a frase grafada em letras maiores ou em destaque no meio de uma reportagem ou entrevista. Observe os olhos dessa reportagem e explique para que servem.

4. A reportagem apresenta dois conteúdos extras acessíveis via *hyperlinks*.

   a) Localize e transcreva os dois *hyperlinks*.

   b) A qual conteúdo cada *hyperlink* leva?

   c) Qual é a função desses conteúdos extras na reportagem? Copie todas as opções pertinentes.

   • Aprofundam o contato com o tema.

   • São indispensáveis à compreensão do texto.

   • No caso do primeiro *link*, oferece opção para quem não quer ler o texto verbal.

5. Identifique a afirmação pertinente à linguagem dessa reportagem.

   a) Não houve preocupação em seguir a norma culta, e o vocabulário é bem simples.

   b) As falas das entrevistadas são informais, mas o texto do repórter não.

   c) Tanto na "voz" do repórter como nos depoimentos aparecem alguns termos coloquiais.

   d) As falas das entrevistadas e o texto do repórter são formais.

O GÊNERO EM FOCO: REPORTAGEM

A **reportagem** é um gênero jornalístico que tem por objetivo abordar um fato de forma ampla e aprofundada. Na maioria das vezes, o jornalista faz um levantamento detalhado sobre o tema, consultando pesquisas, artigos e outros documentos e entrevistando várias pessoas, geralmente ligadas de modos diferentes à questão em foco.

Para fazer uma reportagem tradicional sobre, por exemplo, machismo nos *games*, um jornalista poderia entrevistar, além de mulheres que já sofreram com o problema, pesquisadores que estudam o machismo, criadores de *games*, jogadores que assumem já terem agido de forma machista etc. Acontece que as reportagens podem ter outros focos e diferentes abordagens. Na matéria "O que as mulheres fazem para driblar o machismo em *games online*?", o objetivo — destacado no título — é revelar as experiências reais das jogadoras com o machismo e o que elas têm feito para enfrentá-lo. Nesse caso, o jornalista concentra-se em entrevistar pessoas com perfil semelhante, que tenham vivido o mesmo tipo de experiência. Depois ele analisa os relatos, destaca o que têm em comum e organiza-os em um texto coerente, com **introdução**, **desenvolvimento** e **conclusão**.

Você observou que, na reportagem lida, a introdução traz algumas das atitudes que as mulheres tomam para enfrentar o machismo, as duas formas pelas quais ele se manifesta — desqualificação ou paquera — e, por fim, a menção a uma experiência que uma ONG fez a respeito de *nicknames* femininos. Em seguida, os relatos das várias entrevistadas são expostos em uma sequência, organizados em blocos de texto com subtítulos. O texto se encerra com as falas de diferentes jogadoras sugerindo soluções para o problema.

Dessa forma, o texto cumpre seu propósito: abordar o tema do machismo nos *games* a partir dos relatos das jogadoras que sofrem com o problema. Os leitores podem não apenas se informar sobre o assunto, mas também refletir e, se quiserem, aprofundar-se em outras fontes.

DIFERENTES TIPOS DE REPORTAGEM

Basear-se em **relatos de experiências** é apenas uma das abordagens possíveis para produzir uma reportagem. Existem casos, por exemplo, em que o repórter acompanha a rotina de uma pessoa ou comunidade para construir o texto.

Em outros casos, os repórteres vivem uma experiência de interesse do público para depois relatá-la detalhadamente, em primeira pessoa. São comuns, por exemplo, as reportagens que acompanham os bastidores de uma competição esportiva ou as perigosas travessias feitas por imigrantes.

As inovações também podem ocorrer na forma como as reportagens são *apresentadas*. Nas **fotorreportagens**, as imagens ganham um destaque bem maior que o texto verbal. O fotorrepórter seleciona fotografias impactantes, que representem bem a realidade retratada, e então as organiza em uma sequência lógica. Depois, escreve legendas para que o leitor entenda o que significam e a relação entre elas.

Existem até mesmo **reportagens em quadrinhos!** O jornalista e desenhista Joe Sacco, um dos nomes mais conhecidos nessa área, já publicou reportagens em quadrinhos sobre conflitos em várias partes do mundo. No Brasil também há revistas e *sites* de notícias que publicam reportagens em quadrinhos.

Joe Sacco. *Reportagens*. São Paulo: Quadrinhos na Cia., 2016.

ORGANIZAR O CONHECIMENTO

O QUE VOCÊ JÁ SABE?

Agora, você já é capaz de...	Sim	Não	Mais ou menos
... reconhecer que a reportagem circula na esfera jornalística e aborda um fato de forma ampla e aprofundada?	☐	☐	☐
... perceber que, em uma reportagem, geralmente o jornalista faz levantamentos, consulta pesquisas e entrevista pessoas?	☐	☐	☐

*Se você marcou **não** ou **mais ou menos** em alguma pergunta, retome a leitura do tópico **O gênero em foco: reportagem**.*

- Monte o esquema a seguir, no caderno, respondendo às questões sobre a reportagem. Se preferir, inclua outras características sobre esse gênero textual.

Reportagem
- Qual é o objetivo desse gênero?
- Como se estrutura?
- Qual é a função dos subtítulos em uma reportagem?
- O que é o olho? Para que serve?
- Cite alguns tipos de reportagem.

PRODUÇÃO DE TEXTO

REPORTAGEM BASEADA EM ENTREVISTAS

O que você vai produzir

Em trios ou quartetos, você e seus colegas vão escrever uma reportagem que busque investigar as experiências de certo grupo de pessoas sobre um tema que considerem importante e/ou interessante. As reportagens poderão ser divulgadas de várias maneiras: no jornal impresso da escola; no *site* ou no *blog* da escola.

NA HORA DE PRODUZIR

1. Siga as orientações apresentadas nesta seção. Seu texto deve ser coerente com a proposta.
2. Lembre-se de que você já leu e analisou textos do gênero que vai produzir. Se for o caso, retome o **Estudo do texto**.
3. Diante da folha em branco, persista. Nenhum texto fica pronto na primeira versão.

PLANEJEM A REPORTAGEM

1. O principal público-alvo da reportagem será a própria comunidade escolar: colegas de sala, de outras turmas, professores, funcionários, pais e outros responsáveis. Escolham, portanto, um tema que seja interessante para esse público e, em seguida, selecionem o perfil das pessoas a serem entrevistadas. Vejam algumas possibilidades:

Entrevistados: pais, mães e outros responsáveis

- Podem contar se têm problemas de disciplina com os filhos e como fazem para resolvê-los.
- Podem contar como fazem para que os filhos sejam responsáveis com o dinheiro e outros bens materiais.

Entrevistadas: mães, professoras e funcionárias

- Podem relatar se já sofreram com o machismo no mercado de trabalho.
- Podem contar se estão preocupadas em educar os filhos para que não sejam machistas e, em caso afirmativo, como fazem isso.

Entrevistados: colegas de sala ou de outras turmas

- Podem contar se já enfrentaram problemas emocionais e como os superaram.
- Podem compartilhar dicas para estudar com mais eficiência e aprender melhor.

2. Quando tiverem decidido o tema e o perfil, definam quantas pessoas vocês entrevistarão.

3. Convidem cada entrevistado e expliquem o propósito do trabalho. Combinem a data e o local da entrevista com todos aqueles que aceitarem o convite.

FAÇAM AS ENTREVISTAS

1. Releiam a reportagem "O que as mulheres fazem para driblar o machismo em *games online*?" e tentem imaginar que perguntas o repórter fez às jogadoras para obter as respostas apresentadas no texto. Com base nisso, elaborem um roteiro das perguntas que farão aos entrevistados. As perguntas devem ser em pequeno número, com texto simples e claro. No caso do tema da reportagem em estudo, poderiam ser estas, por exemplo:

    a) Você já sofreu com o machismo no mercado de trabalho?

    b) Se sim, como isso ocorreu?

    c) Em sua opinião, o que deve ser feito para que homens e mulheres tenham as mesmas oportunidades no mercado de trabalho?

2. No dia marcado para cada entrevista, certifiquem-se de que o aparelho que usarão para gravar as respostas está funcionando e com a bateria carregada.

3. Caso o entrevistado autorize, tirem fotos dele para ilustrar a reportagem.

ANALISEM AS RESPOSTAS E PESQUISEM MAIS INFORMAÇÕES

1. Depois de terem feito as entrevistas, transcrevam-nas e releiam as respostas.

2. Discutam:

    a) O que os relatos têm em comum?

    b) Há algum que se diferencia dos outros ou se destaca de alguma forma?

3. Tomem notas das conclusões, pois vocês usarão essas informações para compor a introdução da reportagem.

ATENÇÃO!

Ao transcrever as respostas dos entrevistados, lembrem-se de **eliminar as marcas de oralidade** que possam comprometer a fluência do texto, como pausas, hesitações, repetições, marcadores conversacionais (*hein?*, *né?*, *sabe?*). Além disso, pode ser necessário tornar as frases mais lineares, com eliminação ou acréscimo de palavras. Tomem cuidado, porém, para não se afastar do que o entrevistado disse.

4. Façam, ainda, uma breve pesquisa na internet sobre fatos relacionados ao tema da reportagem. Pode ser interessante mencionar uma notícia recente ligada ao assunto, uma pesquisa, um filme etc.

5. Anotem ou salvem os *links* das matérias ou páginas consultadas, pois vocês poderão inserir um *hyperlink* na reportagem que leve o leitor diretamente a elas.

ESCREVAM O TEXTO E DESENVOLVAM A REPORTAGEM

1. Depois de colher os depoimentos e fazer a pesquisa, é hora de escrever.
   a) Usem a análise que fizeram sobre os relatos para compor a introdução. Lembrem-se de que a abertura do texto precisa ser interessante e cativar a atenção do leitor.
   b) Em seguida, organizem os depoimentos dos entrevistados em uma sequência ou em outra ordem que julgarem pertinente. Separem os blocos de texto com subtítulos.
   c) Na conclusão, vocês podem inserir as sugestões dadas pelos entrevistados para resolver o problema focalizado ou, então, fazer um balanço dos depoimentos apresentados.
   d) Empreguem linguagem adequada ao público-alvo e ao tema, mas seguindo a norma culta. Escrevam em 3ª pessoa, com simplicidade e frases curtas.

2. As informações que vocês pesquisaram podem ser inseridas em diferentes partes do texto, onde for mais adequado. Se vocês decidiram que a reportagem será publicada em meio digital, preparem *hyperlinks* que levem o leitor diretamente a matérias ou vídeos selecionados. Em geral, os *softwares* para edição de texto oferecem essa possibilidade, bastando selecionar o trecho a ser clicado e vincular a ele o endereço eletrônico desejado.

3. Se vocês optaram por publicar a reportagem em um jornal impresso, façam as indicações em boxes.

4. Após desenvolverem o texto e os hipertextos, insiram as fotografias dos entrevistados que concordaram com essa divulgação e façam as legendas. Se considerarem pertinente, insiram também gráficos, tabelas ou infográficos na reportagem. Não esqueçam de informar a autoria desses recursos e das imagens, caso sejam aproveitados de outras fontes.

5. Para finalizar, escolham um título interessante para o texto e componham uma linha fina que forneça detalhes do tema. Escolham frases impactantes dos entrevistados e destaquem-nas na forma de *olhos*.

> **DE OLHO NA TEXTUALIDADE**
>
> Para garantir que a reportagem do grupo fique clara e bem organizada, lembrem-se de utilizar recursos de **coesão referencial** (retomada das ideias) e de introduzir adequadamente as diferentes **"vozes"** do texto. Revejam alguns exemplos de como isso foi feito na reportagem lida:
>
> Trocar de "nickname", ignorar ou bloquear uma avalanche de jogadores desrespeitosos e ter a obrigação de mandar bem em todas as partidas. Essas são algumas das condições adicionais que as mulheres enfrentam [...].
>
> Mesmo quando mandam bem nas partidas, as mulheres são alvo de preconceito e agressões. "Se você joga bem a partida e alguém te adiciona (na lista de amigos), ninguém nunca fala que você é mulher", afirma a estudante Fernanda Magliocchi, 19. "Sempre acham que sou homem", ela diz.

O pronome demonstrativo **essas** retoma as informações da primeira frase.

Ao utilizar uma citação, é necessário **identificar** a pessoa por meio de nome completo, profissão, idade etc. Quando optarem pelo discurso direto, empreguem **aspas** no início e no fim da citação. Após as aspas, usam-se uma vírgula e um verbo de enunciação, como *afirma, diz*.

AVALIEM E APRESENTEM A REPORTAGEM

1. Antes de passarem o texto a limpo, considerem os critérios deste quadro para revisá-lo.

Aspectos importantes em relação à proposta e ao sentido do texto
Reportagem baseada em entrevistas
1. O título é sugestivo e cativa a atenção o leitor?
2. Após o título há uma linha fina que detalha o tema da reportagem?
3. A introdução sintetiza a reportagem e desperta o interesse do leitor?
4. Os relatos foram organizados de forma coerente, com subtítulos adequados?
5. Há um ou mais parágrafos de conclusão?
6. Os depoimentos foram indicados com pontuação adequada, marcando o início e o fim de cada fala? Foram usados verbos de elocução variados?
7. A linguagem contribui para a clareza e a objetividade do texto? É mais impessoal e está de acordo com a norma culta?
8. A reportagem, como um todo, oferece um bom panorama das experiências vividas pelos entrevistados, instigando o leitor a refletir sobre o tema?
9. Foram inseridas sugestões de aprofundamento, seja por meio de hyperlinks, seja por meio de boxes?
Aspectos importantes em relação à ortografia, à pontuação e às demais normas gramaticais
1. Está livre de problemas de ortografia e pontuação relacionados a regras já estudadas?
2. As concordâncias nominal e verbal foram empregadas corretamente?

2. Agora é hora de divulgar a reportagem. Se tiverem optado pelo meio digital, certifiquem-se de que os elementos estruturais da reportagem (título, linha fina, subtítulos, imagens, legendas, olhos) estejam corretamente distribuídos. Além disso, verifiquem se os *hyperlinks* estão funcionando corretamente.

3. Se possível, deixem um espaço para comentários dos leitores. Depois, vocês podem lê-los e responder a eles, se desejarem.

E POR FALAR NISSO...

"One Billion Rising for Justice" é o nome de um movimento iniciado em 14 de fevereiro de 2013. Nessa data, um bilhão de pessoas em 207 países participou de uma ação pelo fim da violência contra mulheres e meninas. Os participantes dançaram em locais públicos com o objetivo de chamar a atenção para o fato de que a violência contra a mulher é consequência também da guerra, da pobreza, do racismo, entre outros fatores. Veja algumas imagens desse movimento:

"One Billion Rising for Justice", Alemanha, 2013.

"One Billion Rising for Justice", Itália, 2013.

"One Billion Rising for Justice", República Democrática do Congo, 2013.

- **Junte-se a um colega e conversem sobre as questões a seguir:**
  a) O que vocês acham de a dança ser usada como forma de manifestação contra a violência?
  b) Que outros tipos de manifestações artísticas poderiam ser mobilizadas para promover o engajamento das pessoas na luta contra a violência?

> No Brasil, a Secretaria Nacional de Políticas para Mulheres criou um disque-denúncia e um aplicativo para orientar mulheres vítimas de violência. O número da Central de Atendimento à Mulher é 180 e o app desenvolvido é o Clique 180.

ESTUDO DA LÍNGUA: ANÁLISE E REFLEXÃO

COMO VOCÊ PODE ESTUDAR

1. **Estudo da língua** não é uma seção para decorar, mas para questionar e levantar problemas.
2. O trabalho com os conhecimentos linguísticos requer persistência. Leia e releia os textos e exemplos, discuta, converse.

ORAÇÕES COORDENADAS

- Releia um trecho da reportagem "O que as mulheres fazem para driblar o machismo em jogos *online*".

> Mesmo quando mandam bem nas partidas, as mulheres são alvo de preconceito e agressões. "Se você joga bem a partida e alguém te adiciona (na lista de amigos), ninguém nunca fala que você é mulher", afirma a estudante Fernanda Magliocchi, 19.

a) Chamamos de oração uma frase que obrigatoriamente apresenta um verbo. Quantas orações podemos identificar no trecho?

b) Chamamos de período as frases organizadas com uma ou mais orações. Quantos períodos há, portanto, na declaração da estudante?

REVISÃO: ORAÇÃO E PERÍODO

Vamos retomar alguns conceitos para aprofundar nosso estudo.

> **Oração** é a frase ou parte dela construída em torno de um verbo ou de uma locução verbal.
>
> **Período** é a frase com uma ou mais orações. Pode ser:
> - **simples** — quando contém uma única oração. Exemplo: "Eles duvidam de você o tempo todo".
> - **composto** — quando apresenta mais de uma oração. Exemplo: "Cada jogadora tem um relato próprio, mas todas concordam que o caminho para um ambiente mais igualitário é a conscientização de que os *games online* foram feitos para todos".

ORAÇÕES COORDENADAS

Você deve ter notado que nenhuma das orações destacadas até aqui exerce função sintática (de sujeito, objeto direto ou indireto, adjunto adverbial etc.) em relação à outra. Por isso, elas são classificadas como **orações coordenadas**, e o período por elas formado é chamado de **período composto por coordenação**.

> **Orações coordenadas** são aquelas que se ligam entre si em um período composto com independência sintática. O período composto por orações desse tipo é chamado de **período composto por coordenação**.

CLASSIFICAÇÃO DAS ORAÇÕES COORDENADAS

> As orações coordenadas podem ou não vir iniciadas por **conjunções coordenativas**. Desse modo, há dois tipos de orações coordenadas:
> - **assindéticas**, as que não são introduzidas por conjunção;
> - **sindéticas**, as que são introduzidas por conjunção coordenativa.

CLASSIFICAÇÃO DAS ORAÇÕES COORDENADAS SINDÉTICAS

A classificação das orações coordenadas sindéticas é semelhante à das conjunções coordenativas, ou seja, leva em consideração o sentido que estabelecem no período.

Sujeito diferente

Se a oração coordenada introduzida pela conjunção **e** tiver sujeito diferente daquele da anterior, geralmente se emprega a vírgula após a conjunção. Note como isso deixa o período mais claro:

Iremos à cidade porque surgiu uma epidemia entre nós, e na cidade moram grandes médicos.

Dependendo da relação de sentido que expressam, as coordenadas sindéticas classificam-se em:

- **Aditivas** — expressam relação de adição. Conjunções que introduzem as coordenadas: e, nem, mas também...
"*Eu sou uma contadora de histórias e gostaria de contar a vocês algumas histórias pessoais [...].*"

- **Adversativas** — expressam relação de adversão, oposição. Conjunções que introduzem as coordenadas: mas, porém, todavia, contudo, entretanto, no entanto...
"*Minha mãe diz que comecei a ler com dois anos, mas eu acho que quatro é provavelmente mais próximo da verdade.*"

- **Alternativas** — expressam relação de alternância. Conjunções que introduzem as coordenadas: ou, ou...; ora, ora...; quer, quer...
Histórias podem ser usadas ou para desagregar e difamar ou para fortalecer e humanizar.

- **Conclusivas** — expressam relação de conclusão. Conjunções que introduzem as coordenadas: logo, pois, portanto, por isso...
A estudante americana tinha uma história única; portanto, no seu modo de pensar, não havia possibilidade de os africanos serem iguais a ela.

- **Explicativas** — expressam relação de explicação. Conjunções que introduzem as coordenadas: que, porque, pois...
"*[...] nós nunca falávamos sobre as condições climáticas, porque não era necessário.*"

AS ORAÇÕES COORDENADAS ASSINDÉTICAS E AS RELAÇÕES DE SENTIDO

Às vezes, a simples sequência das orações coordenadas, colocadas uma depois da outra, ajuda a construir os sentidos do texto. No último período da fala abaixo, a segunda oração coordenada estabelece relação de conclusão em relação à primeira, mesmo que não haja uma conjunção coordenativa conclusiva. Veja:

— *Desculpe, cavalheiro. Queira voltar na quinta-feira, 14. Quinta-feira não haverá jogo, [logo], estaremos mais tranquilos.*

> Mesmo sem conjunções coordenativas, as orações coordenadas assindéticas estabelecem relações de sentido entre si ou com outras orações do texto.

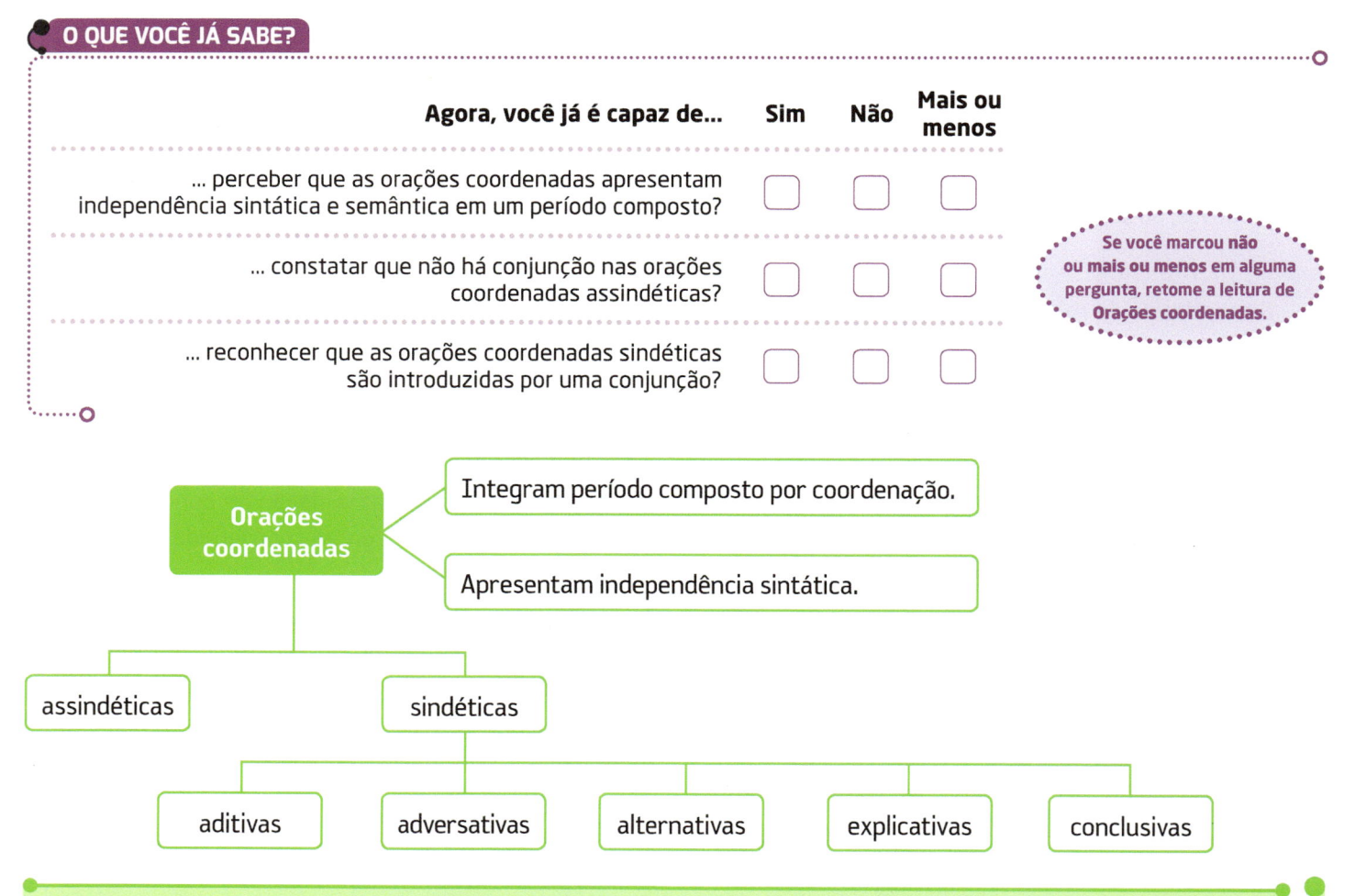

ORGANIZAR O CONHECIMENTO

O QUE VOCÊ JÁ SABE?

Agora, você já é capaz de...	Sim	Não	Mais ou menos
... perceber que as orações coordenadas apresentam independência sintática e semântica em um período composto?	☐	☐	☐
... constatar que não há conjunção nas orações coordenadas assindéticas?	☐	☐	☐
... reconhecer que as orações coordenadas sindéticas são introduzidas por uma conjunção?	☐	☐	☐

Se você marcou não ou mais ou menos em alguma pergunta, retome a leitura de Orações coordenadas.

Orações coordenadas
- Integram período composto por coordenação.
- Apresentam independência sintática.

- assindéticas
- sindéticas
  - aditivas
  - adversativas
  - alternativas
  - explicativas
  - conclusivas

ATIVIDADES

1. Leia o texto a seguir, prestando atenção às conjunções coordenativas e às orações coordenadas.

> ### Os atrativos e as polêmicas da educação domiciliar, que virou caso de Justiça no Brasil
>
> Pais adeptos do 'homeschooling' afirmam que seus filhos ganham em autonomia e pensamento crítico, mas falta de regulamentação preocupa especialistas tanto aqui como nos EUA, onde caso da família Turpin renovou debate sobre o tema.
>
> As três crianças acordam às 7h, tomam café da manhã e preparam seu material escolar. Mas, em vez de irem para escola, sentam-se à mesa da sala. Enquanto um estuda português, o outro pode estar fazendo lições de matemática, sob a supervisão da mãe ou do pai caso as lições sejam difíceis. Fazem orações e, eventualmente, todos se reúnem para assistir a um documentário ou ir ao museu. À tarde, frequentam aulas de balé, violão ou esportes. [...]
>
> Apesar disso, Iliani foi surpreendida, nas últimas semanas, com uma denúncia do Ministério Público local e uma decisão da Justiça do Paraná obrigando-a a rematricular os filhos na escola, sob pena de perder a guarda deles. A família recorre e contesta a medida judicial, argumentando que ela fere a suspensão determinada pelo Supremo.
>
> [...]

G1. Disponível em: <http://mod.lk/bg7hi>. Acesso em: 13 jun. 2018. (Fragmento).

- Indique no caderno qual é a única alternativa *incorreta*.

    a) Em "*As três crianças acordam às 7h, tomam café da manhã e preparam seu material escolar.*", há três orações, duas assindéticas e uma sindética. A conjunção *e* introduz uma oração coordenada sindética aditiva e indica uma sequência temporal de ações que permite ao leitor perceber que as crianças possuem rotina escolar.

    b) No primeiro parágrafo, a conjunção *mas* torna contraditória a preocupação dos especialistas.

    c) Em "*A família recorre e contesta a medida judicial [...]*", a conjunção *e* introduz uma oração coordenada sindética aditiva que expressa uma continuidade óbvia da ação expressa na oração assindética anterior.

    d) Em "*ou ir ao museu*" temos uma oração coordenada sindética alternativa que permite ao leitor inferir que as crianças da família Turpin têm opções diversificadas de atividades culturais.

ATIVIDADES

2. Leia esta tira de Calvin.

CALVIN — BILL WATTERSON

> HOJE CEDO TIVE UM SONHO MARAVILHOSO. EU ESTENDIA MEUS BRAÇOS PARA OS LADOS E, FAZENDO FORÇA PRA BAIXO, PERCEBI QUE CONSEGUIA ME SUSPENDER UNS CENTÍMETROS DO CHÃO. BATI OS BRAÇOS COM MAIS FORÇA, E LOGO ESTAVA FLUTUANDO ACIMA DAS ÁRVORES E DOS POSTES TELEFÔNICOS, SEM FAZER ESFORÇO NENHUM! EU CONSEGUIA VOAR! ENCOSTEI OS BRAÇOS NO CORPO E RAPIDAMENTE DESCI, SOBREVOANDO DE PERTO A VIZINHANÇA. TODOS FICARAM IMPRESSIONADOS E CORRIAM LÁ EMBAIXO, ME ACOMPANHANDO. DAÍ VOEI TÃO DEPRESSA QUE MEUS OLHOS SE ENCHERAM DE ÁGUA POR CAUSA DO VENTO. DEI GARGALHADAS E FIZ PIRUETAS PELO CÉU!... FOI AÍ QUE A MAMÃE ME ACORDOU E DISSE QUE EU IA PERDER O ÔNIBUS SE NÃO TIRASSE MEU TRASEIRO DA CAMA. VINTE MINUTOS DEPOIS, AQUI ESTOU EU, NO FRIO, DEBAIXO DA CHUVA, ESPERANDO O ÔNIBUS PARA IR À ESCOLA. E ACABEI DE LEMBRAR QUE ESQUECI O MEU ALMOÇO.

> NÃO DÁ PRA UMA TERÇA-FEIRA COMEÇAR MUITO PIOR QUE ISSO.

CALVIN & HOBBES, BILL WATTERSON © 1990 WATTERSON/DIST. BY ANDREWS MCMEEL SYNDICATION

a) Explique o contraste entre a descrição do sonho de Calvin e as informações fornecidas pela linguagem não verbal (desenhos) da tira.

b) No trecho em que o menino descreve seu sonho, há várias orações coordenadas. Transcreva dois exemplos no caderno.

c) O emprego de tantas orações coordenadas confere ritmo à descrição do sonho de Calvin. Como é esse ritmo?

3. Leia agora este fragmento de um conto de terror.

Brincando no mausoléu

Ele fazia quase todos os dias o mesmo caminho. Uma trilha que cortava ao meio o matagal fechado. Estrada improvisada construída pelo tempo e por muitos que precisavam chegar ao cemitério.

A caminhada começava cedo. Antenor acordava de madrugada, com os galos cantando, como se diz. Tomava um café ralo, vestia a roupa limpa, encaixava o chapéu na cabeça grisalha e ia para o serviço. [...]

A rotina de Antenor era simples: acordar cedo, ir pela estrada mal-acabada, abrir os portões do cemitério e esperar. Esperar a morte chegar. A morte dos outros, porque a dele ele fazia questão de nem ligar. Se houvesse almoço, almoçava; se houvesse café, bebia. Ia vivendo os dias entre as **lápides**. [...]

ANDREA CARVALHO. Disponível em: <http://mod.lk/ditzp>. Acesso em: 13 jun. 2018. (Fragmento).

Glossário

Mausoléu: túmulo em geral imponente ou de dimensões avantajadas que abriga os restos mortais de um ou vários membros de uma mesma família.

Lápides: lajes que recobrem os túmulos.

a) Qual é a profissão de Antenor? Justifique sua resposta.

b) Que tipo de oração predomina nos trechos sublinhados?

c) Esse tipo de oração confere ao texto o mesmo efeito que você identificou na questão **2c**? Justifique.

4. Copie os períodos a seguir, acrescentando a cada um uma oração coordenada sindética e classificando-a. Sua oração pode constituir outro período, isto é, aparecer após o ponto-final.

a) Vi a menina desmaiada com um galo na cabeça.
b) Estudar uma segunda língua exercita o cérebro.
c) O cantor estava completamente rouco.
d) Acho que peguei essa virose quando saí do país.
e) Preciso muito começar a fazer exercícios físicos.
f) As imagens projetadas estavam muito ruins e o palestrante falava muito baixo.
g) Comprei dois banquinhos para minha cozinha.
h) Podemos ir ao aniversário.
i) Prestei muita atenção às aulas de matemática.
j) O terapeuta tomou seu chá calmamente.

5. O fragmento abaixo foi extraído do conto "Betsy" de Rubem Fonseca. No trecho, o narrador descreve alterações no comportamento da personagem.

Betsy

Betsy esperou a volta do homem para morrer.

Antes da viagem ele notara que Betsy mostrava um apetite incomum. Depois surgiram outros sintomas, ingestão excessiva de água, incontinência urinária. O único problema de Betsy até então era a catarata numa das vistas. Ela não gostava de sair, mas antes da viagem entrara inesperadamente com ele no elevador e os dois passearam no calçadão da praia, algo que ela nunca fizera. No dia em que o homem chegou, Betsy teve o derrame e ficou sem comer. Vinte dias sem comer, deitada na cama com o homem. Os especialistas consultados disseram que não havia nada a fazer. Betsy só saía da cama para beber água.

[...]

RUBEM FONSECA. *Histórias de amor*. São Paulo: Companhia das Letras, 1997. (Fragmento).

a) Extraia do texto a oração que explica o motivo pelo qual Betsy surpreende o homem.
b) Que relação de sentido é estabelecida entre a oração de sua resposta ao item "a" e a anterior a ela no texto?
c) Que palavra evidencia essa relação de sentido?
d) Qual é a relação de sentido da conjunção *e* em "[...] e os dois passearam no calçadão da praia [...]"?
e) Há outra oração do fragmento que expresse a mesma ideia? Se sim, transcreva-a.
f) Em sua opinião, o que Betsy é do homem e o que aconteceu com ela? Justifique sua resposta.

Mais questões no livro digital

TESTE SEUS CONHECIMENTOS

> Para responder à questão a seguir, é fundamental que você tenha compreendido que as conjunções são categorias de palavras que estabelecem relações de sentido entre as orações ligadas por elas.
>
> Leia com atenção (e quantas vezes forem necessárias) o texto a seguir, observando o emprego das conjunções. Depois, a partir do que se pede na questão, verifique as relações de sentido propostas em cada uma das alternativas e responda às questões que as acompanham. Por fim, assinale a única alternativa correta, ou seja, aquela para a qual a sua resposta seja **SIM** para as duas relações de sentido.
>
> Para ajudar na compreensão dos diferentes efeitos de sentido decorrentes dos usos das conjunções, você pode reescrever os trechos no seu caderno, fazendo as substituições indicadas em cada uma das alternativas.

(Unifesp)

Quando o falante de uma língua depara com um conjunto de duas palavras, intuitivamente é levado a sentir entre elas uma relação sintática, mesmo que estejam fora de um contexto mais esclarecedor.

Assim, além de captar o sentido básico das duas palavras, o receptor atribui-lhes uma gramática – formas e conexões. Isso acontece porque ele traz registrada em sua mente toda a sintaxe, todos os padrões conexionais possíveis em sua língua, o que o torna capaz de reconhecê-los e identificá-los. As duas palavras não estão, para ele, apenas dispostas em ordem linear: estão organizadas em uma ordem estrutural.

A diferença entre ordem estrutural e ordem linear torna-se clara se elas não coincidem, como nesta frase que um aluno criou em aula de redação, quando todos deviam compor um texto para *outdoor*, sobre uma fotografia da célebre cabra de Picasso: "Beba leite de cabra em pó!". Como todos rissem, o autor da frase emendou: "Beba leite em pó de cabra!".

Pior a emenda do que o soneto.

FLÁVIA DE BARROS CARONE. *Morfossintaxe*.
São Paulo: Ática, 1998. (Adaptado.)

Considere as seguintes passagens do texto:

- *[...] é levado a sentir entre elas uma relação sintática, **mesmo que** estejam fora de um contexto mais esclarecedor.*
- ***Como** todos rissem, o autor da frase emendou [...].*

As conjunções destacadas expressam, respectivamente, relação de

a) alternância e conformidade.

> A expressão *mesmo que* pode ser substituída por *ou* e a conjunção *como* por *conforme* sem que haja mudança de sentido?

b) conclusão e proporção.

> A expressão *mesmo que* pode ser substituída por *portanto* e a conjunção *como* por *à medida que* sem que haja mudança de sentido?

c) concessão e causa.

> A expressão *mesmo que* pode ser substituída por *embora* e a conjunção *como* por *porque* sem que haja mudança de sentido?

d) explicação e comparação.

> A expressão *mesmo que* pode ser substituída por *e* e a conjunção *como* por *mais que* sem que haja mudança de sentido?

e) adição e consequência.

> A expressão *mesmo que* pode ser substituída por *embora* e a conjunção *como* por *tanto que* sem que haja mudança de sentido?

LEITURA E PRODUÇÃO DE TEXTO

A PRODUÇÃO EM FOCO

- No final desta seção, você vai escrever um artigo de opinião. Durante a leitura do texto, fique atento:
  a) às ideias defendidas pela autora;
  b) às estratégias que ela emprega para defendê-las;
  c) à forma como ela organiza o texto.

CONTEXTO

No início da unidade, você leu uma reportagem que tinha como objetivo *informar* o leitor sobre atitudes machistas em *games on-line*. O texto a seguir também fala de machismo ao abordar a violência contra a mulher, mas seu objetivo é *defender uma opinião* a respeito do tema.

A violência começa em casa

Esta é a principal mensagem para as mulheres brasileiras

Os Estados Unidos e a Europa estão fervorosos com o movimento #MeToo, por meio do qual mulheres vêm denunciando homens por investidas indesejadas, toques inapropriados ou assédios no ambiente de trabalho. Homens poderosos, incluindo parlamentares norte-americanos, foram desmascarados por alegações de assédio. Na França, um grupo de mulheres chegou a questionar se o movimento estaria indo longe demais.

Nós, brasileiras, não somos meramente espectadoras: também construímos nosso movimento. A campanha #MeuPrimeiroAssédio, há dois anos, revelou inúmeros casos de mulheres e meninas que enfrentaram silenciosamente o assédio sexual. No ano passado, mulheres se juntaram para denunciar mais um caso, dessa vez envolvendo um famoso ator de novela. A realidade do assédio enfim saiu das sombras, e ele não pode mais ser ignorado ou tolerado. Precisamos fazer o mesmo com a violência doméstica, que, embora mais debatida, ainda tem de conquistar a consciência social. Apesar de avanços na legislação e em políticas públicas, a contínua impunidade em casos de violência doméstica põe em risco a vida de muitas brasileiras.

Quase um terço das mulheres entrevistadas em uma pesquisa de 2017 no Brasil afirmou ter sofrido violência durante o ano anterior, desde ameaças e espancamentos até tentativas de homicídio. A maioria dos agressores eram parceiros, ex-parceiros ou conhecidos das vítimas – e somente um quarto delas reportou a violência. Se elas não reportam, por que mesmo levantar a voz contra esses abusos?

Biografia

Maria Laura Canineu

Maria Laura Canineu é advogada, mestre em direito internacional ao desenvolvimento e direitos humanos e diretora do escritório Brasil da *Human Rights Watch*.

Quando o governo não atende adequadamente as mulheres que buscam ajuda, muitas outras permanecem em silêncio. Se ocorre a denúncia, muitas vezes as autoridades policiais nem sequer tomam providências básicas, como a coleta detalhada do depoimento da vítima e seu encaminhamento para o exame médico. Quando o fazem, as mulheres são obrigadas a contar sua história traumática em público, pois nem sempre as delegacias de polícia — mesmo as especializadas — possuem salas privativas. Falhas na investigação frequentemente levam à insuficiência de provas para o prosseguimento da ação penal; e sem a garantia de proteção após denunciarem os agressores, as mulheres deixam de acreditar no sistema.

Quando permanece impune, a violência se torna maior e pode chegar ao homicídio. Em 2016, 4.606 mulheres foram mortas no Brasil, muitas pelas mãos de um parceiro antigo ou atual. Isso precisa mudar. A violência doméstica não é apenas uma "questão de mulher". As agressões físicas e psicológicas não apenas violam os direitos humanos, como prejudicam o desenvolvimento do país, impedindo que grande parte da população desfrute da segurança e liberdade necessárias para a plena participação na vida social e econômica. É essencial implementar melhor as leis vigentes e cobrar o fim da impunidade. Isso levaria vizinhos, amigos e familiares de vítimas e agressores a tornar a violência doméstica inaceitável. Homens e mulheres devem levantar sua voz não apenas contra o assédio sexual, mas contra a violência que, a cada ano, tira a vida de tantas mulheres.

Maria Laura Canineu. Veja, São Paulo, ed. 2567, n. 5, 31 jun. 2018.

ESTUDO DO TEXTO

DE OLHO NAS CARACTERÍSTICAS DO GÊNERO

1. Copie no caderno a opção que reflete melhor o principal **ponto de vista** defendido nesse texto.

    a) Brasileiros e brasileiras devem preocupar-se com a violência doméstica, que atinge milhões de mulheres, e não com o assédio contra atrizes, que são uma minoria na população.

    b) Todos os brasileiros, homens e mulheres, precisam erguer suas vozes contra a violência doméstica, mesmo que as próprias vítimas às vezes se calem.

    c) Como muitas vítimas da violência doméstica não denunciam seus agressores, torna-se impossível para a sociedade combater esse problema.

2. Nos dois primeiros parágrafos do texto, são mencionados três fatos relacionados à discriminação contra as mulheres que estiveram em evidência na mídia pouco tempo antes da publicação do artigo. Identifique esses três fatos e a época em que eles ocorreram, de acordo com o texto.

3. No trecho "Precisamos fazer o mesmo com a violência doméstica [...]", explique o que seria "fazer o mesmo".

4. Ao ler a reportagem "O que as mulheres fazem para driblar o machismo em *games online*?", você observou que um dos *hyperlinks* direcionava o leitor para uma notícia. Leia o início desta notícia.

Mulheres ampliam vantagem como o maior público de *games* no Brasil, diz pesquisa

As mulheres ampliaram vantagem sobre os homens como o maior público de *games* no Brasil, segundo a pesquisa Game Brasil 2017, divulgada nesta terça-feira (4). A fatia da ala feminina aumentou 1 ponto percentual em relação ao ano passado e passou a representar 53,6% dos jogadores do país.

Esta é a quarta edição do levantamento, que busca traçar o perfil dos brasileiros que jogam *videogame*. O estudo é feito pela agência de tecnologia interativa Sioux, a empresa de pesquisa especializada em consumo Blend New Research e a Game Lab, divisão da ESPM [Escola Superior de Propaganda e Marketing] dedicada à experimentação e pesquisa de jogos.

A Game Brasil 2017 ouviu 2.947 pessoas de 26 estados e do Distrito Federal entre os dias 1 e 16 de fevereiro de 2016. [...]

G1. Disponível em: <http://mod.lk/ymydq>. (Fragmento). Acesso em: 13 jun. 2018.

a) Que informações sobre a pesquisa (nome, responsáveis etc.) o texto fornece?

b) Agora, volte ao artigo "A violência começa em casa" e transcreva dois trechos em que são citadas pesquisas.

c) O artigo fornece tantas informações sobre as pesquisas quanto a notícia dá? Explique sua resposta.

d) Pense no propósito de cada gênero textual — a notícia e o artigo de opinião. Então, formule uma hipótese para explicar por que existe a diferença que você comentou no item anterior.

5. Releia os dois trechos que você copiou no item *b* da questão anterior. As estatísticas mencionadas nesses trechos servem para **sustentar** afirmações da autora. Volte ao texto e localize as afirmações que cada um dos dois trechos sustenta.

6. De acordo com o texto, quais motivos geralmente levam as vítimas da violência doméstica a não denunciar seus agressores?

7. Compare uma frase do texto com uma possível reescrita.

Original	"Mulheres brasileiras permanecem inseguras até mesmo — ou principalmente — dentro de casa".
Reescrita	Mulheres brasileiras permanecem inseguras, principalmente dentro de casa.

a) Considerando essa comparação, explique por que a autora optou pela redação original. Qual efeito é gerado pela colocação da expressão "até mesmo" antes de "principalmente"?

b) Se a autora tivesse usado vírgulas em vez de travessões, o efeito que você comentou seria o mesmo? Por quê?

8. Ao expressar sua "voz" explicitamente no texto, a autora usa a 1ª pessoa do singular ou do plural? Dê exemplos que justifiquem sua resposta.

• Por que ela optou por essa pessoa gramatical? Que impressão o emprego dessa pessoa gramatical dá ao leitor?

9. Releia.

"As agressões físicas e psicológicas não apenas violam os direitos humanos, como prejudicam o desenvolvimento do país, impedindo que grande parte da população desfrute da segurança e liberdade necessárias para a plena participação na vida social e econômica."

a) Por que a autora diz que a violência doméstica atinge "grande parte da população"? A que informação fornecida no artigo essa expressão se refere?

b) De acordo com esse trecho, as agressões contra as mulheres "prejudicam o desenvolvimento do país". Explique o raciocínio da autora.

10. Leia a referência bibliográfica do texto.

a) Em que veículo o artigo foi publicado?

b) Imagine que alguém já leu reportagens e notícias sobre violência doméstica. Por quais motivos provavelmente essa pessoa se interessaria também em ler esse artigo de opinião?

O ARTIGO DE OPINIÃO

1. Releia um trecho do artigo, prestando atenção à pergunta em destaque. Se necessário, volte ao texto.

> "Quase um terço das mulheres entrevistadas em uma pesquisa de 2017 no Brasil afirmou ter sofrido violência durante o ano anterior, desde ameaças e espancamentos até tentativas de homicídio. A maioria dos agressores eram parceiros, ex-parceiros ou conhecidos das vítimas — e somente um quarto delas reportou a violência. **Se elas não reportam, por que mesmo levantar a voz contra esses abusos?**
>
> Quando o governo não atende adequadamente as mulheres que buscam ajuda, muitas outras permanecem em silêncio. [...] e sem a garantia de proteção após denunciarem os agressores, as mulheres deixam de acreditar no sistema."

- Agora, copie as opções que completam adequadamente as frases I, II e III.

I. Essa pergunta:

a) deve ser respondida pelo leitor.

b) é respondida pela própria autora.

II. Normalmente, essa pergunta seria feita por alguém que acha que:

a) devemos nos importar com a violência doméstica mesmo que a vítima não se queixe.

b) se as próprias vítimas não reportam a violência, a sociedade não deveria se importar.

III. Portanto, a autora inseriu essa pergunta no texto para:

a) antecipar uma possível opinião contrária à sua e, assim, poder rebatê-la.

b) dar razão a quem pensa de forma diferente, evitando o conflito de ideias.

2. A autora do artigo apresentou vários argumentos para mostrar que a violência doméstica é um problema muito relevante no país e que todos devemos nos dedicar a combatê-lo.

- Indique o argumento que lhe pareceu mais convincente ou impactante e justifique sua escolha.

Trilha de estudo

Vai estudar? Stryx pode ajudar!
<http://mod.lk/trilhas>

O GÊNERO EM FOCO: ARTIGO DE OPINIÃO

> O **artigo de opinião** é um texto argumentativo que faz parte do campo jornalístico. Sua finalidade é defender, em veículos impressos ou digitais, um ponto de vista sobre determinado tema polêmico.

Esse gênero textual não apresenta uma estrutura fixa. No entanto, é possível observar que normalmente há um ou mais **parágrafos introdutórios**, nos quais em geral se contextualiza o tema. No artigo lido, a autora usou esses parágrafos iniciais para mencionar acontecimentos que tinham estado em evidência na mídia em tempos recentes, com o intuito de despertar o interesse do leitor e aproximar o assunto da realidade dele.

Ainda na introdução, o autor de um artigo de opinião normalmente apresenta sua **tese**, ou seja, o principal **ponto de vista** que será defendido no texto. A autora do texto em estudo fez isso em um parágrafo à parte, conferindo-lhe maior impacto:

> "Precisamos fazer o mesmo com a violência doméstica, que, embora mais presente no debate público, ainda precisa conquistar a consciência social."

Após a introdução, vêm os **parágrafos de desenvolvimento**, que apresentam vários tipos de argumentos para sustentar as afirmações feitas. Por fim, geralmente há um ou mais **parágrafos de conclusão**, em que o autor finaliza seu texto, retomando a ideia principal defendida e podendo indicar uma solução para o problema focalizado, levando o leitor a refletir sobre o assunto.

O artigo de opinião circula em jornais e revistas, impressos ou digitais, e em *sites* e *blogs* noticiosos. É sempre assinado e revela a opinião de seu autor, e não a opinião do jornal ou da publicação em que é apresentado.

Em geral, a linguagem é formal e está de acordo com a gramática normativa. Pode ser empregada a 1ª pessoa do plural, quando o autor pretende inserir-se na argumentação e dar uma ideia de coletividade às suas alegações: "*Precisamos* fazer o mesmo com a violência doméstica [...]". Mas também é possível usar a 3ª pessoa, quando se prefere um tom mais distanciado, ou, pelo contrário, a 1ª pessoa do singular, quando se quer adotar uma abordagem mais pessoal e subjetiva.

Nos últimos anos, os artigos de opinião ganharam importância nos jornais e revistas, pois, mais do que ser informados a respeito do que ocorreu, os leitores desejam também ver análises a respeito dos fatos para que possam compreender mais profundamente suas causas e consequências.

ESTRATÉGIAS ARGUMENTATIVAS E TIPOS DE ARGUMENTO

Várias **estratégias argumentativas** podem ser usadas para tornar um texto opinativo mais forte e convincente. No artigo de opinião em estudo, você observou, por exemplo, que a autora empregou uma **pergunta retórica**, isto é, uma pergunta para a qual não se espera resposta:

> "E se elas não reportam, por que mesmo levantar a voz contra esses abusos?"

No exemplo, a autora não está, de fato, procurando uma resposta. Ela empregou o recurso da pergunta retórica para se dar a oportunidade de explicar por que as mulheres agredidas nem sempre denunciam seus parceiros: o atendimento dos órgãos especializados é insatisfatório, e elas correm um risco maior, pois o denunciado pode querer vingança.

Além da pergunta retórica, outra estratégia argumentativa é o emprego habilidoso das palavras e dos sinais de pontuação, a fim de dar mais força aos argumentos. Na frase "Mulheres brasileiras permanecem inseguras até mesmo — ou principalmente — dentro de casa", por exemplo, a autora usou os travessões para enfatizar que não é aceitável que as mulheres se sintam ameaçadas dentro da própria casa.

Na construção de textos que expressam opinião, além das estratégias argumentativas, é importante usar argumentos consistentes para dar sustentação e credibilidade ao ponto de vista defendido. Veja alguns dos tipos de argumento mais frequentemente usados.

- **Argumento baseado em comprovação:** cita dados ou fatos que comprovam a tese apresentada. São exemplos os números e dados estatísticos que a autora usou para mostrar a dimensão do problema da violência doméstica no país.
- **Argumento baseado em raciocínio lógico:** consiste em articular os fatos na forma de premissa e conclusão, causa e consequência etc. Por exemplo: "Agressões físicas e psicológicas contra a mulher não apenas violam os direitos humanos, como prejudicam o desenvolvimento do país, impedindo que grande parte da população desfrute da segurança e liberdade necessárias para a plena participação na vida social e econômica".
- **Argumento por exemplificação:** apoia-se em acontecimentos para demonstrar uma verdade. Para sustentar que "a realidade do assédio enfim saiu das sombras", a autora citou três exemplos — as campanhas #MeToo e #MeuPrimeiroAssédio e as denúncias contra um ator famoso.
- **Argumento de autoridade:** cita a palavra de autor renomado ou de especialista em determinada área. A autora desse artigo poderia, por exemplo, incluir a citação de um sociólogo que estuda o problema da violência doméstica.

Campanha contra a violência doméstica.

ORGANIZAR O CONHECIMENTO

- Você já ouviu falar em *fact checking* ou checagem de fatos? Os serviços de checagem verificam o grau de veracidade das informações que aparecem nas redes sociais ou são citadas por personalidades públicas, instituições ou mesmo veículos de imprensa. Nos textos opinativos, por exemplo, pode ser interessante checar as informações, para ter certeza de que o autor apresentou números atualizados e pertinentes.

Junte-se a um ou dois colegas para fazer um trabalho de checagem de fatos. Vocês vão checar dados citados no artigo "A violência começa em casa" com a finalidade de descobrir se estão corretos e de onde vieram as seguintes informações mencionadas pela autora: a pesquisa de 2017, segundo a qual quase um terço das brasileiras afirmaram ter sofrido violência durante o ano anterior; e a informação de que "em 2016, 4.606 mulheres foram mortas no Brasil". Sigam estes passos:

1. Façam uma busca na internet, mas, antes, vejam quais seriam as palavras-chave adequadas para iniciar a busca.

2. Quando tiverem descoberto de onde vieram as informações, tomem nota das fontes e avaliem: os dados apresentados no artigo estão corretos?

3. Apresentem os resultados e suas conclusões ao restante da classe, sob a coordenação do professor.

O QUE VOCÊ JÁ SABE?

Agora, você já é capaz de...	Sim	Não	Mais ou menos
... definir que o artigo de opinião é um texto argumentativo do campo jornalístico que defende um ponto de vista sobre um tema polêmico?	☐	☐	☐
... identificar que há vários tipos de argumentos para sustentar um ponto de vista (números, comparação, palavras de especialista, documento oficial etc.)?	☐	☐	☐

Se você marcou não ou mais ou menos em alguma pergunta, retome a leitura do boxe O gênero em foco: artigo de opinião.

- Monte o esquema a seguir, no caderno, respondendo às questões sobre o artigo de opinião. Se quiser, inclua outras informações.

Artigo de opinião
- Com que finalidade escrevemos um artigo de opinião?
- O artigo de opinião é um gênero informativo ou argumentativo? Qual é sua esfera de circulação?
- Como se constrói um artigo de opinião?
- É escrito em que pessoa? A linguagem é formal ou informal?

PRODUÇÃO DE TEXTO

ARTIGO DE OPINIÃO

O que você vai produzir

Você possivelmente conhece algum problema na sua escola ou no seu bairro ao qual a maioria das pessoas não está dando a devida atenção. Sua tarefa será produzir um artigo de opinião para demonstrar quão grave é esse problema e para estimular o leitor a engajar-se nas soluções. O texto será divulgado no *site* ou no *blog* da escola; se isso não for possível, exponha-o em um mural para que todos da comunidade possam lê-lo e refletir sobre ele.

NA HORA DE PRODUZIR

1. Siga as orientações apresentadas nesta seção. Seu texto deve ser coerente com a proposta.
2. Lembre-se de que você já leu e analisou textos do gênero que vai produzir. Se for o caso, retome o **Estudo do texto**.
3. Diante da folha em branco, persista. Nenhum texto fica pronto na primeira versão.

PLANEJE SEU ARTIGO

1. Sob orientação do professor, converse com seus colegas sobre algum problema da escola ou do bairro que possa estar sendo negligenciado. Por exemplo:

   - o lixo jogado em locais indevidos;
   - o *bullying* contra alguns colegas;
   - atitudes machistas em relação às meninas;
   - alimentação pouco saudável por parte das crianças e dos adolescentes;
   - ausência de atividades físicas por parte das crianças e dos adolescentes.

2. Escolha um dos problemas discutidos e resuma, em uma ou duas frases, o **ponto de vista** que você pretende defender a respeito dele.

3. Pense, então, nos argumentos que você poderá utilizar para sustentar esse ponto de vista. Os dados numéricos ou estatísticos são ótimos argumentos, pois têm força de prova. Para consegui-los, você pode buscar notícias e reportagens relacionados ao tema que escolheu. Não se esqueça de anotar ou salvar os *links* das fontes consultadas.

4. Também pense em argumentos de raciocínio lógico, em exemplos ou em outros tipos de argumento que você pode dar para reforçar sua união e anote-os.

ESCREVA SEU ARTIGO

1. Inicie seu texto contextualizando o problema. Nessa parte, você pode usar exemplos para chamar a atenção do leitor. Ainda na introdução, exponha seu ponto de vista, explicando por que, em sua opinião, aquele problema é tão importante e merece mais atenção da comunidade.

2. Desenvolva seu texto apresentando os argumentos em uma ordem lógica. Não se esqueça de retomar constantemente as ideias, por meio dos recursos de coesão que já estudou, e de articulá-las com os recursos de coesão sequencial (expressões como *apesar de*, *porque*, *embora*, *mas*, *assim como*, *já que* etc.).

3. Procure estruturar bem cada parágrafo e cuidar para que estejam interligados.

4. Use preferencialmente a 1ª pessoa do plural, já que o problema diz respeito a todos em sua comunidade (incluindo você). Mas, se desejar uma abordagem mais intimista, você também poderá usar a 1ª pessoa do singular.

5. Você pode usar uma **pergunta retórica** à qual você mesmo responderá, dando maior vigor à sua argumentação.

6. Ao desenvolver suas ideias, empregue uma linguagem objetiva, formal, e obedeça às regras da gramática normativa.

7. Na conclusão, busque instigar o leitor para que se mobilize na luta contra o problema. Você pode usar verbos como *precisar*, *dever* e outras expressões que deem ideia de obrigatoriedade e urgência. Reveja estes exemplos que apareceram no texto "A violência começa em casa":

> "Isso **precisa** mudar."
>
> "Homens e mulheres **devem** levantar sim suas vozes [...]".
>
> "**É essencial** implementar [...]".

8. Se o texto for circular no meio digital, prepare os *hyperlinks* que levarão às fontes consultadas. Se a ideia é divulgá-lo no mural da escola, você pode apresentar essas fontes na forma de boxes explicativos. Peça orientação ao professor sobre como fazer isso.

9. Para finalizar seu trabalho, crie um título que desperte a atenção do leitor e coloque seu nome como autor do texto.

DE OLHO NA TEXTUALIDADE

Ao produzir seu artigo de opinião, não se esqueça de utilizar **conjunções** e outros **articuladores textuais** para marcar a relação de sentido entre as ideias do texto. Reveja alguns exemplos do artigo lido:

> Precisamos fazer o mesmo com a violência doméstica, que, **embora** mais debatida, ainda tem de conquistar a consciência social. **Apesar de** avanços na legislação e em políticas públicas, a contínua impunidade em casos de violência doméstica põe em risco a vida de muitas brasileiras.

Expressam concessão (uma ideia opõe-se à outra, mas não chega a impedi-la totalmente).

> [...] as mulheres são obrigadas a contar sua história traumática em público, **pois** nem sempre as delegacias de polícia [...] possuem salas privativas.

Introduz explicação.

> As agressões físicas e psicológicas **não apenas** violam os direitos humanos, **como** prejudicam o desenvolvimento do país [...].

Somam ideias, enfatizando cada uma delas.

REVISE SUA PRODUÇÃO

1. Revise seu artigo de acordo com os aspectos apresentados no quadro a seguir.

Aspectos importantes em relação à proposta e ao sentido do texto
Artigo de opinião
1. No texto, fica claro qual ideia está sendo defendida?
2. Os argumentos empregados para defender essa ideia são variados e consistentes?
3. A conclusão finaliza o pensamento de modo coerente e instiga o leitor a mobilizar-se?
4. Há uma relação de sentido estabelecida entre os parágrafos?
5. O texto está de acordo com as recomendações da gramática normativa?
Aspecto importante em relação à ortografia, à pontuação e demais normas gramaticais
1. Está livre de problemas de ortografia e pontuação relacionados a regras já estudadas?
2. As conjunções poderá foram empregadas adequadamente?
3. Foram empregadas corretamente orações coordenadas para expressar sentidos de adição, oposição, alternância, explicação e conclusão?

2. Passe o texto a limpo corrigindo o que você considerar necessário.
3. Depois que você revisar o texto, o professor deverá corrigi-lo. Caso sejam necessárias novas correções, faça-as e passe o texto a limpo novamente.

DIVULGUE O ARTIGO

1. Divulgue seu texto no *site* ou no *blog* da escola ou então afixe-o no mural, de acordo com o que foi combinado previamente com o professor.
2. Sob orientação do professor, você e seus colegas podem escolher uma das propostas apresentadas e verificar a possibilidade de colocá-la em execução na escola.

ATITUDES PARA A VIDA

A palavra *respeito* vem do latim *respectus*, que quer dizer "olhar outra vez", "olhar para trás". O respeito é o sentimento que leva alguém a tratar algo ou alguém com consideração, grande atenção e apreço. Pensando nisso, faça o teste a seguir, escolhendo **sim** ou **não** para as afirmações apresentadas. Seja sincero em suas respostas.

Afirmações	Sim	Não
1. Você costuma perder a paciência com pessoas que não concordam com você.		
2. Ao realizar uma atividade em grupo, você presta atenção na fala de seus colegas, independentemente de serem meninos ou meninas.		
3. Já ocorreu de um colega apresentar uma ideia em uma atividade e você repeti-la como se fosse sua.		
4. Você costuma falar ao mesmo tempo em que as pessoas, antecipar-se ou interromper conversas.		
5. Se um colega joga lixo no chão, você finge que não vê e não sugere a ele que descarte o lixo no lugar adequado.		
6. Você já fez uma brincadeira de mau gosto com um colega.		
7. Você já sofreu discriminação e isso fez você se sentir muito mal.		
8. Nos trabalhos em grupo, você costuma participar e trabalhar coletivamente para que obtenham o melhor resultado.		
9. Você monopoliza conversas e tem o hábito de falar muito de si.		
10. Se você presencia um de seus colegas praticando *bullying* contra outro, você não participa e ainda informa a um adulto sobre o ocorrido.		
11. Em atividades em grupo, você costuma fazer a sua parte.		
12. Você é impulsivo quando fala e por causa disso já magoou algumas pessoas.		
13. Quando seus colegas estão conversando sobre um assunto polêmico, você opina e respeita as opiniões que são diferentes das suas.		
14. Você costuma pensar antes de agir e acredita que isso o ajuda a comunicar-se melhor com as outras pessoas.		
15. Já aconteceu de alguém criticar uma ação ou decisão sua e você se alterar e reagir de forma inadequada a essa situação.		
16. Você já discriminou uma pessoa por ela ser diferente de você.		
17. Quando o professor pede silêncio na sala de aula, você fica em silêncio.		

Agora, responda às questões a seguir.

1. Em sua opinião, qual é a temática geral do teste que acabou de responder? Se quiser, compartilhe com seus colegas a sua resposta.

2. Você acha que essa temática é importante para a vida em sociedade? Por quê?
3. Com base em suas respostas ao teste, escolha entre as alternativas abaixo as que representam atitudes que considera importantes melhorar em você.

   a) Controlar mais as emoções.
   b) Ser mais colaborativo.
   c) Respeitar a diversidade.
   d) Ser mais flexível.
   e) Pensar mais antes de falar.
   f) Ser mais responsável com as tarefas.
   g) Expressar-se com mais clareza.
   h) Ser paciente e escutar mais os outros.

4. Por que você fez essas escolhas?

> Todas as discriminações têm sua raiz no desrespeito e na incapacidade de lidar com a diferença. Para lidar com a diferença, é necessário escutar, conhecer e não julgar. Os preconceitos são gerados quando achamos que somos melhores que os outros.

5. Imagine que um de seus colegas escolheu **sim** para as afirmações dos itens 1, 4, 5, 6, 12 e 13 do teste. Quais das atitudes relacionadas abaixo você recomendaria a ele? Por quê?

	Persistir
	Controlar a impulsividade
	Escutar os outros com atenção e empatia
	Pensar com flexibilidade
	Esforçar-se por exatidão e precisão
	Questionar e levantar problemas
	Aplicar conhecimentos prévios a novas situações
	Pensar e comunicar-se com clareza
	Imaginar, criar e inovar
	Assumir riscos com responsabilidade
	Pensar de maneira interdependente

6. Que atitudes, entre as relacionadas, você mais aplicou para escrever o seu artigo de opinião na seção anterior? Por quê? E quais não aplicou?

> O respeito revela-se como uma forma de acolhimento. Quando acolhemos algo que nos é apresentado e olhamos para isso com atenção, estamos sendo respeitosos.

ATITUDES PARA A VIDA

7. De acordo com os textos analisados na unidade, quais *Atitudes para a vida* você considera mais importantes para combater a discriminação e violência de gêneros? Justifique sua resposta.

8. Suponhamos que você ou um de seus colegas tenha respondido positivamente aos itens 7 e 15. Se as atitudes escolhidas na atividade anterior fossem empregadas no cotidiano das pessoas em geral, você acha que isso contribuiria para uma melhoria nas relações? Em sua opinião, como fazer isso se tornar realidade?

AUTOAVALIAÇÃO

Na segunda coluna (item 1) da tabela abaixo, marque com um X as atitudes que foram mais mobilizadas por você na produção de texto desta unidade.

Na terceira coluna (item 2), descreva a forma como você mobilizou cada uma das atitudes marcadas. Por exemplo: P*ensar com flexibilidade: Estive atento às diferentes opiniões das pessoas, respeitando-as, e busquei considerar e aceitar diferentes alternativas para a resolução de problemas*.

Use o campo *Observações/Melhorias* para anotar o que pode ser melhorado tanto nos trabalhos a serem desenvolvidos nas próximas unidades em outros momentos de seu cotidiano.

Atitudes para a vida	1. Atitudes mobilizadas	2. Forma de mobilização
Persistir		
Controlar a impulsividade		
Escutar os outros com atenção e empatia		
Pensar com flexibilidade		
Esforçar-se por exatidão e precisão		
Questionar e levantar problemas		
Aplicar conhecimentos prévios a novas situações		
Pensar e comunicar-se com clareza		
Imaginar, criar e inovar		
Assumir riscos com responsabilidade		
Pensar de maneira interdependente		
Observações/Melhorias		

LUDOFICINA

FOTO-*PUZZLE*-REPORTAGEM

> **O que é?**
> Jogo de cartas e quebra-cabeça de montar álbuns de fotorreportagens.
>
> **Como é?**
> Os jogadores devem organizar três tipos de carta (manchete, imagem e legenda) para montar álbuns de fotorreportagem. Vence aquele que montar mais álbuns.

COMO FAZER

Para jogar *Foto-puzzle-reportagem*, você e seus amigos vão criar um baralho baseado em diversas fotorreportagens. O ideal é que vocês se reúnam em grupos de quatro a oito pessoas e que cada um faça um maço de cartas que vai compor o baralho. Basicamente, cada maço do baralho conta com três tipos de carta: a carta-manchete, a carta-foto e a carta-legenda. Mas, antes de falarmos de cada uma delas, vamos dar uma olhada geral em um maço de cartas?

O MAÇO

Cada maço de cartas que compõe o baralho é feito com base em uma fotorreportagem. Sugerimos que cada um dos integrantes do seu grupo pesquise e escolha uma fotorreportagem que considere mais interessante. Há diversos meios jornalísticos novos ou mais tradicionais que produzem esse tipo de material com qualidade e o publicam *on-line*.

Vamos lembrar que *uma fotorreportagem é, principalmente, uma reportagem*, certo? Isso quer dizer que, às vezes, um álbum com imagens de animais fofinhos *não é* uma reportagem... Quer uma dica? Releia a seção *O gênero em foco: reportagem* para não esquecer das características essenciais desse gênero.

O modelo de maço de cartas que apresentamos aqui é baseado na fotorreportagem "As imagens do resgate na Tailândia", publicada pelo jornal *El País* em julho de 2018, que apresenta os primeiros dias de operação de resgate dos Javalis Selvagens — time de futebol de meninos tailandeses que se perderam em uma caverna.

No geral, **o maço de cartas é uma adaptação da fotorreportagem**: de um lado, ficam as legendas e, de outro, as imagens. Mas, algumas vezes, essa adaptação é também um *resumo*. Olha só, a reportagem sobre o resgate da Tailândia conta com 27 fotos. Se fôssemos adaptar tudo isso para cartas-legendas e cartas-fotos, teríamos 54 cartas e mais uma carta-manchete em apenas um dos maços do baralho! Para que não surja nada tão extenso, o ideal é que cada um no seu grupo faça um maço que tenha no mínimo 5 e no máximo 8 fotos (o que vai dar 11 e 17 cartas respectivamente).

LUDOFICINA

É importante que o baralho tenha maços com quantidades diferentes de cartas para que o jogo fique mais dinâmico.

No nosso modelo, as 27 fotos foram resumidas a 7 e ficamos com um maço de 15 cartas. Nesse caso, selecionamos cartas em que as legendas formam uma unidade de sentido coesa e coerente no maço de cartas.

E, por falar nisso, **coesão** e **coerência** são dois aspectos fundamentais em que você e seus amigos devem ficar ligados na hora de confeccionar os maços de cartas! Em alguns casos, vocês vão precisar descartar fotos ou mesclar legendas da reportagem original, mas, independentemente disso, seus maços devem se manter o mais fiel possível às fotorreportagens em que vocês estão se baseando, ok?

Agora, vamos dar uma olhada mais detalhada nas cartas desse baralho!

AS CARTAS

Para confeccionar as cartas, você e seus amigos podem usar diferentes meios, desde colagens analógicas (tesoura, cola e bastante capricho) até meios digitais (*softwares* de edição de imagem, de apresentação ou mesmo de texto – e que exigem capricho também!). O mais importante é que as cartas sigam um mesmo padrão de formato e tamanho, afinal todas elas vão fazer parte do mesmo baralho. Além disso, cada tipo de carta apresenta características próprias nos detalhes visuais. Olha só:

▶ **Carta-manchete:** é o tipo mais simples e contém apenas o título da fotorreportagem.

AS IMAGENS DO RESGATE DA TAILÂNDIA.

▶ **Carta-foto:** a que contém as imagens das fotorreportagens. Além das fotos, deve haver pequenos marcadores nos cantos ou laterais indicando se elas são seguidas ou precedidas por outras cartas.

A primeira, a quinta e a última cartas-foto do nosso maço. Setas e barras verticais indicam se são precedidas ou sucedidas por outras cartas.

▶ **Carta-legenda:** apresenta uma legenda relacionada a uma carta-foto específica. Além disso, ela conta com um marcador numérico que indica sua exata posição na sequência do maço.

1/7	5/7	7/7
Primeiras imagens de quando os meninos foram encontrados (2 de julho).	Equipe de resgate tailandesa trabalha (3 de julho).	Helicóptero militar faz o transporte de alguns dos meninos resgatados neste domingo, 8.

Exemplo de cartas-legendas da primeira, da quinta e da última cartas-foto. No modelo, marcadores numéricos ficam centralizados no topo.

O texto das cartas-legendas pode apresentar uma descrição da respectiva foto e/ou uma informação mais ampla relacionada ao tema da reportagem. O texto precisa ser pontual e objetivo, por isso, sugerimos que ele tenha o tamanho máximo de um *tweet* (280 caracteres).

COMO JOGAR

Agora que cada um fez seu maço de cartas, vocês devem juntar os maços em um único baralho. Em seguida, decidam se vão jogar individualmente ou em duplas, trios ou até times, dependendo da quantidade de jogadores.

Para começar o jogo, as cartas devem ser bem embaralhadas e distribuídas para os jogadores. Serão três cartas para cada jogador. O restante das cartas deve ficar com o verso para cima num monte de compra, ao centro da mesa.

O objetivo do jogo é baixar as cartas da mão e formar a sequência de uma fotorreportagem na mesa. O jogador que colocar a última carta de uma sequência e completá-la pega para si esse maço de cartas. Ao final, quem tiver coletado mais maços, vence o jogo.

INÍCIO E FINAL DE CADA TURNO

Enquanto houver cartas disponíveis no monte de compras, **os jogadores sempre vão começar e terminar seus turnos segurando três cartas na mão**.

Quando for a sua vez de jogar, **você deve baixar pelo menos uma carta na mesa**. Se essa carta se encaixar em outra que já esteja na mesa, você pode escolher se vai baixar ou não uma segunda carta. Se baixar a segunda carta e ela também se encaixar com alguma carta da mesa, você escolhe se baixa ou não uma terceira e última carta.

No fim do turno, você deve usar o monte de compras para repor a(s) carta(s) que baixou na mesa e ficar com três cartas na mão.

Quando não houver mais cartas no monte de compras (isso acontece nas rodadas finais), os jogadores continuam jogando sem fazer a reposição até que as cartas em mãos se acabem.

LUDOFICINA

ENCAIXANDO CARTAS

Já dissemos que, durante seu turno, você deve baixar pelo menos uma carta na mesa. Isso deve ser feito mesmo se não houver possibilidade de se encaixar a carta em outra disponível na mesa. Agora, vamos entender como funciona esse processo de encaixar as cartas umas nas outras.

O encaixe sempre ocorre com duas cartas do mesmo maço. Ou seja, são duas cartas relacionadas à mesma fotorreportagem. Esse encaixe pode acontecer de três maneiras.

▸ **Carta-foto com carta-legenda:** a carta-legenda é posicionada embaixo de sua respectiva carta-foto. Lembre-se de que a legenda descreve detalhes mostrados pela imagem.

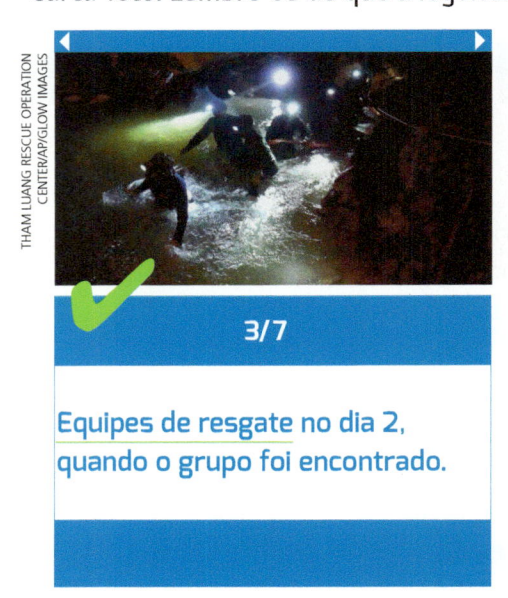

3/7 — Equipes de resgate no dia 2, quando o grupo foi encontrado. ✓

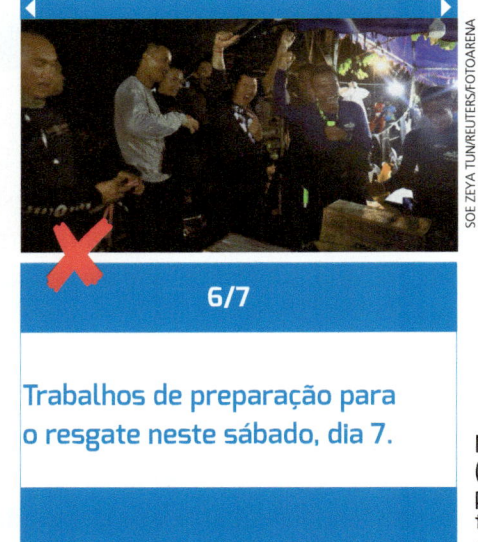

6/7 — Trabalhos de preparação para o resgate neste sábado, dia 7. ✗

No primeiro par de cartas (esquerda), você pode perceber coerência entre o texto e a imagem. Isso não acontece no segundo par.

▸ **Carta-legenda com carta-legenda:** as cartas-legenda do mesmo maço são colocadas lado a lado obedecendo a sequência do indicador numérico.

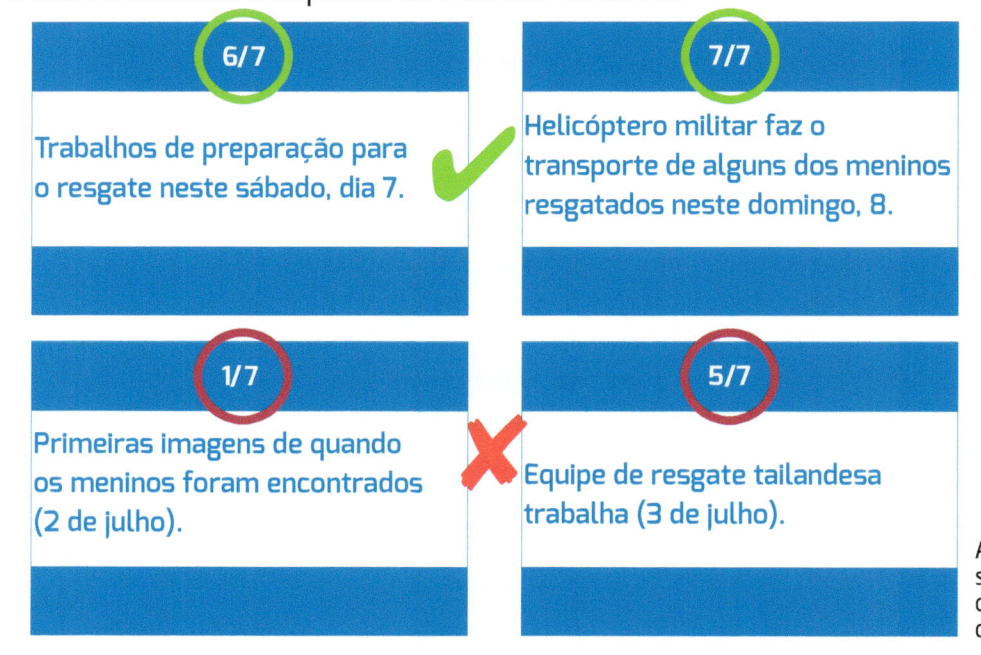

6/7 — Trabalhos de preparação para o resgate neste sábado, dia 7.
7/7 — Helicóptero militar faz o transporte de alguns dos meninos resgatados neste domingo, 8. ✓

1/7 — Primeiras imagens de quando os meninos foram encontrados (2 de julho).
5/7 — Equipe de resgate tailandesa trabalha (3 de julho). ✗

As cartas de cima são sequenciais ("6/7" e "7/7"), diferentemente das outras duas ("1/7" e "5/7").

▶ **Carta-foto com carta-foto:** as cartas-foto do mesmo maço são colocadas lado a lado. Caso elas já não estejam encaixadas a cartas-legendas, elas não precisam obedecer a ordem do maço.

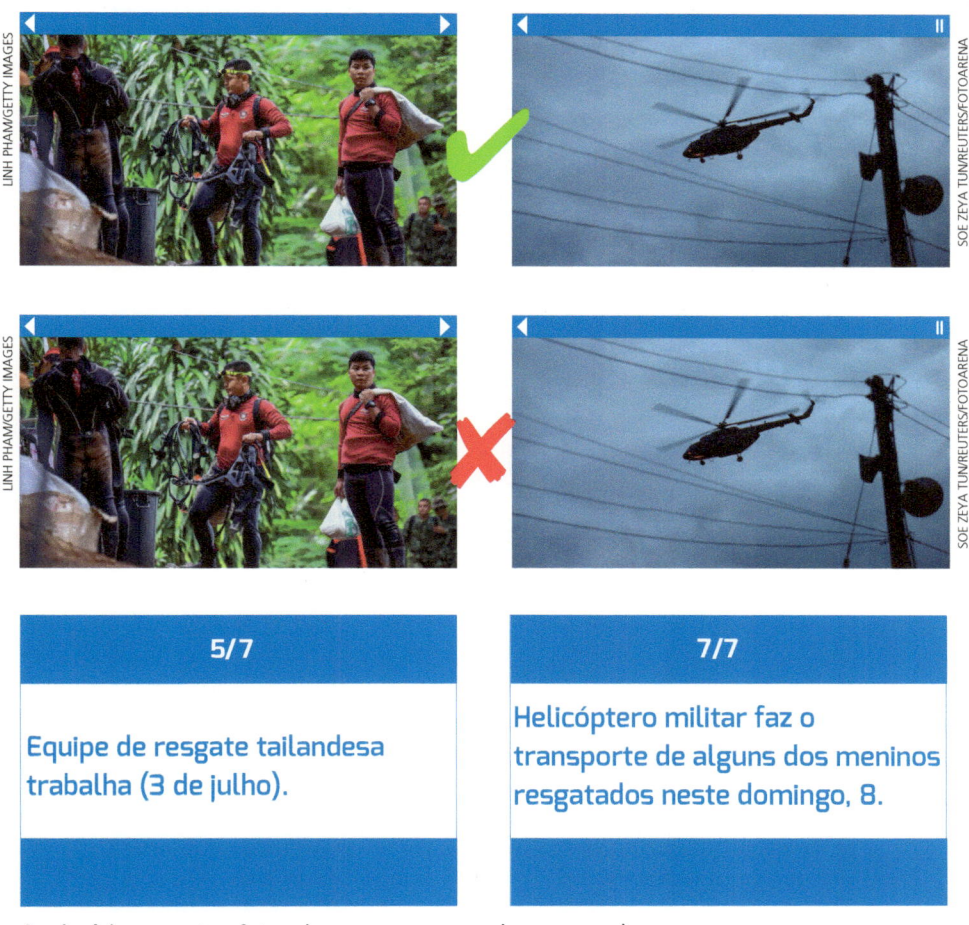

A princípio, as cartas-fotos do mesmo maço podem se encaixar livremente mesmo sem obedecer seus devidos lugares na sequência. Mas, à medida que forem se encaixando às suas respectivas cartas-legenda, elas se separam para não comprometer a coerência do maço.

Esses são os três tipos de encaixe que você e seus amigos vão realizar durante as partidas. Mas não vá pensando que nós nos esquecemos da carta-manchete, não! **A carta-manchete funciona como um coringa dentro do seu maço.** Ou seja, ela pode ser encaixada de qualquer maneira com as demais cartas do maço sem obedecer nenhuma ordem.

Lembre-se de que o maço, assim como a fotorreportagem, é formado pela manchete, pelas fotos e pelas legendas. Quando encaixar a última carta em um maço que estiver na mesa, você pode pegá-lo para você. O jogador (ou o time) que tiver mais maços ao final vence.

LUDOFICINA

Aqui estão as cartas-foto e as cartas-legenda correspondentes ao jogo completo dessa fotorreportagem.

RESUMÃO

- Reúna-se em grupo de três a seis jogadores.
- Cada jogador leva seu maço de cartas baseado em uma fotorreportagem.
- Junte os maços e embaralhe todas as cartas.
- Distribua três cartas para cada jogador.
- O restante se torna o monte de compras, com as cartas com a face voltada para baixo.
- Em seu turno, o jogador deve baixar uma das cartas de sua mão na mesa.
- Se essa carta se encaixar em outra que já esteja na mesa, ele pode escolher se baixa a segunda carta e, se houve outro encaixe, a terceira também.
- No final do turno, o jogador usa o monte de compras para repor as cartas em sua mão.
- O jogador que encaixar a última carta e completar um maço em sua ordem correta ganha esse maço.
- Vence o jogo aquele que recolher mais maços.

AS IMAGENS DO RESGATE DA TAILÂNDIA.

1/7 — Primeiras imagens de quando os meninos foram encontrados (2 de julho).

2/7 — Soldados tailandeses comemoram notícia de que o grupo foi encontrado (2 de julho).

3/7 — Equipes de resgate no dia 2, quando o grupo foi encontrado.

4/7 — Dezenas de mergulhadores são enviados para a caverna para continuar resgate (3 de julho).

5/7 — Equipe de resgate tailandesa trabalha (3 de julho).

6/7 — Trabalhos de preparação para o resgate neste sábado, dia 7.

7/7 — Helicóptero militar faz o transporte de alguns dos meninos resgatados neste domingo, 8.

PARA SE PREPARAR PARA A PRÓXIMA UNIDADE

Debater não significa brigar, mas pensar e refletir sobre a própria opinião e a dos outros, ampliando o conhecimento sobre o assunto debatido. Na próxima unidade, você vai ler e analisar um debate sobre as cotas raciais. Para começar, acesse os *links* indicados e leia as orientações do boxe "O que você já sabe?".

> Pesquise em *sites*, *vlogs* e *podcasts* sobre debates. Reflita sobre por que um assunto tem que ser polêmico para se tornar tema de um debate e sobre as formas como os participantes de um debate defendem suas ideias. Depois, compartilhe com seus colegas o resultado de sua pesquisa e reflexão.

1 Assista na íntegra ao debate sobre cotas raciais que será analisado na próxima unidade. Acesse: <http://mod.lk/nfop6>.

2 A cantora Bia Ferreira apresenta seu ponto de vista por meio da canção "Cota não é esmola". Confira: <http://mod.lk/qvxdi>

3 A *youtuber* Gabi Oliveira explica o que a levou a questionar seus próprios argumentos sobre cotas raciais e a mudar de ideia. Acesse: <http://mod.lk/hmxbx>

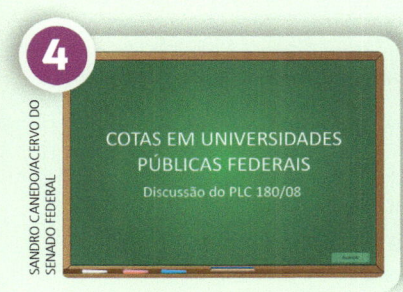

4 Este infográfico explica as regras e o funcionamento das cotas sociais e raciais no Brasil. Acesse: <http://mod.lk/yf41d>

5 Orações subordinadas substantivas I
Este objeto digital aborda as orações subordinadas substantivas. Acesse: <http://mod.lk/ipo1s>

O QUE VOCÊ JÁ SABE?

Até este momento, você seria capaz de...	Sim	Não	Mais ou menos
... identificar e analisar as opiniões e argumentos em um debate?	☐	☐	☐
... reconhecer a importância de se posicionar em relação a determinado assunto e, ainda, construir argumentos que reforcem seu posicionamento?	☐	☐	☐
De acordo com o conteúdo do objeto digital *Orações subordinadas substantivas I*, você seria capaz de...	**Sim**	**Não**	**Mais ou menos**
... diferenciar orações coordenadas de orações subordinadas?	☐	☐	☐
... perceber que as orações subordinadas substantivas exercem funções que são específicas dos substantivos?	☐	☐	☐
... diferenciar os diferentes tipos de oração subordinada substantiva?	☐	☐	☐

UNIDADE 8

PONTOS DE VISTA

🖼️ ESTUDO DA IMAGEM

1. As imagens destas páginas foram extraídas de um livro chamado *Zoom*. Observe-as e tente descobrir a relação entre elas.

2. Agora, reúna-se com alguns colegas e imaginem um contexto para cada uma dessas imagens separadamente. Lembre-se: é importante escutar com atenção e expressar-se com clareza.

▶ EM FOCO NESTA UNIDADE

- Debate
- Período composto por subordinação
- Orações subordinadas substantivas
- Produção: debate

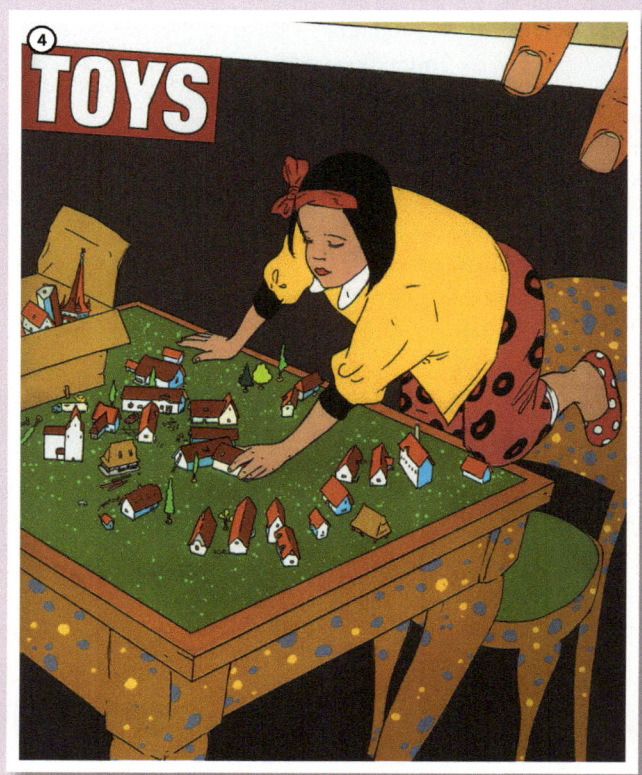

Imagens do livro *Zoom*, do artista gráfico húngaro Istvan Banyai (1949-), publicado no Brasil em 1995 pela editora Brinque-Book.

ZOOM. ISTVAN BANYAI. SÃO PAULO: BRINQUE-BOOK, 1995

251

LEITURA

CONTEXTO

O texto a seguir reproduz trechos de um debate sobre cotas raciais realizado em um programa transmitido ao vivo por uma emissora de TV do estado da Bahia. Posteriormente, o programa foi publicado em vídeo nas redes sociais.

ANTES DE LER

1. Você vai ler a transcrição de trechos de um debate. Para você, o que significa **debater**?

2. Você certamente já viu na TV, ouviu no rádio ou participou na escola de um debate. Como ele era organizado?

Glossário

Reparar: consertar; compensar.

Promotora de justiça: funcionária pública que zela pelo cumprimento das leis, mesmo quando não há queixa por parte de uma vítima individual. Essa profissional pode, por exemplo, proteger os direitos coletivos de consumidores, negros, indígenas, mulheres ou outros grupos.

Pautada: baseada.

Meritocracia: palavra formada por mérito + -cracia (poder), refere-se a sistemas sociais e políticos em que os indivíduos com mais méritos pessoais (inteligência, dedicação etc.) ficam nas melhores posições da sociedade.

Pisa: sigla para Programa Internacional de Avaliação de Alunos, uma pesquisa realizada a cada três anos pela Organização para Cooperação e Desenvolvimento Econômico (OCDE) com jovens de 15 anos em mais de 70 países.

Ações afirmativas: medidas que visam igualar determinado grupo da sociedade aos demais (em termos de renda, escolarização etc.) e às vezes, também, compensar esse grupo por injustiças sofridas no passado.

Institucionalizou: tornou institucional, isto é, aceito dentro da legislação e da organização de um Estado.

88: referência a 1888, ano em que foi abolida a escravidão.

Debate sobre cotas raciais

No Brasil, as cotas raciais passaram a ser adotadas a partir do início dos anos 2000 e hoje esse sistema está presente na maioria das universidades federais e estaduais.

Jhonatã Gabriel – O *TVE Debate* está no ar! Hoje, vamos discutir sobre as cotas raciais, um sistema que permite pessoas que se autodeclaram negras ingressarem nas universidades e cargos públicos no Brasil. O Supremo Tribunal Federal considerou constitucional as cotas, mas o debate envolvendo especialistas e a sociedade civil se mantém em pauta. De um lado, os argumentos favoráveis de que cotas são necessárias pra **reparar** os danos socioeconômicos e culturais causados pela escravidão. Já os críticos argumentam que nenhum mecanismo facilitador deve ser utilizado, fazendo valer o mérito e o esforço individual pra acessar a universidade, por exemplo. O debate é complexo e abrange diversos fatores e visões de muitas áreas, como pedagogia, sociologia, história... Pra essa discussão, convidamos a **promotora de justiça** Lívia Vaz, a doutora em sociologia Marcilene Garcia, o professor de Direito e cientista social Osvaldo Bastos [...].

Bem, começando por você, Lívia. As políticas de cotas, ao invés de reparação, elas não podem, de repente, ampliar ou fortalecer a discriminação?

Lívia Vaz – De forma alguma. Quando nós falamos em medidas de reparação, em políticas de ação afirmativa racial, não é mera retórica. Nós estamos falando de um Estado que promoveu desigualdade racial por meio, inclusive, da sua legislação. Então o Brasil é o país, o último país das Américas a abolir o sistema escravocrata, e além disso ele se utilizou do seu aparato legislativo pra exclusão dos negros, não apenas do mercado de trabalho, mas do sistema educacional. Então nós temos a primeira Constituição brasileira, de 1824. Logo após, um ato complementar a essa Constituição proibia negros de frequentarem as escolas. Então, quando nós falamos... eh... em reparação, é realmente o Estado que promoveu a desigualdade racial e tem a obrigação de desconstruir essa realidade.

Jhonatã Gabriel – Osvaldo, por favor.

Osvaldo Bastos – Bom, eu me posiciono contra porque [...] a universidade, ela desde que ela aparece no ocidente eh... ela está pautada na ideia de meritocracia. Se nós temos uma sociedade desigual, eu também entendo que não é por uma questão de ordem racial que nós vamos, eh, estabelecer isso, até porque... eh... seria uma injustiça com os pobres de cabelo loiro e olho azul que estão lá em Curitiba, que estão lá no Rio Grande do Sul, que estão lá eh... em Santa Catarina, né? Que exis... que existe um-um-uma eh... discrepância, né? uma coisa muito visível de diferença socioeconômica na sociedade brasileira, isso é fato, não precisa de estudo, não precisa de relatório, porque isso salta aos olhos. Agora, a questão é: se fala tanto da educação no Brasil, que a educação [...] mas ela só faz declinar, ano a ano, e isso inclusive é o que denuncia [...] os principais exames internacionais feitos pra avaliar a educação no mundo todo, a começar pelo Pisa. O Brasil hoje é o segundo pior país do mundo em leitura e interpretação. Então quando nós falamos disso, eu posso afirmar: a escola brasileira, ela é segregadora. Então, se nós precisamos corrigir determinadas segregações – e aí todo mundo tem o direito de olhar pelo ângulo que quiser, pelo ângulo socioeconômico, pelo ângulo racial – mas, se temos que corrigir determinadas segregações, e eu acho que tem que pensar isso no conjunto, e não isoladamente raça ou outra qualificação qualquer [...]. Se a gente atacar, levar a sério a educação, nós vamos corrigir muitas coisas que... que estão aí visíveis à luz do dia.

Jhonatã Gabriel – Marcilene, por favor. Política de cotas. Você acha que elas reparam ou que elas podem fortalecer a discriminação?

Marcilene Garcia – A ideia de ações afirmativas, ela vem para promover igualdade de oportunidade. Por óbvio que a gente tem que perguntar pra quem, e se há necessidade efetivamente. Essas políticas de ações afirmativas por meio de cotas raciais, inclusive, elas levam em consideração as injustiças históricas, ou seja, a escravização... Se o país institucionalizou, do ponto de vista de política de Estado eh... a escravização, e que em 88 esse mesmo Estado não criou políticas de igualdade de oportunidade, não é justo que essa população seja incluída? Se... se é a população negra que efetivamente constrói as bases sociais e econômicas deste país? Que alguns autores inclusive vão dizer, com as mãos, com os pés, com a mente... e com o coração, né? Não há uma dívida? O que é que nós podemos dizer de uma sociedade que é a segunda nação mais negra do planeta, que só perde pra Nigéria em quantidade de negros, em que em 2000, de todos os universitários do país, 98% eram brancos? O próprio **Ricardo Henriques** vai dizer, num material importante do Ipea, que são dados de África do Sul, no regime oficializado do *apartheid*. Porque lá, um negro tinha mais chances de chegar à universidade, no regime oficializado do *apartheid*, do que aqui no Brasil. Como é que a gente pode achar justo e natural estarmos na Bahia, em Salvador, que é das cidades mais negras... eh, eh... da América Latina, e que tivemos na universidade turmas de Direito e Medicina, as pessoas socialmente brancas? Quem é que pode achar que isso é natural? [...]

Então, a gente tem que pensar que essas políticas de cotas raciais, elas não vieram pra prejudicar outros grupos. Aliás, os dados estatísticos vão mostrar que nesses 98% de brancos que tínhamos em 2000 na universidade, que isso é uma afronta, porque saber é poder — e essa é uma frase do **Foucault**, "saber é poder". Como estamos numa sociedade democrática em que a população negra não participa dos espaços de poder? E não participa ainda! Nós temos um grande problema. A população negra sofre de carência de renda, são os pobres e miseráveis, e... e de pobreza política também, porque não participa dos espaços para poder pensar inclusive as políticas públicas que deseja pra elas. [...]

TVE Debate. TVE Bahia, 22 nov. 2017. Disponível em: <https://www.youtube.com/watch?v=ACc3L8W6yhY>. Acesso em: 28 jul. 2018.

Glossário

Ricardo Henriques: economista português naturalizado brasileiro, é professor na Faculdade de Economia da Universidade Federal Fluminense (UFF) e pesquisador do Instituto de Pesquisa Econômica Aplicada (Ipea).

Apartheid: sistema oficial de segregação racial praticado na África do Sul na maior parte do século XX, privilegiando uma minoria branca.

Foucault: Michel Foucault (1926-1984): filósofo francês que se destacou por produzir obras sobre a relação entre conhecimento e poder.

As cotas raciais são ações afirmativas aplicadas em países como o Brasil com a finalidade de **diminuir as desigualdades econômicas, sociais e educacionais** entre pessoas de diferentes etnias e também como uma forma de compensação pelo racismo histórico. Essas ações afirmativas podem existir em diversos meios, mas são mais observadas no setor público, principalmente para indígenas e afrodescendentes.

No Brasil, as cotas raciais passaram a ser adotadas desde o início dos anos 2000, e hoje esse sistema está presente na maioria das universidades federais e estaduais, bem como em concursos públicos.

ANTES DO ESTUDO DO TEXTO

1. Se não tem certeza de ter compreendido bem o texto, leia-o novamente.
2. Ao responder às questões a seguir, procure empregar o que já aprendeu ao ler outros textos e seja preciso em suas respostas.

ESTUDO DO TEXTO

COMPREENSÃO DO TEXTO

1. Releia a primeira fala de Jhonatã Gabriel. Indique qual trecho dessa fala cumpre cada um dos objetivos a seguir:
   a) Indicar o início do evento.
   b) Apresentar o tema e justificar a importância de debatê-lo.
   c) Apresentar os debatedores.

2. Dos três debatedores, quais são favoráveis à adoção das cotas raciais e quais são contrários? Para justificar sua resposta, transcreva, da fala de cada debatedor(a), uma frase em que ele(a) deixe claro seu ponto de vista.

3. Releia este trecho da transcrição, extraído da fala de Lívia Vaz: "Nós estamos falando de um Estado que promoveu desigualdade racial por meio, inclusive, da sua legislação."
   a) Qual exemplo Lívia Vaz dá para embasar essa afirmação?
   b) Marcilene Garcia também acusa o Estado brasileiro de ter, no passado, promovido a desigualdade racial. Transcreva um trecho da fala de Marcilene em que aparece esse ponto de vista.
   c) De acordo com essas duas debatedoras, qual é a relação entre a atuação histórica do Estado brasileiro e a necessidade de implantar cotas raciais?

4. Por que o debatedor Osvaldo Bastos afirma que a escola brasileira é segregadora? Se necessário, pesquise o significado de *segregação* no dicionário.

5. Segundo Bastos, qual seria a solução para a desigualdade socioeconômica em nosso país, em vez das cotas raciais?

6. Marcilene Garcia utiliza um argumento baseado em comprovação. Identifique o argumento e explique qual ponto de vista a debatedora pretende sustentar, por meio dele.

7. Além disso, Marcilene apresenta dois argumentos de autoridade (citações) para sustentar seu ponto de vista.
   a) Quais são as citações feitas?
   b) Como cada uma dessas citações contribui para a defesa do ponto de vista de Marcilene?

8. Em sua opinião, nesse trecho inicial do debate, qual dos debatedores apresentou a argumentação mais convincente? Justifique sua resposta.

> **Lembre-se**
>
> Na unidade anterior, você estudou uma classificação dos principais tipos de argumento. Na defesa de um ponto de vista podem ser empregados, por exemplo:
> - argumentos baseados em comprovação (números, estatísticas);
> - argumentos baseados em raciocínio lógico (premissa-conclusão, causa-consequência etc.);
> - argumentos por exemplificação (exemplos);
> - argumentos de autoridade (citação).

DE OLHO NA CONSTRUÇÃO DOS SENTIDOS

1. Releia o trecho a seguir:

   "Então, se nós precisamos corrigir determinadas segregações – e aí todo mundo tem o direito de olhar pelo ângulo que quiser, pelo ângulo socioeconômico, pelo ângulo racial – *mas*, se temos que corrigir determinadas segregações, e eu acho que tem que pensar isso no conjunto, e não isoladamente raça ou outra qualificação qualquer [...]."

   • No trecho em azul, Bastos faz referência ao pensamento das outras debatedoras; depois, no trecho em vermelho, ele introduz seu próprio pensamento. Explique por que ele usou a conjunção *mas* para articular essas duas ideias.

2. Releia agora uma fala de Marcilene Garcia: "Então, a gente tem que pensar que essas políticas de cotas raciais, elas não vieram pra prejudicar outros grupos". Nessa frase, Garcia também faz referência ao pensamento de seu oponente, Bastos. Com qual trecho da fala de Bastos, especificamente, essa frase dialoga?

3. Em sua opinião, por que é importante que os debatedores façam referência um ao pensamento do outro?

4. Você diria que a linguagem utilizada nesse debate é predominantemente formal ou informal? Justifique sua resposta.

5. Copie, da transcrição, três exemplos de *marcas de oralidade*, ou seja, hesitações, repetições de palavras, marcadores conversacionais (*né?*, *hein?* etc.).

6. A primeira fala de Jhonatã Gabriel não apresenta essas marcas de oralidade. Formule uma hipótese coerente para explicar isso.

O DEBATE

1. Considere a formação e a ocupação dos debatedores, descritas por Jhonatã Gabriel no início do programa, e então responda: por que eles teriam sido chamados para opinar a respeito das cotas raciais?

2. É muito provável que os organizadores do programa soubessem de antemão que os debatedores tinham posições distintas quanto às cotas raciais.
   a) Como eles poderiam ter se informado sobre isso?
   b) Por que os organizadores teriam convidado pessoas com posicionamento diferente?

3. Com base no que você leu nessa transcrição, responda: qual é o objetivo de um debate?

4. Por que é importante que o debatedor utilize argumentos em um debate?

5. Qual é o papel do jornalista Jhonatã Gabriel nesse debate?

O GÊNERO EM FOCO: DEBATE

Debate é um gênero textual por meio do qual se estabelece uma situação de diálogo entre pessoas que discutem determinada questão polêmica. Envolve, em geral, dois ou mais debatedores, além de um moderador (ou mediador) e uma plateia (ou um público).

Em um debate, os participantes apresentam argumentos para sustentar suas opiniões, tentando convencer os interlocutores (a plateia, os espectadores, o moderador, os outros debatedores) a aceitar certo ponto de vista ou tese.

Muitos debates envolvem temas polêmicos, mas isso nem sempre ocorre. Independentemente de admitir posições contrárias, o debate tem como objetivo final **aumentar o nível de compreensão da sociedade sobre determinado assunto**. Conhecendo análises distintas a respeito de certo tema, os membros da plateia ou os espectadores (ou ouvintes, se o debate for no rádio) podem informar-se melhor, refletir e, assim, desenvolver sua própria opinião.

Quanto à organização do debate, o **moderador** exerce um papel fundamental. Em um primeiro momento, ele apresenta o debate, o tema e as pessoas que vão debatê-lo. Depois, procura fazer com que os debatedores não desviem do assunto e mantenham uma atitude de respeito diante dos outros interlocutores e do público. Se for o caso, o moderador também pode controlar o tempo de cada debatedor e indicar o momento em que o público poderá fazer perguntas. Ele deve, ainda, buscar manter a neutralidade diante das diferentes opiniões, a fim de conduzir o debate de forma produtiva e garantir que todos os participantes tenham vez e voz.

A **plateia** deve assistir em silêncio para não tumultuar o debate e aguardar a permissão do moderador para fazer perguntas, que poderão esclarecer ou ampliar algum ponto dito pelo debatedor. É importante, também, que ela observe as reações dos debatedores.

Em geral, os participantes de um debate empregam um vocabulário rico e específico (como *pautada*, *discrepância*, *institucionalizar* etc.) e procuram elaborar bem suas frases. Assim, apesar do uso de alguns termos mais coloquiais — como *a gente* e *pra* —, pode-se afirmar que a linguagem dos debates é, normalmente, **formal** e **bem cuidada**.

OPERADORES ARGUMENTATIVOS: CONCORDANDO E DISCORDANDO NO DEBATE

Um aspecto da linguagem do debate ao qual os participantes costumam estar atentos é o uso de **operadores argumentativos** para marcar seu posicionamento. Esses operadores correspondem a certas expressões e frases que os debatedores usam para afirmar determinada tese, bem como para manifestar concordância ou discordância em relação às ideias do outro debatedor. Veja alguns exemplos:

Para afirmar um ponto de vista
- Eu me posiciono contra essa ideia.
- A tese que eu defendo é...
- Na minha opinião, a sociedade brasileira deve...

Para concordar com o oponente
- Nesse ponto, o que ele disse tem sentido.
- Penso da mesma forma.

Para refutar respeitosamente as ideias do oponente
- Ele tocou em pontos importantes, mas é preciso lembrar também que...
- Sua opinião merece algumas considerações...

Note que, independentemente de concordar ou não com as ideias do outro, é importante que o debatedor faça referências a elas em sua fala. Isso demonstra que ele está levando em conta o ponto de vista do outro e, também, ajuda a plateia a acompanhar a linha de raciocínio do debate. Nessa retomada, o debatedor deve usar palavras respeitosas e polidas, atenuando sua eventual discordância.

E POR FALAR NISSO...

Você já pensou em quantas cores de pele existem? Você verá a seguir uma obra que faz parte do projeto artístico *Humanae*, de repercussão internacional, em que foram trabalhados os matizes da pele humana.

A artista, uma brasileira, considerou o tom do nariz da pessoa fotografada; associou-o com uma das cores da escala Pantone (sistema desenvolvido por uma empresa estadunidense, bastante utilizado na indústria gráfica) e, com essa cor, tingiu o fundo e inseriu o número correspondente àquela cor na escala de cores para classificar a imagem.

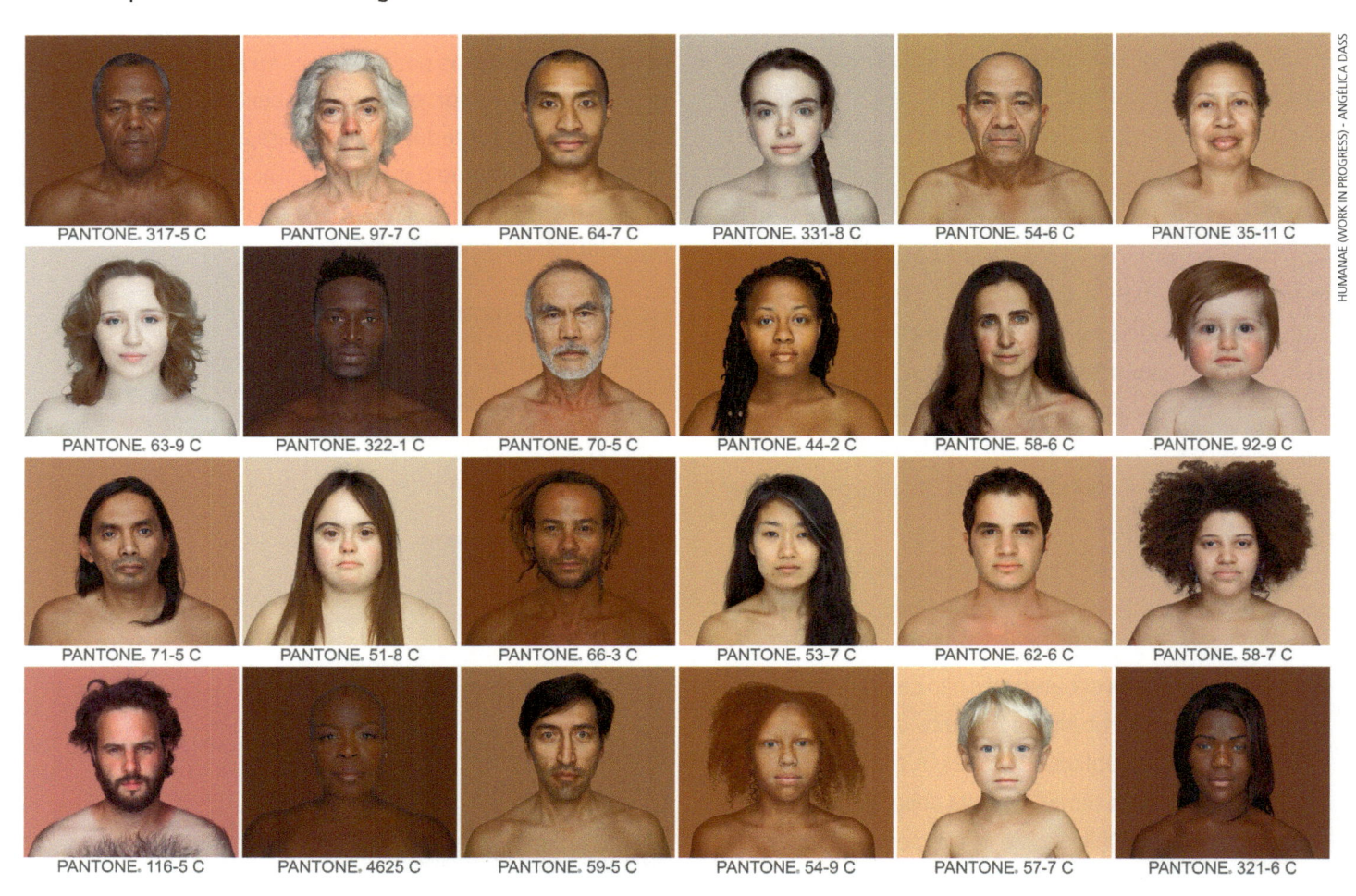

Angélica Dass. *Humanae – Work in Progress*. Parte do projeto com algumas das muitas pessoas fotografadas em Madri, Espanha.

- Reúna-se com alguns colegas e respondam às questões a seguir.

1. Em sua opinião, qual é a intenção da artista ao mostrar essa enorme gama de cores de pele das pessoas?

2. Você acha que a arte pode contribuir para diminuir a desigualdade racial e social? Por quê? Se sim, de que forma isso pode ser feito?

3. O que você acredita que pode ajudar todos nós a pensar e a refletir sobre a questão do racismo no Brasil? E o que podemos fazer, no nosso cotidiano, para diminuir o preconceito?

ORGANIZAR O CONHECIMENTO

O QUE VOCÊ JÁ SABE?

Agora, você já é capaz de...	Sim	Não	Mais ou menos
... identificar e analisar as opiniões e argumentos em um debate?	☐	☐	☐
... reconhecer a importância de se posicionar em relação a determinado assunto e, ainda, construir argumentos que reforcem seu posicionamento?	☐	☐	☐
... utilizar, durante um debate, palavras e expressões que marcam a defesa de ideias e o diálogo com os argumentos do outro, como *concordo*, *discordo*, *do meu ponto de vista* etc.?	☐	☐	☐

Se você marcou não ou mais ou menos, retome as questões de Estudo do texto.

• Complete o esquema com as principais características do debate. As questões apresentadas servem para orientar a elaboração do esquema, mas, se preferir, você poderá incluir mais características.

Debate
- O que é um debate?
- Quais são as características desse gênero?
- O que fazem os participantes de um debate (moderador, debatedores e plateia)?

ESTUDO DA LÍNGUA: ANÁLISE E REFLEXÃO

COMO VOCÊ PODE ESTUDAR

1. **Estudo da língua** não é uma seção para decorar, mas para questionar e levantar problemas.
2. O trabalho com os conhecimentos linguísticos requer persistência. Leia e releia os textos e exemplos, discuta, converse.

PERÍODO COMPOSTO POR SUBORDINAÇÃO E ORAÇÕES SUBORDINADAS SUBSTANTIVAS

PERÍODO COMPOSTO POR SUBORDINAÇÃO

1. Releia as frases do texto trabalhado nesta unidade.

   > "O debate é complexo e abrange diversos fatores e visões de muitas áreas, como pedagogia, sociologia, história..."

   > "O TVE Debate está no ar!"

   a) Identifique os verbos em cada período e responda: qual período é simples e qual é composto? Justifique.

   b) Como se classifica o primeiro período?

2. Releia agora este trecho.

   > "[...] os críticos argumentam que nenhum mecanismo facilitador deve ser utilizado [...]."

   a) Transcreva as orações desse período.

   b) O verbo *argumentar* é transitivo direto e, portanto, pede um complemento. Qual é o objeto direto de *argumentar* no período acima?

   c) Que palavra introduz a oração com função de objeto direto? A que classe gramatical ela pertence?

3. Veja, por fim, mais um trecho:

   > "Hoje, vamos discutir sobre as cotas raciais, um sistema que permite pessoas **que se autodeclaram negras** ingressarem nas universidades e cargos públicos no Brasil."

   - A oração destacada indica uma particularidade que modifica o substantivo pessoas, da oração anterior. Que função sintática exercem as palavras que modificam o substantivo?

> **PERÍODO COMPOSTO POR SUBORDINAÇÃO**

Quando uma das orações de um período composto exerce função sintática em relação a outra oração, temos o período composto por subordinação.

Período composto por subordinação é aquele em que uma das orações atua como termo da outra, ou seja, exerce função sintática em relação à outra. Essa função sintática é uma das que poderiam ser desempenhadas por **substantivo**, **adjetivo** ou **advérbio** (sujeito, predicativo, adjunto adnominal, adjunto adverbial etc.).

A oração que funciona como termo de outra é chamada de **oração subordinada**, e a outra é chamada de **oração principal**.

"Os críticos argumentam que nenhum mecanismo facilitador deve ser utilizado."
    oração principal   oração subordinada

ATIVIDADES

1. Leia as manchetes.

I. Carro bate na lateral de ambulância que transportava dois pacientes em Rio Preto

Disponível em: <http://mod.lk/hbubs>. Acesso em: 13 jun. 2018.

II. Apagão atinge 14 estados e afeta 70 milhões de brasileiros

Disponível em: <http://mod.lk/2cftz>. Acesso em: 13 jun. 2018.

III. Derramamento de carga de cebola congestiona rodovia em Cajati, SP

Disponível em: <http://mod.lk/mby5n>. Acesso em: 13 jun. 2018.

a) Sublinhe os verbos dos períodos.

b) Classifique os períodos em simples, composto por coordenação ou composto por subordinação.

2. Leia o poema de Carlos Drummond de Andrade.

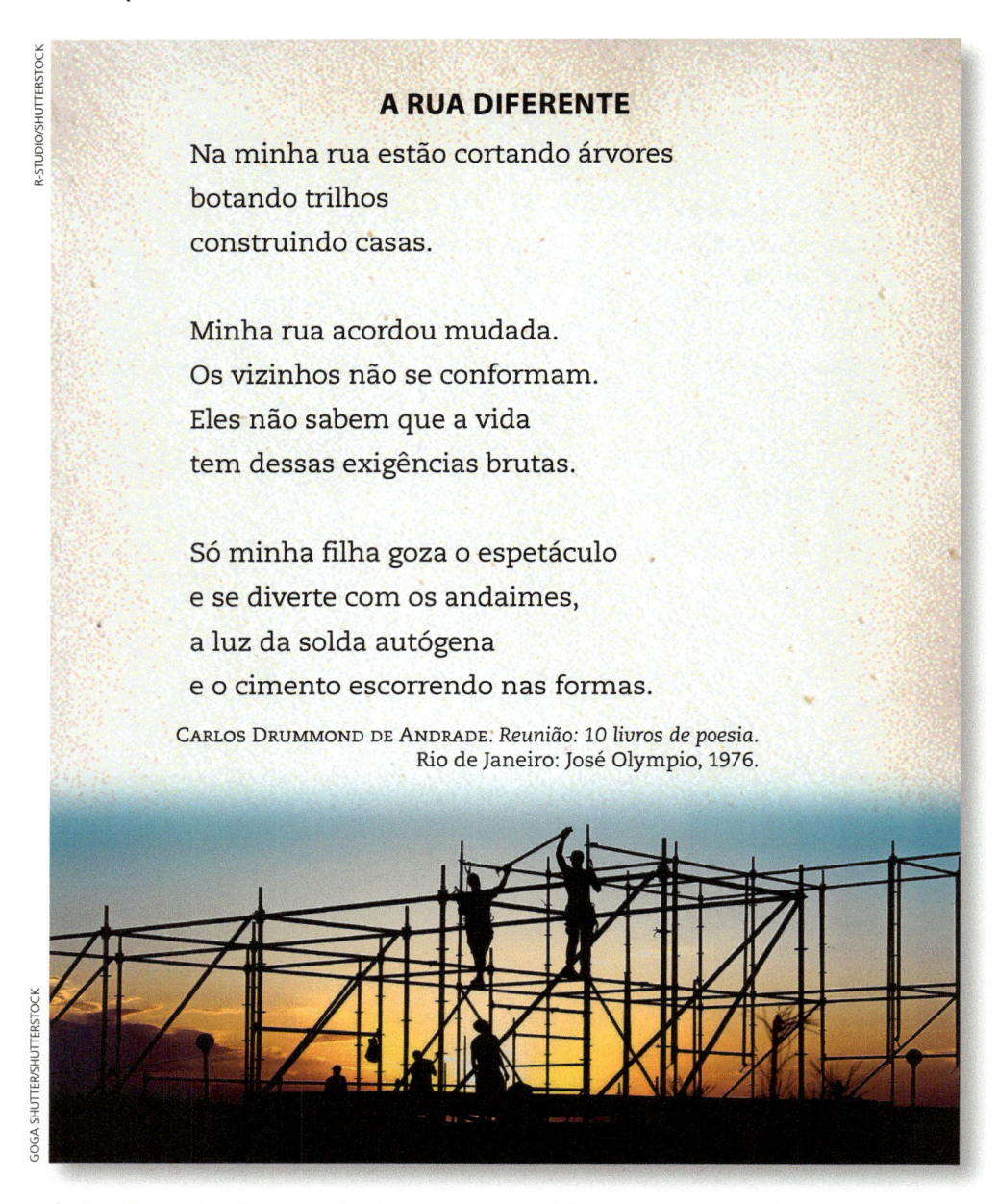

A RUA DIFERENTE

Na minha rua estão cortando árvores
botando trilhos
construindo casas.

Minha rua acordou mudada.
Os vizinhos não se conformam.
Eles não sabem que a vida
tem dessas exigências brutas.

Só minha filha goza o espetáculo
e se diverte com os andaimes,
a luz da solda autógena
e o cimento escorrendo nas formas.

CARLOS DRUMMOND DE ANDRADE. *Reunião: 10 livros de poesia.*
Rio de Janeiro: José Olympio, 1976.

a) Releia a primeira estrofe do poema. Identifique os verbos ou locuções verbais que aparecem no período.

b) Quantas orações há nesse período? Transcreva-as.

c) Como se classifica esse período? Por quê?

3. Ainda com base no poema "A rua diferente", releia os versos.

> "Eles não sabem que a vida
> tem dessas exigências brutas."

a) Identifique as orações do período e responda: qual é a principal e qual é a subordinada?

b) Por que esse é um período composto por subordinação?

ORAÇÕES SUBORDINADAS SUBSTANTIVAS

1. Releia o fragmento do texto "O pedestre", analisado na unidade 2, concentrando-se na oração destacada. Neste trecho, a personagem protagonista conversa com o carro de polícia.

   "Qual o seu nome?", disse o carro de polícia com um sussurro metálico. Ele não conseguia ver os homens dentro do carro devido ao forte clarão em seus olhos.

   "Leonard Mead", ele disse.

   "Fale alto!"

   "Leonard Mead!"

   "Ocupação ou profissão?"

   "Acho que poderiam me chamar de escritor."

   a) Quantas orações tem o período em destaque?

   b) A fala da personagem constitui um período composto por subordinação. Qual é a oração principal?

   c) O verbo *achar* é transitivo. Qual é o complemento dele?

2. Conforme a função que desempenham na oração principal, as orações subordinadas são classificadas como adjetivas (adjunto adnominal, função própria do adjetivo), adverbiais (adjunto adverbial, função própria do advérbio) ou substantivas (sujeito, objeto direto, objeto indireto, complemento nominal etc., funções próprias do substantivo).

   - No período em análise, como você classificaria a oração subordinada? Por quê?

ORAÇÕES SUBORDINADAS SUBSTANTIVAS

> A **oração subordinada substantiva** é aquela que exerce, em relação à oração principal, função sintática própria de um substantivo. Pode atuar, portanto, como sujeito, objeto direto, objeto indireto, complemento nominal, predicativo, aposto ou agente da passiva.

CONJUNÇÃO INTEGRANTE

Você já percebeu que muitas orações subordinadas são introduzidas pela palavra **que**. Mas há uma diferença entre elas: em alguns casos, essa palavra retoma um elemento anterior e pode ser substituída por **o qual**, **os quais**, **a qual** ou **as quais**; em outros, ela não tem significado e serve apenas para unir a oração subordinada à principal. Neste segundo caso, a palavra **que** é chamada de **conjunção integrante**, justamente porque seu papel é integrar a oração subordinada à principal:

O problema é que você não quer estudar.

A oração subordinada substantiva pode ainda ser introduzida pela palavra **se**, por **advérbios interrogativos** (*quando, como, por que* etc.) ou por **pronomes interrogativos** e **indefinidos** (*quem, qual, quanto* etc.).

Exemplos:

*A moça perguntou **se** o pai do menino estava bem.*

*O pai não entendia **por que** ela estava interessada nele.*

*Não se podia ver **quem** estava dentro do carro.*

Vamos estudar agora as classificações das orações subordinadas substantivas.

ORAÇÃO SUBORDINADA SUBSTANTIVA SUBJETIVA

A oração que exerce a função sintática de **sujeito** do verbo da oração principal é denominada **oração subordinada substantiva subjetiva**.

Veja as principais construções com orações subordinadas substantivas subjetivas:

1. Predicados do tipo "é provável", "é difícil", "é incrível" etc.:
   *É incrível **que** só eu lave a louça todos os dias.*

2. Predicados do tipo "acontece que", "parece que" etc.:
   *Parece **que** todos ficaram satisfeitos com o reajuste salarial.*

3. Com verbos na voz passiva (sintética ou analítica):
   *É sabido **que** os buracos negros nascem da explosão de estrelas.*
   *Acredita-se **que** algumas estrelas sejam ejetadas em altíssima velocidade para fora de sua galáxia pelo buraco negro.*

4. Introduzidas por pronomes indefinidos ou por advérbios interrogativos:
   *Já está definido **quando** será o próximo congresso de astronomia.*

Lembre-se

A **voz passiva** é uma forma de organizar o predicado em que se confere maior ênfase àquele ou àquilo que é afetado pelo processo verbal do que àquele ou àquilo que desencadeia esse processo. Ela pode ser:
- **analítica** (verbo **ser** + particípio): *Planetas **são descobertos** todos os anos.*
- **sintética** (3ª pessoa + se): ***Descobrem-se*** *planetas todos os anos.*

Nesses exemplos, "planetas" é o **sujeito paciente**.

ORAÇÃO SUBORDINADA SUBSTANTIVA OBJETIVA DIRETA E ORAÇÃO SUBORDINADA SUBSTANTIVA OBJETIVA INDIRETA

A oração subordinada substantiva pode atuar como complemento de um verbo ou locução verbal da oração principal. Caso esse verbo (ou locução) seja **transitivo direto**, isto é, ligue-se ao complemento diretamente, teremos uma **oração subordinada substantiva objetiva direta**. Exemplo:

O Ministério da Saúde recomenda que todos sejam vacinados contra a febre amarela.

Se o verbo for **transitivo indireto**, isto é, exigir uma preposição para se ligar ao complemento, teremos uma **oração subordinada substantiva objetiva indireta**. Exemplo:

O Ministério da Saúde necessita de que todos sejam vacinados contra a febre amarela.

Você deve observar que a preposição exigida pelo verbo transitivo indireto geralmente não aparece na oração subordinada substantiva objetiva indireta:

Desconfio (de) que as crianças estão mentindo. (desconfio **da** mentira)

Não me conformo (com) que nosso time tenha sido desclassificado. (não me conformo **com** a desclassificação)

Acredito (em) que as pessoas são naturalmente boas. (acredito **na** bondade das pessoas)

Em alguns casos, porém, é necessário manter a preposição para garantir a clareza:

*A diferença entre astronomia e astrologia consiste **em** que apenas a primeira é uma ciência.*

ORAÇÃO SUBORDINADA SUBSTANTIVA COMPLETIVA NOMINAL

> A oração que exerce a função sintática de **complemento nominal** de um substantivo, adjetivo ou advérbio da oração principal é denominada **oração subordinada completiva nominal**.

Conforme você já estudou, dependendo do contexto de uso, um substantivo, adjetivo ou advérbio pode exigir outra palavra para ter seu sentido completo. Esse termo que completa o sentido de nomes vem sempre antecedido por preposição e recebe o nome de complemento nominal.

Observe, na tira a seguir, como uma oração pode funcionar como esse complemento:

MAFALDA QUINO

Na tira de Mafalda, a oração *de que a gente está andando pra frente* completa o sentido do termo *certeza*, funcionando, portanto, como oração subordinada substantiva completiva nominal.

Diferentemente do que ocorre no caso da oração subordinada substantiva objetiva indireta, em que geralmente se omite a preposição, nas normas urbanas de prestígio quase sempre se usa a preposição antes da oração completiva nominal:

Discutiu-se a hipótese de que o planeta seja habitável.

A confiança em que acharíamos a nova estrela crescia a cada ano.

ORAÇÃO SUBORDINADA SUBSTANTIVA PREDICATIVA

> No período composto por subordinação, a oração que exerce a função sintática de predicativo é chamada **oração subordinada substantiva predicativa**. Exemplos:
>
> Meu consolo é **_que não fui o único a tirar notas baixas_**.
>
> O mais importante de tudo é **_que confiemos uns nos outros_**.

Muitas vezes, o nome (substantivo ou palavra substantivada) que ocupa o núcleo do sujeito na oração principal é usado com determinada preposição. Essa preposição pode aparecer na oração subordinada substantiva predicativa. Observe:

preposição (tenho impressão **d**isso)

Minha impressão é **de** que os alunos se interessam por astronomia.

substantivo (núcleo do sujeito da oração principal) — oração subordinada substantiva predicativa

Nesse caso, a oração predicativa fica bastante parecida com a completiva nominal ("tenho a impressão de que..."). Apenas a predicativa, porém, aparece com um verbo de ligação, geralmente o verbo **ser**.

Às vezes, usa-se a expressão **é que** apenas para realçar uma ideia:

Eles é que são felizes.

Quando usada apenas para realce, a expressão **é que** pode ser eliminada (*eles são felizes*). Isso não é possível, porém, quando temos realmente uma oração predicativa; por exemplo, em "O fato é que eles são felizes", seria impossível eliminar a expressão **é que**.

ORAÇÃO SUBORDINADA SUBSTANTIVA APOSITIVA

> Em um período composto por subordinação, a oração que exerce a função sintática de aposto é chamada **oração subordinada substantiva apositiva**. Exemplo:
>
> Faltou eu lhe dizer uma coisa: **_que sua presença foi especial para nós_**.

Em geral, a oração subordinada substantiva apositiva é antecedida por dois-pontos (:), mas pode vir isolada do restante do período por travessões ou vírgulas:

Os cientistas só têm uma preocupação — que fenômenos climáticos extremos se intensifiquem com o aquecimento global.

Essa construção geralmente dá ênfase à informação a que se refere.

À exceção da apositiva, a **oração subordinada substantiva não se separa por vírgula**, pois ela corresponde a termos da oração que não se separam do restante do período.

ORAÇÕES SUBORDINADAS SUBSTANTIVAS DESENVOLVIDAS E REDUZIDAS

Até agora focalizamos orações subordinadas introduzidas por uma conjunção integrante e com o verbo flexionado em um dos tempos do indicativo ou do subjuntivo. Mas as orações subordinadas também podem se apresentar de outra forma: unindo-se diretamente à oração principal e com o verbo flexionado em uma das formas nominais.

Expressão de opiniões

As orações subordinadas substantivas subjetiva e predicativa em geral revelam um ponto de vista ou avaliação de quem fala a respeito do fato comunicado. Na oração subjetiva, esse ponto de vista é revelado por uma expressão de valor **adjetivo** (*é incrível que, é interessante que* etc.) e, na predicativa, por uma expressão de valor **substantivo** (*o incrível é que, o interessante é que* etc.).

Lembre-se

As formas nominais do verbo são:
- **infinitivo** — pode ter valor substantivo: *Ler é meu passatempo preferido.*
- **particípio** — pode ter valor adjetivo: *Estou perdido.*
- **gerúndio** — pode ter valor de advérbio (*Chegou bufando*) ou de adjetivo (*Jogue a água fervendo sobre as folhas de chá*).

> A oração subordinada pode vir introduzida por uma conjunção ou pronome e apresentar o verbo flexionado em um dos tempos do modo infinitivo ou subjuntivo. Nesse caso, ela é chamada **oração subordinada desenvolvida**. Quando se une diretamente à oração principal e tem o verbo em uma das três formas nominais, ela é chamada **oração subordinada reduzida**.

As orações subordinadas substantivas reduzidas sempre se apresentam com o verbo no infinitivo. Assim como as desenvolvidas, elas são classificadas de acordo com sua função sintática em relação à oração principal. Observe os exemplos:

verbo no infinitivo impessoal (sem sujeito)

*É preciso **viver** com alegria.*

oração principal

oração subordinada substantiva subjetiva reduzida de infinitivo (sujeito da oração principal)

verbo no infinitivo pessoal (sujeito: *a outra turma*)

*Nosso jogo depende de a outra turma **liberar** a quadra.*

oração principal

oração subordinada substantiva objetiva indireta reduzida de infinitivo (objeto indireto do verbo *depender* da oração principal)

Quando o verbo da subordinada for locução verbal, o verbo auxiliar é que fica no infinitivo. Veja:

verbo auxiliar   verbo principal

*Quanto à família de Pedro, contam **ter** mudado para o interior.*

oração principal

oração subordinada substantiva objetiva direta reduzida de infinitivo (objeto direto do verbo *contar* da oração principal)

Um procedimento que pode ajudar a classificar a oração subordinada substantiva reduzida é desdobrá-la na desenvolvida equivalente (quando for possível). Observe este período com oração subordinada substantiva reduzida:

*A caça fez o tatu-bola **entrar** na lista de animais em extinção.*

oração principal

oração subordinada substantiva objetiva direta reduzida de infinitivo (objeto direto do verbo *fazer* da oração principal)

Veja agora o desdobramento da reduzida na desenvolvida equivalente:

*A caça fez que o tatu-bola **entrasse** na lista de animais em extinção.*

oração principal

oração subordinada substantiva objetiva direta desenvolvida (objeto direto do verbo *fazer* da oração principal)

Orações subordinadas substantivas II

Este audiovisual revisa e apresenta exemplos de orações subordinadas substantivas.

ORGANIZAR O CONHECIMENTO

O QUE VOCÊ JÁ SABE?

Agora, você já é capaz de...	Sim	Não	Mais ou menos
... diferenciar orações coordenadas de orações subordinadas?	☐	☐	☐
... perceber que as orações subordinadas substantivas exercem funções que são específicas dos substantivos?	☐	☐	☐
... classificar os diferentes tipos de oração subordinada substantiva?	☐	☐	☐
... identificar quais termos podem introduzir uma oração subordinada substantiva?	☐	☐	☐

Se você marcou não ou mais ou menos, retome a leitura de Orações subordinadas substantivas.

Termos que podem introduzir orações subordinadas substantivas
- Conjunções integrantes: *que* e *se*
- Pronomes interrogativos e indefinidos: *quem, qual, quanto* etc.
- Advérbios interrogativos: *quando, como, por que* etc.

Classificação das orações subordinadas substantivas
- **Subjetiva** – Exerce a função sintática de sujeito da oração principal: *É necessário que cuidemos da saúde.*
- **Objetiva direta** – Exerce a função sintática de objeto direto da oração principal: *Preciso que você faça isso.*
- **Objetiva indireta** – Exerce a função sintática de objeto indireto da oração principal: *Necessito (de) que me ajudes.*
- **Completiva nominal** – Exerce a função sintática de complemento nominal da oração principal ou de um de seus termos: *Tenho receio de que ele não venha.*
- **Predicativa** – Função sintática de predicativo em relação à oração principal: *A boa notícia é que passei de ano.*
- **Apositiva** – Função sintática de aposto em relação à oração principal: *Só peço isto: que seja educado.*

Formas de apresentação da oração subordinada substantiva
- **Desenvolvida** – Tem o verbo flexionado em um dos tempos do infinitivo ou do subjuntivo e vem introduzida por conjunção ou pronome: *Tive receio de que você desistisse.*
- **Reduzida** – Tem o verbo em forma nominal (infinitivo, gerúndio ou particípio) e dispensa a conjunção ou pronome: *Fiquei receoso de você desistir.*

ATIVIDADES

1. Leia esta manchete.

> **Novo presidente peruano anuncia que gabinete estará pronto no início de abril**

G1. Disponível em: <http://mod.lk/fbgnn>. Acesso em: 13 jun. 2018.

a) Transcreva as orações do período.

b) Identifique e classifique o verbo da oração principal.

c) Com base na classificação desse verbo, como se classifica a oração subordinada?

2. Copie as frases, separe a oração principal e a subordinada substantiva em cada período e classifique a subordinada.

a) Nossa tranquilidade depende de que você nos deixe em paz durante algum tempo.

b) É importante que todos se alimentem bem.

c) O mais urgente agora é isto: que sejamos tolerantes uns com os outros.

d) O país tem necessidade de que seus políticos sejam honestos.

e) Meu desejo é que todos sejam ouvidos.

3. As mulheres ainda são minoria no mundo da astronomia, da física e de outras ciências exatas. A reportagem a seguir pode nos ajudar a compreender o porquê disso. Leia-a e responda às questões.

> **Pesquisa do Pisa comprova que meninas leem mais, e meninos são melhores em matemática**
>
> *Especialistas veem motivações culturais para diferença de aptidão*
>
> RIO — De um lado, meninas com melhor desempenho em leitura. Do outro, meninos com *performance* superior em matemática. O quadro, que muita gente já observou, é comprovado em números numa recente publicação da Organização para Cooperação e Desenvolvimento Econômico (OCDE) com base em dados do Programa Internacional de Avaliação de Alunos (Pisa) 2012. Jovens de 15 anos que vivem [em] 65 países participam da análise, e uma das conclusões é que o hiato se deve menos à capacidade e mais às diferenças de autoconfiança de meninos e meninas na hora de aprender.

Glossário

Hiato: lacuna, separação.

ATIVIDADES

Glossário

Servidão: dependência, subordinação.

Os dados da publicação "Meninos e meninas estão igualmente preparados para a vida?" mostram que garotas superam garotos em leitura numa proporção que equivale a um ano inteiro de escola, em média. Já os adolescentes do sexo masculino, por sua vez, estão à frente em matemática cerca de três meses. [...]

A publicação afirma que "a confiança de estudantes em suas habilidades e motivações em aprender tem um papel central em moldar sua *performance* em assuntos acadêmicos específicos", acrescentando que a percepção das meninas a respeito do seu próprio aprendizado em números determina quão bem elas motivam a si próprias. A avaliação é confirmada por especialistas em educação, que sustentam: questões culturais são determinantes no aprendizado.

— Não há nada que comprove cientificamente que os homens têm mais capacidade nas ciências exatas, mas, historicamente, é o que vemos. Na minha geração, a mulher era formada para ser professora — opina Bertha do Valle, professora da Faculdade de Educação da Universidade do Estado do Rio de Janeiro (Uerj) [...]

A publicação da OCDE indica ainda que muitas meninas escolhem não seguir carreiras de ciência, tecnologia, engenharia e matemática por não confiarem em suas habilidades na área, "apesar de terem capacidade e ferramentas para fazer isso". [...]

Para Márcia Malavasi, da Faculdade de Educação da Universidade Estadual de Campinas (Unicamp), muitas vezes as escolhas profissionais estão ligadas à crença de que as meninas são inclinadas "a desenvolver relações interpessoais":

— Meninas são muito mais orientadas para carreiras de ciências humanas. Isso tem a ver com o fato de a sociedade acreditar que elas são mais capazes de fazer doações psicológicas, o que é uma visão equivocada que vem da história de servidão das mulheres aos homens. A professora acrescenta que há menos mulheres ocupando cargos que exigem o domínio de exatas. E, mesmo quando elas ocupam essas posições, ganham salários mais baixos. [...]

Dandara Tinoco. Disponível em: <http://mod.lk/celjz>. Acesso em: 13 jun. 2018.

a) De acordo com o relatório da OCDE e com a especialista ouvida pela repórter, o que influencia mais o desempenho de meninos e meninas nas diferentes disciplinas: suas reais capacidades ou fatores culturais? Explique sua resposta.

b) Copie no caderno os períodos em que o texto informa:

   I. o que o relatório da OCDE diz sobre a proporção em que as meninas superam os meninos na leitura;

   II. o que o relatório diz sobre a influência da autoconfiança dos estudantes sobre seu desempenho;

   III. os motivos pelos quais, segundo o relatório, muitas meninas não escolhem carreiras em ciências e tecnologia;

   IV. o que Malavasi diz sobre a quantidade de mulheres ocupando cargos que exigem o domínio de exatas.

c) Os períodos que você copiou no caderno têm algo em comum: eles representam um **discurso indireto**, pois a jornalista incorpora em seu próprio texto as afirmações do relatório e da especialista. Para tanto, ela transforma as afirmações alheias em **orações subordinadas substantivas objetivas diretas**. Identifique tais orações em cada um dos períodos que você copiou.

d) Essas orações subordinadas substantivas objetivas diretas complementam o sentido de quais formas verbais?

4. Qual dos períodos a seguir contém uma oração subordinada substantiva apositiva? Justifique sua escolha.

a) Tive medo: as tábuas do assoalho faziam ruídos estranhos.

b) Faltou lhe dizer uma coisa: que sua presença foi especial.

c) Sandra perguntou ao marido: que roupa é esta?

5. Copie as frases a seguir no caderno, identifique a oração subordinada substantiva, classifique-a como desenvolvida ou reduzida e informe que função ela exerce em relação à principal.

a) Depois de uma loucura dessas, só posso chegar a uma conclusão: que você não bate bem da cabeça.

b) A vantagem do carro elétrico é que ele não emite poluentes.

c) Uma estratégia de estudo eficiente é resumir os textos lidos.

d) Os pais afirmam conhecer bem seus filhos.

6. Leia o fragmento inicial de um conto.

POR UM PÉ DE FEIJÃO

Nunca mais haverá no mundo um ano tão bom. Pode até haver anos melhores, mas jamais será a mesma coisa. Parecia que a terra (a nossa terra, feinha, cheia de altos e baixos, esconsos, areia, pedregulho e massapê) estava explodindo em beleza. E nós todos acordávamos cantando, muito antes do sol raiar, passávamos o dia trabalhando e cantando e logo depois do pôr do sol desmaiávamos em qualquer canto e adormecíamos, contentes da vida. Até me esqueci da escola, a coisa que mais gostava. Todos se esqueceram de tudo. Agora dava gosto trabalhar.

Os pés de milho cresciam desembestados, lançavam pendões e espigas imensas. Os pés de feijão explodiam as vagens do nosso sustento, num abrir e fechar de olhos. Toda a plantação parecia nos compreender, parecia compartilhar de um destino comum, uma festa comum, feito gente. O mundo era verde. Que mais podíamos desejar?

E assim foi até a hora de arrancar o feijão e empilhá-lo numa seva tão grande que nós, os meninos, pensávamos que ia tocar nas nuvens. [...] Não faltou quem fizesse suas apostas: uns diziam que ia dar trinta sacos, outros achavam que era cinquenta, outros falavam em oitenta.

Glossário

Esconsos: terrenos inclinados.

Massapê: tipo de solo com alto teor de argila, bem escuro e muito fértil.

ATIVIDADES

> No dia seguinte voltei para a escola. Pelo caminho também fazia os meus cálculos. Para mim, todos estavam enganados. Ia ser cem sacos. Daí para mais. Era só o que eu pensava, enquanto explicava à professora por que havia faltado tanto tempo. Ela disse que assim eu ia perder o ano e eu lhe disse que foi assim que ganhei um ano. E quando deu meio-dia e a professora disse que podíamos ir, saí correndo. Corri até ficar com as tripas saindo pela boca, a língua parecendo que ia se arrastar pelo chão. Para quem vem da rua, há uma ladeira muito comprida e só no fim começa a cerca que separa o nosso pasto da estrada. E foi logo ali, bem no comecinho da cerca, que eu vi a maior desgraça do mundo: o feijão havia desaparecido. Em seu lugar, o que havia era uma nuvem preta, subindo do chão para o céu [...]. Dentro da fumaça, uma língua de fogo devorava todo o nosso feijão.
>
> Durante uma eternidade, só se falou nisso: que Deus põe e o diabo dispõe. [...]

Antônio Torres. In: Italo Moriconi (Org.). *Os cem melhores contos brasileiros do século*. Rio de Janeiro: Objetiva, 2000. p. 586. (Fragmento).

a) Nesse fragmento, o narrador usa duas vezes o verbo *explodir*. Localize os trechos em que esse verbo aparece e explique por que ele é importante para descrever aquele ano especial.

b) Transcreva no caderno as orações substantivas que funcionam como aposto de um termo de valor substantivo pertencente à oração principal.

c) Qual termo da oração anterior essas orações esclarecem? Que pontuação as isola do restante do período?

d) Que efeito o emprego dessas orações apositivas provoca?

e) As orações substantivas apositivas, no texto, representam um ditado popular. Qual é o significado desse ditado no contexto do conto?

7. Leia a tira.

NÍQUEL NÁUSEA Fernando Gonsales

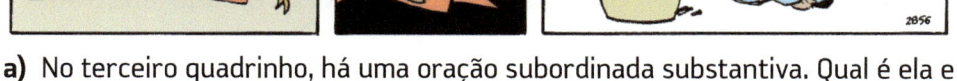

a) No terceiro quadrinho, há uma oração subordinada substantiva. Qual é ela e como se classifica?

b) Explique por que essa oração subordinada é fundamental para a construção do humor da tira.

Mais questões no livro digital

TESTE SEUS CONHECIMENTOS

> Na questão a seguir, você deverá reconhecer as relações de sentido existentes entre as orações que compõem o período composto por subordinação. Por isso, é importante observar com atenção como se relacionam as orações principais e as subordinadas substantivas.
>
> Para cada uma das alternativas a seguir, são apresentadas quatro perguntas. Você deve respondê-las com "sim" ou "não". Ao final, assinale a alternativa correta: aquela cujas respostas para as quatro perguntas indicadas sejam apenas **SIM**.

(EsPCex – adaptado)

Assinale a alternativa correta quanto à classificação sintática das orações grifadas abaixo, respectivamente.

1. Acredita-se que a banana faz bem à saúde.
2. Ofereceram a viagem a quem venceu o concurso.
3. Impediram o fiscal de que recebesse a propina combinada.
4. Os patrocinadores tinham a convicção de que os lucros seriam compensadores.

   a) subjetiva – objetiva indireta – objetiva indireta – completiva nominal

> Em 1, a oração principal *Acredita-se* não possui sujeito e o verbo está conjugado na terceira pessoa do singular?
>
> Em 2, a oração *a quem venceu o concurso* funciona como objeto indireto do verbo *ofereceram*, que está na oração principal?
>
> Em 3, o verbo *impediram*, da oração principal, exige dois objetos e, no caso, a oração *de que recebesse a propina combinada* é o objeto indireto?
>
> Em 4, a oração *de que os lucros seriam compensadores* funciona como complemento do substantivo abstrato *convicção*, que está presente na oração principal?

b) subjetiva – objetiva indireta – completiva nominal – completiva nominal

> Em 1, a oração *que a banana faz bem à saúde* funciona como sujeito da oração principal *Acredita-se*?
>
> Em 2, o verbo da oração principal *ofereceram* exige dois complementos e a oração *a quem venceu o concurso* desempenha a função de objeto indireto?
>
> Em 3, a oração *de que recebesse a propina combinada* liga-se à palavra *fiscal*, completando o sentido dela?
>
> Em 4, a palavra *convicção* é um substantivo abstrato que precisa de um complemento, o que é feito pela oração *de que os lucros seriam compensadores*?

c) objetiva direta – objetiva indireta – objetiva indireta – completiva nominal

> Em 1, na oração principal *Acredita-se*, o verbo é transitivo direto e a oração *que a banana faz bem à saúde* é o objeto direto?
>
> Em 2, a oração *a quem venceu o concurso* funciona como objeto indireto do verbo *ofereceram*, que está na oração principal?
>
> Em 3, o verbo *impediram*, da oração principal, exige dois objetos e, no caso, a oração *de que recebesse a propina combinada* é o objeto indireto?
>
> Em 4, a oração *de que os lucros seriam compensadores* funciona como complemento do substantivo abstrato *convicção*, que está presente na oração principal?

d) subjetiva – completiva nominal – objetiva indireta – objetiva indireta

> Em 1, a oração *que a banana faz bem à saúde* desempenha a função de sujeito do verbo da oração principal *Acredita-se*?
>
> Em 2, a oração *a quem venceu o concurso* liga-se ao substantivo abstrato *viagem*, completando o sentido dele?
>
> Em 3, a oração *de que recebesse a propina combinada* desempenha a função de objeto indireto do verbo *impediram*, presente na oração principal?
>
> Em 4, o verbo *tinham*, da oração principal, é transitivo indireto e a oração *de que os lucros seriam compensadores* funciona como objeto indireto desse verbo?

PRODUÇÃO DE TEXTO — DEBATE

O que você vai produzir

Você e seu grupo vão organizar um debate em classe a respeito de uma questão relacionada ao racismo ou outra forma de preconceito.

NA HORA DE PRODUZIR

1. Siga as orientações apresentadas nesta seção.
2. Lembre-se de que você já leu e analisou textos do gênero que vai produzir. Se for o caso, retome o **Estudo do texto**.

PLANEJEM E ORGANIZEM O DEBATE

1. Sob a coordenação do professor, definam o tema do debate. Deem preferência a um assunto que esteja em evidência no momento e que seja do interesse da maioria. Além das cotas raciais, vejam outros assuntos relacionados a preconceitos que podem gerar boas discussões:

   - xenofobia (preconceito contra quem vem de outro país ou outra região);
   - "gordofobia" (preconceito contra pessoas acima do peso);
   - preconceito social (contra pessoas de renda menor ou que vivem em bairros periféricos);
   - discriminação contra pessoas que não seguem a moda ou os padrões sociais.

2. Nem todos os temas permitem um confronto do tipo **contra** ou **a favor** (como no caso das cotas raciais). Se vocês escolherem um tema assim, os argumentos poderão girar em torno de possíveis causas do preconceito e de propostas de soluções para superá-lo.

3. Quando o tema estiver definido, façam, individualmente, uma pesquisa em livros, jornais, revistas e *sites* e entrevistem pessoas que sejam ou não da comunidade escolar, a fim de levantar informações e opiniões sobre a questão a ser debatida. Com base no que pesquisaram, organizem os argumentos que justificarão o ponto de vista que pretendem defender.

4. Ainda com base nas informações colhidas, imaginem que argumentos serão usados pelos opositores e elaborem contra-argumentos para refutá-los.

Trilha de estudo

Vai estudar? Stryx pode ajudar!
<http://mod.lk/trilhas>

Lembre-se

Quando usamos um argumento contrário a outro, estamos usando um contra-argumento.

5. Sob orientação do professor, decidam quem serão os participantes: debatedores, moderador ou plateia.

   a) Os debatedores serão divididos em dois grupos, que podem ser definidos por terem opiniões semelhantes (ou por outro critério à escolha da turma). Os dois grupos produzirão uma apresentação inicial com sua posição; ao longo do debate, apresentarão os argumentos com base em dados e informações que complementem e justifiquem seu ponto de vista a fim de fortalecer a argumentação do grupo. Também buscarão contestar as opiniões dos oponentes, sempre as retomando em sua fala de forma respeitosa.

   b) Para o moderador, serão escolhidos três ou quatro alunos, que vão se revezar no debate. Enquanto um estiver no papel de moderador, os demais anotarão o que o moderador disser e em que momento. Isso ajudará a avaliar o desempenho dessa figura no decorrer do debate.

   c) A plateia poderá ser um único grupo, que ficará atento à discussão, observando e anotando as reações e contestações dos debatedores, bem como os argumentos mais importantes do debate dos dois grupos.

6. Releiam o boxe "O gênero em foco: debate" para se lembrar do que cada um deve fazer no debate.

7. Sob orientação do professor, definam as regras do debate: tempo de duração, tempo de fala de cada pessoa, ordem da fala dos debatedores e momento em que a plateia fará perguntas.

REALIZEM O DEBATE

1. Você e os colegas vão organizar as cadeiras em semicírculo e iniciar o debate.

2. O moderador deve se apresentar e iniciar o debate anunciando os debatedores. Em seguida, deve abrir espaço para que uma pessoa do grupo 1 (um dos grupos dos debatedores) se posicione diante do tema.

3. O grupo 2 (o outro grupo debatedor) deve ficar atento à fala do grupo 1 e fazer anotações para retomar em sua fala os argumentos do opositor, seja para concordar com eles, seja para refutá-los.

4. O moderador deverá então passar a palavra para o grupo 2, e uma das pessoas apresentará o ponto de vista desse grupo.

5. Os alunos que fazem parte da plateia devem elaborar ao menos uma questão para cada debatedor. Essa questão deve ser passada ao moderador, que a introduzirá no debate quando achar adequado.

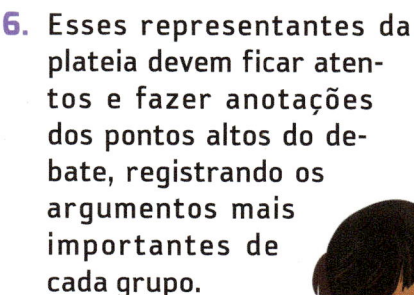

6. Esses representantes da plateia devem ficar atentos e fazer anotações dos pontos altos do debate, registrando os argumentos mais importantes de cada grupo.

> **DE OLHO NA TEXTUALIDADE**
>
> Compare uma fala extraída do debate analisado na unidade com uma possível reformulação:
>
> | | |
> |---|---|
> | "Então, quando nós falamos [...] em reparação, é realmente o Estado que promoveu a desigualdade racial e tem a obrigação de desconstruir essa realidade." | Então, quando nós falamos em reparação, o Estado promoveu a desigualdade racial e tem a obrigação de desconstruir essa realidade. |
>
> Você provavelmente observou que a fala original tem mais poder persuasivo (de convencimento) do que a reformulada. Os responsáveis por esse efeito de sentido são a expressão de realce *é que* e o advérbio *efetivamente*. Durante o debate, você pode usar recursos linguísticos como esses para defender suas opiniões de forma mais expressiva. Veja algumas outras possibilidades:
>
> - escolher palavras que comuniquem ideias fortes: "[...] isso é uma afronta [...]", "[...] a escola brasileira, ela é segregadora.";
> - usar figuras de linguagem: "isso salta aos olhos".

AVALIEM O DEBATE

Avaliem o debate de acordo com o quadro a seguir.

Aspectos importantes em relação à proposta e ao sentido do texto
Debate
1. Durante o debate os debatedores:
a) fizeram uso de linguagem clara e formal?
b) usaram operadores argumentativos adequados para afirmar seu ponto de vista e para manifestar concordância em relação às ideias do grupo oponente?
c) falaram com boa dicção (pronúncia de palavras) entonação (expressividade) e volume de voz adequados para garantir uma boa escuta?
d) usaram gestos e expressões faciais para dar maior vigor e clareza à sua fala sem exageros?
e) respeitaram a fala dos demais debatedores sem manifestações que atrapalhassem a conclusão da exposição de seus argumentos?
f) respeitaram o tempo destinado à sua fala e as ordens do moderador?
2. O moderador ou mediador:
a) iniciou adequadamente o debate apresentando o tema e os debatedores?
b) administrou bem o tempo de fala dos debatedores?
c) conduziu o debate de forma produtiva colaborando para que a discussão ficasse clara para o público?
d) manteve sua neutralidade?
e) esclareceu as opiniões emitidas resumindo-as ou retomando-as?
3. O público ou a plateia:
a) respeitou o tempo de fala dos debatedores sem manifestações que atrapalhassem o andamento do debate?
b) participou com perguntas pertinentes aos debatedores?

ATITUDES PARA A VIDA

Ao interagir nos diversos cenários em que circulamos, seja nas redes sociais, nas conversas presenciais ou nos debates, é importante fazê-lo de forma construtiva. Vamos conversar um pouco mais sobre isso? Leia o texto abaixo.

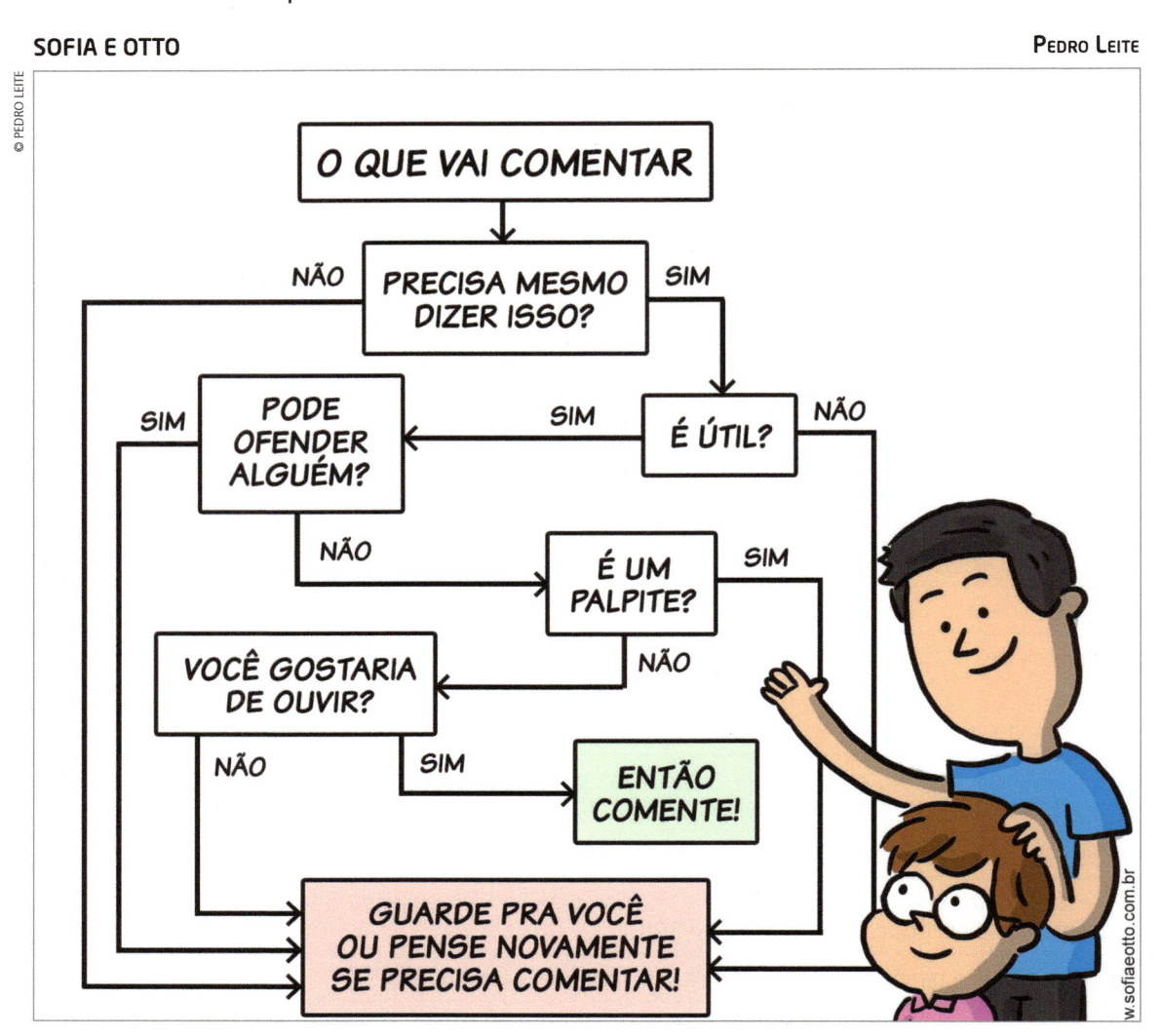

SOFIA E OTTO — PEDRO LEITE

Fluxograma:

- **O QUE VAI COMENTAR** → **PRECISA MESMO DIZER ISSO?**
  - NÃO → GUARDE PRA VOCÊ OU PENSE NOVAMENTE SE PRECISA COMENTAR!
  - SIM → **É ÚTIL?**
    - SIM → **PODE OFENDER ALGUÉM?**
      - SIM → GUARDE PRA VOCÊ OU PENSE NOVAMENTE SE PRECISA COMENTAR!
      - NÃO → **É UM PALPITE?**
        - SIM → **VOCÊ GOSTARIA DE OUVIR?**
          - SIM → **ENTÃO COMENTE!**
          - NÃO → GUARDE PRA VOCÊ OU PENSE NOVAMENTE SE PRECISA COMENTAR!
        - NÃO → ENTÃO COMENTE!
    - NÃO → GUARDE PRA VOCÊ OU PENSE NOVAMENTE SE PRECISA COMENTAR!

1. Como você interpreta esse texto de Pedro Leite?
2. Você acha que a mensagem contida nesse **fluxograma** pode ser transferida a diferentes contextos? Quais? Explique sua resposta.

> **fluxograma**: Representação gráfica de procedimentos encadeados.

É fundamental pensar bem antes de comentar postagens nas redes sociais, de se expressar nos diversos aplicativos ou de emitir opinião em conversas e debates. Seja responsável pelo que você diz.

ATITUDES PARA A VIDA

3. Dentre as atitudes elencadas abaixo, indique quais, em sua opinião, estão implicitamente contidas no texto de Pedro Leite. Explique suas escolhas.

	Persistir
	Controlar a impulsividade
	Escutar os outros com atenção e empatia
	Pensar com flexibilidade
	Esforçar-se por exatidão e precisão
	Questionar e levantar problemas
	Aplicar conhecimentos prévios a novas situações
	Pensar e comunicar-se com clareza
	Imaginar, criar e inovar
	Assumir riscos com responsabilidade
	Pensar de maneira interdependente

4. Que tal fazer uma enquete na sala para saber quais atitudes foram escolhidas por sua turma? Procure ouvir quais foram as razões que levaram a essas escolhas.

5. Qual das atitudes mencionadas acima você mais utilizou, na seção anterior, durante o debate do qual participou? Em que momentos a utilizou? Por que foi importante aplicá-la?

> Ao debater é importante pensar no que se quer dizer, dizê-lo com tranquilidade, escutar a opinião e o posicionamento do outro de forma respeitosa. Para que exista um diálogo, é indispensável o respeito mútuo entre as partes envolvidas.

6. Você participou de um debate na seção anterior. Quando reflete sobre a importância da troca de ideias entre as pessoas para uma boa convivência social, que atitudes lhe vêm à mente?

7. As pessoas da sua comunidade escolar costumam empregar essas atitudes no dia a dia delas? Se não, como fazer para que isso se torne uma realidade?

AUTOAVALIAÇÃO

Na segunda coluna (item 1) da tabela abaixo, marque com um X as atitudes que foram mais mobilizadas por você na produção de texto desta unidade.

Na terceira coluna (item 2), descreva a forma como você mobilizou cada uma das atitudes marcadas. Por exemplo: *Questionar e levantar problemas: busquei colocar meus argumentos, questionar e levantar problemas, fazendo-o de forma respeitosa.*

Use o campo *Observações/Melhorias* para anotar suas observações quanto às atitudes que você julga importante melhorar nas próximas unidades e em outros momentos de seu cotidiano.

Atitudes para a vida	1. Atitudes mobilizadas	2. Descreva a forma como mobilizou a atitude assinalada
Persistir		
Controlar a impulsividade		
Escutar os outros com atenção e empatia		
Pensar com flexibilidade		
Esforçar-se por exatidão e precisão		
Questionar e levantar problemas		
Aplicar conhecimentos prévios a novas situações		
Pensar e comunicar-se com clareza		
Imaginar, criar e inovar		
Assumir riscos com responsabilidade		
Pensar de maneira interdependente		
Observações/Melhorias		

ATITUDES PARA A VIDA

ATITUDES PARA A VIDA

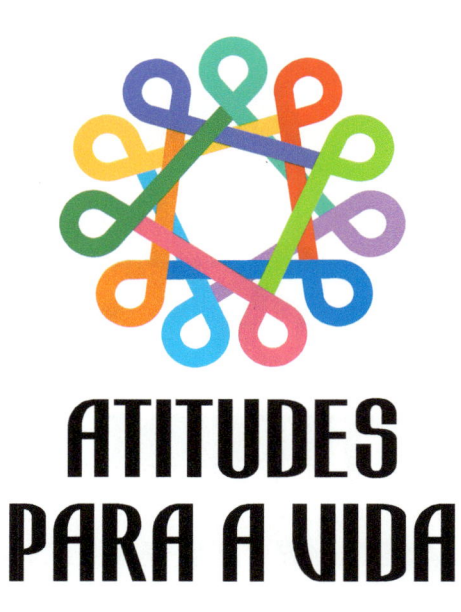

As *Atitudes para a vida* são comportamentos que nos ajudam a resolver as tarefas que surgem todos os dias, desde as mais simples até as mais desafiadoras. São comportamentos de pessoas capazes de resolver problemas, de tomar decisões conscientes, de fazer as perguntas certas, de se relacionar bem com os outros e de pensar de forma criativa e inovadora.

As atividades que apresentamos a seguir vão ajudá-lo a estudar os conteúdos e a resolver as atividades deste livro, incluindo as que parecem difíceis demais em um primeiro momento.

Toda tarefa pode ser uma grande aventura!

PERSISTIR

Muitas pessoas confundem persistência com insistência, que significa ficar tentando e tentando e tentando, sem desistir. Mas persistência não é isso! Persistir significa buscar estratégias diferentes para conquistar um objetivo.

Antes de desistir por achar que não consegue completar uma tarefa, que tal tentar outra alternativa?

Algumas pessoas acham que atletas, estudantes e profissionais bem-sucedidos nasceram com um talento natural ou com a habilidade necessária para vencer. Ora, ninguém nasce um craque no futebol ou fazendo cálculos ou sabendo tomar todas as decisões certas. O sucesso muitas vezes só vem depois de muitos erros e muitas derrotas. A maioria dos casos de sucesso é resultado de foco e esforço.

Se uma forma não funcionar, busque outro caminho. Você vai perceber que desenvolver estratégias diferentes para resolver um desafio vai ajudá-lo a atingir os seus objetivos.

CONTROLAR A IMPULSIVIDADE

Quando nos fazem uma pergunta ou colocam um problema para resolver, é comum darmos a primeira resposta que vem à cabeça. Comum, mas imprudente.

Para diminuir a chance de erros e de frustrações, antes de agir devemos considerar as alternativas e as consequências das diferentes formas de chegar à resposta. Devemos coletar informações, refletir sobre a resposta que queremos dar, entender bem as indicações de uma atividade e ouvir pontos de vista diferentes dos nossos.

Essas atitudes também nos ajudarão a controlar aquele impulso de desistir ou de fazer qualquer outra coisa para não termos que resolver o problema naquele momento. Controlar a impulsividade nos permite formar uma ideia do todo antes de começar, diminuindo os resultados inesperados ao longo do caminho.

ESCUTAR OS OUTROS COM ATENÇÃO E EMPATIA

Você já percebeu o quanto pode aprender quando presta atenção ao que uma pessoa diz? Às vezes recebemos importantes dicas para resolver alguma questão. Outras vezes, temos grandes ideias quando ouvimos alguém ou notamos uma atitude ou um aspecto do seu comportamento que não teríamos percebido se não estivéssemos atentos.

Escutar os outros com atenção significa manter-nos atentos ao que a pessoa está falando, sem estar apenas esperando que pare de falar para que possamos dar a nossa opinião. E empatia significa perceber o outro, colocar-nos no seu lugar, procurando entender de verdade o que está sentindo ou por que pensa de determinada maneira.

Podemos aprender muito quando realmente escutamos uma pessoa. Além do mais, para nos relacionar bem com os outros — e sabemos o quanto isso é importante —, precisamos prestar atenção aos seus sentimentos e às suas opiniões, como gostamos que façam conosco.

PENSAR COM FLEXIBILIDADE

Você conhece alguém que tem dificuldade de considerar diferentes pontos de vista? Ou alguém que acha que a própria forma de pensar é a melhor ou a única que existe? Essas pessoas têm dificuldade de pensar de maneira flexível, de se adaptar a novas situações e de aprender com os outros.

Quanto maior for a sua capacidade de ajustar o seu pensamento e mudar de opinião à medida que recebe uma nova informação, mais facilidade você terá para lidar com situações inesperadas ou problemas que poderiam ser, de outra forma, difíceis de resolver.

Pensadores flexíveis têm a capacidade de enxergar o todo, ou seja, têm uma visão ampla da situação e, por isso, não precisam ter todas as informações para entender ou solucionar uma questão. Pessoas que pensam com flexibilidade conhecem muitas formas diferentes de resolver problemas.

ESFORÇAR-SE POR EXATIDÃO E PRECISÃO

Para que o nosso trabalho seja respeitado, é importante demonstrar compromisso com a qualidade do que fazemos. Isso significa conhecer os pontos que devemos seguir, coletar os dados necessários para oferecer a informação correta, revisar o que fazemos e cuidar da aparência do que apresentamos.

Não basta responder corretamente; é preciso comunicar essa resposta de forma que quem vai receber e até avaliar o nosso trabalho não apenas seja capaz de entendê-lo, mas também que se sinta interessado em saber o que temos a dizer.

Quanto mais estudamos um tema e nos dedicamos a superar as nossas capacidades, mais dominamos o assunto e, consequentemente, mais seguros nos sentimos em relação ao que produzimos.

QUESTIONAR E LEVANTAR PROBLEMAS

Não são as respostas que movem o mundo, são as perguntas.

Só podemos inovar ou mudar o rumo da nossa vida quando percebemos os padrões, as incongruências, os fenômenos ao nosso redor e buscamos os seus porquês.

E não precisa ser um gênio para isso, não! As pequenas conquistas que levaram a grandes avanços foram — e continuam sendo — feitas por pessoas de todas as épocas, todos os lugares, todas as crenças, os gêneros, as cores e as culturas. Pessoas como você, que olharam para o lado ou para o céu, ouviram uma história ou prestaram atenção em alguém, perceberam algo diferente, ou sempre igual, na sua vida e fizeram perguntas do tipo "Por que será?" ou "E se fosse diferente?".

Como a vida começou? E se a Terra não fosse o centro do universo? E se houvesse outras terras do outro lado do oceano? Por que as mulheres não podiam votar? E se o petróleo acabasse? E se as pessoas pudessem voar? Como será a Lua?

E se...? (Olhe ao seu redor e termine a pergunta!)

APLICAR CONHECIMENTOS PRÉVIOS A NOVAS SITUAÇÕES

Esta é a grande função do estudo e da aprendizagem: sermos capazes de aplicar o que sabemos fora da sala de aula. E isso não depende apenas do seu livro, da sua escola ou do seu professor; depende da sua atitude também!

Você deve buscar relacionar o que vê, lê e ouve aos conhecimentos que já tem. Todos nós aprendemos com a experiência, mas nem todos percebem isso com tanta facilidade.

Devemos usar os conhecimentos e as experiências que vamos adquirindo dentro e fora da escola como fontes de dados para apoiar as nossas ideias, para prever, entender e explicar teorias ou etapas para resolver cada novo desafio.

PENSAR E COMUNICAR-SE COM CLAREZA

Pensamento e comunicação são inseparáveis. Quando as ideias estão claras em nossa mente, podemos nos comunicar com clareza, ou seja, as pessoas nos entendem melhor.

Por isso, é importante empregar os termos corretos e mais adequados sobre um assunto, evitando generalizações, omissões ou distorções de informação. Também devemos reforçar o que afirmamos com explicações, comparações, analogias e dados.

A preocupação com a comunicação clara, que começa na organização do nosso pensamento, aumenta a nossa habilidade de fazer críticas tanto sobre o que lemos, vemos ou ouvimos quanto em relação às falhas na nossa própria compreensão, e poder, assim, corrigi-las. Esse conhecimento é a base para uma ação segura e consciente.

IMAGINAR, CRIAR E INOVAR

Tente de outra maneira! Construa ideias com fluência e originalidade!

Todos nós temos a capacidade de criar novas e engenhosas soluções, técnicas e produtos. Basta desenvolver nossa capacidade criativa.

Pessoas criativas procuram soluções de maneiras distintas. Examinam possibilidades alternativas por todos os diferentes ângulos. Usam analogias e metáforas, se colocam em papéis diferentes.

Ser criativo é não ser avesso a assumir riscos. É estar atento a desvios de rota, aberto a ouvir críticas. Mais do que isso, é buscar ativamente a opinião e o ponto de vista do outro. Pessoas criativas não aceitam o *status quo*, estão sempre buscando mais fluência, simplicidade, habilidade, perfeição, harmonia e equilíbrio.

ASSUMIR RISCOS COM RESPONSABILIDADE

Todos nós conhecemos pessoas que têm medo de tentar algo diferente. Às vezes, nós mesmos acabamos escolhendo a opção mais fácil por medo de errar ou de parecer tolos, não é mesmo? Sabe o que nos falta nesses momentos? Informação!

Tentar um caminho diferente pode ser muito enriquecedor. Para isso, é importante pesquisar sobre os resultados possíveis ou os mais prováveis de uma decisão e avaliar as suas consequências, ou seja, os seus impactos na nossa vida e na de outras pessoas.

Informar-nos sobre as possibilidades e as consequências de uma escolha reduz a chance do "inesperado" e nos deixa mais seguros e confiantes para fazer algo novo e, assim, explorar as nossas capacidades.

PENSAR DE MANEIRA INTERDEPENDENTE

Nós somos seres sociais. Formamos grupos e comunidades, gostamos de ouvir e ser ouvidos, buscamos reciprocidade em nossas relações. Pessoas mais abertas a se relacionar com os outros sabem que juntos somos mais fortes e capazes.

Estabelecer conexões com os colegas para debater ideias e resolver problemas em conjunto é muito importante, pois desenvolvemos a capacidade de escutar, empatizar, analisar ideias e chegar a um consenso. Ter compaixão, altruísmo e demonstrar apoio aos esforços do grupo são características de pessoas mais cooperativas e eficazes.

Estes são 11 dos 16 Hábitos da mente descritos pelos autores Arthur L. Costa e Bena Kallick em seu livro *Learning and leading with habits of mind*: 16 characteristics for success.

Acesse http://www.moderna.com.br/araribaplus para conhecer mais sobre as *Atitudes para a vida*.

CHECKLIST PARA MONITORAR O SEU DESEMPENHO

Reproduza para cada mês de estudo o quadro abaixo. Preencha-o ao final de cada mês para avaliar o seu desempenho na aplicação das *Atitudes para a vida*, para cumprir as suas tarefas nesta disciplina. Em *Observações pessoais*, faça anotações e sugestões de atitudes a serem tomadas para melhorar o seu desempenho no mês seguinte.

Classifique o seu desempenho de 1 a 10, sendo 1 o nível mais fraco de desempenho, e 10, o domínio das *Atitudes para a vida*.

Atitudes para a vida	Neste mês eu...	Desempenho	Observações pessoais
Persistir	Não desisti. Busquei alternativas para resolver as questões quando as tentativas anteriores não deram certo.		
Controlar a impulsividade	Pensei antes de dar uma resposta qualquer. Refleti sobre os caminhos a escolher para cumprir minhas tarefas.		
Escutar os outros com atenção e empatia	Levei em conta as opiniões e os sentimentos dos demais para resolver as tarefas.		
Pensar com flexibilidade	Considerei diferentes possibilidades para chegar às respostas.		
Esforçar-se por exatidão e precisão	Conferi os dados, revisei as informações e cuidei da apresentação estética dos meus trabalhos.		
Questionar e levantar problemas	Fiquei atento ao meu redor, de olhos e ouvidos abertos. Questionei o que não entendi e busquei problemas para resolver.		
Aplicar conhecimentos prévios a novas situações	Usei o que já sabia para me ajudar a resolver problemas novos. Associei as novas informações a conhecimentos que eu havia adquirido de situações anteriores.		
Pensar e comunicar-se com clareza	Organizei meus pensamentos e me comuniquei com clareza, usando os termos e os dados adequados. Procurei dar exemplos para facilitar as minhas explicações.		
Imaginar, criar e inovar	Pensei fora da caixa, assumi riscos, ouvi críticas e aprendi com elas. Tentei de outra maneira.		
Assumir riscos com responsabilidade	Quando tive de fazer algo novo, busquei informação sobre possíveis consequências para tomar decisões com mais segurança.		
Pensar de maneira interdependente	Trabalhei junto. Aprendi com ideias diferentes e participei de discussões.		